Kohlhammer

Erich Holzwarth (Hrsg.)

Bürgermeisterwahlen gewinnen

Verlag W. Kohlhammer

Dieses Werk einschließlich aller seiner Teile ist urheberrechtlich geschützt. Jede Verwendung außerhalb der engen Grenzen des Urheberrechts ist ohne Zustimmung des Verlags unzulässig und strafbar. Das gilt insbesondere für Vervielfältigungen, Übersetzungen, Mikroverfilmungen und für die Einspeicherung und Verarbeitung in elektronischen Systemen.

Die Wiedergabe von Warenbezeichnungen, Handelsnamen und sonstigen Kennzeichen in diesem Buch berechtigt nicht zu der Annahme, dass diese von jedermann frei benutzt werden dürfen. Vielmehr kann es sich auch dann um eingetragene Warenzeichen oder sonstige geschützte Kennzeichen handeln, wenn sie nicht eigens als solche gekennzeichnet sind.

Dieses Werk enthält Hinweise/Links zu externen Websites Dritter, auf deren Inhalt der Verlag keinen Einfluss hat und die der Haftung der jeweiligen Seitenanbieter oder -betreiber unterliegen. Zum Zeitpunkt der Verlinkung wurden die externen Websites auf mögliche Rechtsverstöße überprüft und dabei keine Rechtsverletzung festgestellt. Ohne konkrete Hinweise auf eine solche Rechtsverletzung ist eine permanente inhaltliche Kontrolle der verlinkten Seiten nicht zumutbar. Sollten jedoch Rechtsverletzungen bekannt werden, werden die betroffenen externen Links soweit möglich unverzüglich entfernt.

1. Auflage 2023

Alle Rechte vorbehalten
© W. Kohlhammer GmbH, Stuttgart
Satz: Regine Lieb
Gesamtherstellung: W. Kohlhammer GmbH, Stuttgart

Print:
ISBN 978-3-17-043188-1

E-Book-Formate:
pdf: ISBN 978-3-17-043189-8

Inhalt

Vorwort
Erich Holzwarth 7

Verwalten und gestalten –
Pflicht und Kür im Bürgermeisteramt
Herbert O. Zinell 11

„Schultes, was verdienst du denn und wer sorgt für dich?" –
Gehalt und Pension
Timo Jung 23

Das Bürgermeisteramt im Umbruch –
Kandidierende früher und heute
Vinzenz Huzel 41

Sind Bürgermeisterwahlkämpfe zu professionalisieren?
Rafael Bauschke 55

Bürgermeisterwahlen gewinnen
Erich Holzwarth 67

Sensation im zweiten Wahlgang:
Unerwartete Siege bei der Neuwahl
Stefan Jenninger und Vinzenz Huzel 111

Wahlkampf legal finanzieren
Erich Holzwarth 123

Mit Bild und Text Wahlkampf gestalten –
von Angreiferinnen und Verteidigern
Regine Lieb 125

Checkliste Kandidaten-Fotografie
Regine Lieb 132

Inhalt

Die offizielle Kandidatenvorstellung – zwischen Pflicht und Kür
Timo Jung 133

Mit charismatischer Ausstrahlung zum Erfolg
Leila Adjemi 143

Digitaler Bürgermeisterwahlkampf
Kilian Brauchle und Lars Schulmeister 159

„Ohne Social Media geht es nicht" –
Direkte Kommunikation im Wahlkampf und im Amt
Jan Georg Plavec 183

Mit Beratung zum Erfolg
Christof Bolay 189

Im Marathonlauf zum Sieg
Tobias Robischon im Gespräch mit Regine Lieb und Erich Holzwarth 197

Checkliste (Ober-)Bürgermeisterwahl für Interessierte
Erich Holzwarth 202

Autorinnen und Autoren 205

Vorwort

Erich Holzwarth

Möchten Sie (Ober-)Bürgermeister(in) werden? Überlegen Sie noch, ob Sie dieses Amt anstreben? Beschäftigen Sie sich wissenschaftlich mit Bürgermeisterwahlen?

Vorweg: ‚Bürgermeisterwahlen' ist sowohl bei Gesetzestexten als auch in der Forschung der Oberbegriff, um sowohl die Wahlen zum Bürgermeisterals auch zum Oberbürgermeisteramt zu beschreiben.[1] Auch in den folgenden Texten in wird in der Regel der Begriff ‚Bürgermeisterwahlen' genutzt, wenn es um Wahlen zu diesen beiden Ämtern geht – also wenn es nicht speziell um Oberbürgermeisterwahlen geht.

Wenn Sie überlegen, ob Sie sich für das (Ober-)Bürgermeisteramt bewerben wollen, unterstützen insbesondere die Beiträge am Beginn des Buches Ihre Entscheidungsfindung. Was sind die Aufgaben, wo liegen die Gestaltungsmöglichkeiten? Wie sehen die finanziellen sowie rechtlichen Rahmenbedingungen für Amtsausübung und Lebensgestaltung aus? *Herbert Zinell* schildert die wichtigen Aufgaben und spannenden Möglichkeiten, die Bürgermeister(innen) in Baden-Württemberg haben. Was sie während und nach der Amtszeit verdienen, zeigt *Timo Jung*.

Rechtliche und finanzielle Rahmenbedingungen werden für Baden-Württemberg beschrieben.[2] Dies ist auch das Bundesland, in dem die Autor(inn)en dieses Bandes forschen. *Vinzenz Huzel*, *Stefan Jenninger* und *Erich Holzwarth* schreiben mit ihren Analysen den Forschungsstand zu Bürgermeisterwahlen fort und legen damit eine Grundlage für realistische Einschätzungen von Erfolgschancen.

Die Anforderungen an Bürgermeister(innen), die Rahmenbedingungen für das Bürgermeisteramt und das Sozialprofil der Amtsinhaber(innen) haben sich in den letzten Jahren verändert – und sie bleiben im Wandel. Be-

---

1 In Städten mit über 20.000 Einwohner(inne)n, also in „Großen Kreisstädten", wird in Baden-Württemberg das Stadtoberhaupt als Oberbürgermeister(in) bezeichnet.
2 Die Bundesländer regeln die rechtlichen und finanziellen Rahmenbedingungen für das Bürgermeisteramt.

leuchtet wird in diesem Buch die aktuelle Realität. *Vinzenz Huzel* und *Erich Holzwarth* liefern aktuelle Antworten zur Frage, wer Bürgermeister(in) wird. Deutlich wird: Verwaltungsleute können gewinnen und verlieren. Die Amtsinhaber(innen) weisen vielfältige Bildungsbiografien und berufliche Erfahrungen vor der Wahl auf. Sehen Sie die Vielfalt als Ermutigung, Ihren eigenen Weg zum Erfolg zu suchen. Angesichts der hier geschilderten Veränderungen beim Kandidatenprofil ist eine Weiterentwicklung der häufig noch als alleingültig gesehenen Vorstellung von einem sozialstrukturell determinierten Erfolgsmodell notwendig. Es kann nicht davon ausgegangen werden, dass bestimmte persönliche Eigenschaften automatisch wahlentscheidend sind. Ist irgendjemand, der oder die sich ernsthaft bewirbt, zu unterschätzen?

Es reicht nicht, sich zu bewerben und im Glauben, das Amt gut führen zu können, mit dem Sieg zu rechnen. Wer bereits vor der Lektüre entschlossen war oder sich nach der Lektüre der spannenden Gestaltungsmöglichkeiten entschließt, Bürgermeister(in) werden zu wollen, steht vor der Herausforderung, eine Volkswahl zu gewinnen und dafür einen erfolgversprechenden Wahlkampf vorzubereiten. Für den Wahlerfolg ist es notwendig, Expertise einzuholen (im ersten Schritt etwa durch dieses Buch), zu analysieren, eine Strategie zu entwickeln, zu planen und die passenden Wahlkampfmethoden einzusetzen. Die in diesem Buch enthaltenen Hinweise für den Wahlkampf sind bundesweit interessant, da die (Ober-)Bürgermeister(innen) (und z. T. Landrätinnen und Landräte) in allen Teilen der Bundesrepublik direkt gewählt werden. Die Bundesländer unterscheiden sich allerdings hinsichtlich rechtlicher Normen und der von unterschiedlichen Traditionen geprägten politischen Kultur, was bei der Umsetzung der Wahlkampfratschläge zu bedenken ist.

Der Wahlkampf hat viele Facetten. Strategie, Gestaltung, Auftreten und Kommunikationsplanung sind einige Stichworte. Dazu erhalten Sie im Folgenden viele wertvolle Tipps. Ob Bürgermeisterwahlkämpfe in gleicher Weise zu professionalisieren sind wie Wahlkämpfe etwa bei Bundestags- und Landtagswahlen, fragt *Rafael Bauschke*. Die Analysen und Ratschläge dieses Buches helfen Ihnen, das von ihm als möglich gesehene Maß an Professionalisierung zu erreichen. Wer kann wie erfolgreich sein? Was ist bei der Bewerbung und im Wahlkampf zu bedenken? Was trägt zum Wahlerfolg bei? *Stefan Jenninger*, *Vinzenz Huzel* und *Erich Holzwarth* untersuchen unterschiedliche Ausschnitte von Bürgermeisterwahlen, um Erfolgsfaktoren aufzuzeigen.

Regine Lieb stellt beispielhaft dar, wie Wahlkampfmaterialien gestaltet werden. Von *Leila Adjemi* erfahren Sie, wie Sie Körpersprache verstehen und

Vorwort

sich Charisma als Grundlage für Erfolg erarbeiten können. Sie beschreibt Übungen, die Sie direkt anwenden können. *Timo Jung* analysiert Auftritte bei Kandidatenvorstellungen, um Ihre Vorbereitung eines guten Auftritts zu unterstützen. *Kilian Brauchle, Lars Schulmeister* und *Jan Georg Plavec* liefern grundlegendes Wissen und praktische Hinweise zum – in der Regel unerlässlichen – digitalen Wahlkampf insgesamt sowie speziell in den sogenannten sozialen Medien. Brauchle und Schulmeister haben u. a. eine Checkliste entwickelt, mit der Sie Ihre eigene Form des digitalen Wahlkampfs erarbeiten können. *Christof Bolay* und *Tobias Robischon* schildern ihre Erfahrungen als erfolgreich beratene (Ober-)Bürgermeister. Eine Checkliste am Ende des Buches hilft zusammenfassend bei Ihrer Entscheidungsfindung, Vorbereitung und Strukturierung der Wahlkampagne.

Fast alle im Buch enthaltenen Abbildungen entstanden im Rahmen von Wahlkämpfen. Die Rechte für sie liegen bei der klip GmbH, die uns freundlicherweise die Nutzung erlaubt. Regine Lieb hat sie aus ihrem reichen Wahlkampfmaterialfundus entnommen. Die abgebildeten Personen sind mit dem Abdruck einverstanden. Die Rechte für Abb. 12 liegen bei Stefan Jenninger und Vinzenz Huzel, die für die Abb. 25–27 bei Leila Adjemi.

Entscheidung am 1. Dezember.
Jede Stimme zählt!

Abb. 1: Plakataufkleber mit einer Feststellung, die zu unterstreichen ist.

Erich Holzwarth

Die Autor(inn)en der Beiträge haben unterschiedliche Zugänge und Perspektiven. Vielfältig wie ihre Herkunft ist ihre Antwort auf die Frage, ob eine Generalklausel ausreicht oder ob zu „gendern" ist, um alle Geschlechter mitzudenken. Unerlässlich ist meiner Meinung nach die Auseinandersetzung mit der Sprache, denn Sprache gibt gesellschaftliche Wirklichkeit wieder und formt sie gleichzeitig mit. Allerdings entwickelt sich Sprache nicht einheitlich und gleichförmig, sondern individuell und unterschiedlich. Ziel der ungleichzeitigen Entwicklung ist Geschlechtergerechtigkeit.

Aktuelle Forschungsergebnisse, praktische Hinweise sowie Erfahrungsberichte von erfolgreich Beratenen fügen sich zu einer Zusammenschau aktueller, wissenschaftlicher Analysen des Bürgermeisterwahlgeschehens und praktischer Wahlkampfratschläge zusammen. Als Leser(in) erhalten Sie mit diesem Werk eine Grundlage für Ihre Entscheidungen:

Ob Sie bei einer Bürgermeisterwahl antreten,
Wo Sie wann antreten,
Welche Mittel Sie im Wahlkampf einsetzen.

Abb. 2: Wahlwerbung im Feld neben der Straße.

Verwalten und gestalten – Pflicht und Kür im Bürgermeisteramt

Herbert O. Zinell

‚Wahlmonarch auf Zeit'

Der Politologe Hans-Georg Wehling hält das Amt des Bürgermeisters[1] in Baden-Württemberg nach wie vor für attraktiv, „weil es ein hohes Maß an Gestaltungsmöglichkeiten und Unabhängigkeit bietet".[2] Die *Unabhängigkeit* des Bürgermeisters leitet er aus der „höheren Weihe" der Volkswahl[3] ab, insofern in Baden-Württemberg der Bürgermeister unabhängig von der Wahl des Hauptorganes Gemeinderat (§ 24 Abs. 1 Satz 1 GemO – Gemeindeordnung für Baden-Württemberg) unmittelbar von den Gemeindebürgern (§ 45 Abs 1 GemO) für eine Amtszeit von acht Jahren (§ 42 Abs. 3 Satz 1 GemO) gewählt wird. Nach § 46 Abs. 1 GemO sind zum Bürgermeister wählbar Deutsche und Unionsbürger, die vor der Zulassung der Bewerbungen in der Bundesrepublik Deutschland wohnen. Sie müssen am Wahltag das 25., aber noch nicht das

---

1 In diesem Aufsatz wird aus Gründen der besseren Lesbarkeit und in Anlehnung an die immer noch bestehende Praxis des Gesetzgebers – bspw. in der Gemeindeordnung – die männliche Sprachform verwendet.
2 Hans-Georg Wehling: Kommunalpolitik in Baden-Württemberg, in: Siegfried Frech, Reinhold Weber, Hans-Georg Wehling, Paul Witt (Hrsg.), Handbuch Kommunalpolitik, 3Stuttgart 2019, S. 9–32, hier: S. 22; im gleichen Sinn ders.: Bürgermeister, in: Barbara Remmert, Hans-Georg Wehling (Hrsg.), Die Zukunft der kommunalen Selbstverwaltung, Stuttgart 2012, S. 61–77, hier: S. 61, 67. Vgl. auch Paul Roth: Quo vadis, kommunale Selbstverwaltung? Das Amt des Bürgermeisters braucht dringend eine bessere Attraktivität, in: Paul Roth (Hrsg.), Position und Situation der Bürgermeister in Baden-Württemberg, Stuttgart 1998, S. 13–21, hier: S. 13 f.
3 Wehling, Kommunalpolitik in Baden-Württemberg, S. 17; vgl. auch Franz-Ludwig Knemeyer: Der süddeutsche Verwaltungschef und der Gemeinderat, in: Gerhard Seiler (Hrsg.), Gelebte Demokratie. Festschrift für Oberbürgermeister a. D. Dr. h.c. Manfred Rommel, Stuttgart 1997, S. 83–101, hier: S. 85.

68. Lebensjahr vollendet haben und die Gewähr dafür bieten, dass sie jederzeit für die freiheitlich demokratische Grundordnung im Sinne des Grundgesetzes eintreten. Zum Zeitpunkt des Abschlusses des Manuskriptes zu diesem Beitrag lag ein Gesetzentwurf des Innenministeriums vor, wonach das Mindestalter für die Wählbarkeit zum Bürgermeister von 25 auf 18 Jahre abgesenkt und die Höchstaltersgrenze für die Wählbarkeit und die Ruhestandsaltersgrenze entfallen sollten.[4]

Die starke Rechtsstellung des Bürgermeisters in Baden-Württemberg bietet in der Tat ein hohes Maß an *Gestaltungsmöglichkeiten*. So ist er nach § 42 Abs. 1 GemO:

– Vorsitzender des Gemeinderates,
– Leiter der Gemeindeverwaltung und
– Vertreter der Gemeinde nach außen.

Durch die Bündelung dieser drei wichtigen Funktionen[5] ist der Bürgermeister in allen Phasen des kommunalen Entscheidungsprozesses präsent.[6] Dieser Umstand und die Volkswahl haben Hans-Georg Wehling dazu veranlasst, von einem „plebiszitären Wahlkönigtum"[7] zu sprechen. Er bezeichnet den baden-württembergischen Bürgermeister wahlweise als „Wahlkönig"[8] oder „Wahlmonarch auf Zeit".[9]

---

4   Änderung kommunalwahlrechtlicher und anderer Vorschriften, in: Beteiligungsportal Baden-Württemberg, https://beteiligungsportal.baden-wuerttemberg.de/de/mitmachen/lp-17/gesetz-zur-aenderung-kommunalwahlrechtlicher-und-anderer-vorschriften (zuletzt abgerufen am 16.08.2022).

5   Paul Witt: Der Beruf der Bürgermeisterin/des Bürgermeisters – eine Chance für Diplom-Verwaltungswirte (FH), in: Heinz-Joachim Peters, Paul Witt (Hrsg.), Verwaltung und Politik, Festschrift für Hans-Jürgen Sperling, Stuttgart u. a. 2007, S. 48–62, hier: S. 49 f.

6   Wehling, Kommunalpolitik in Baden-Württemberg, S. 15 f.; Vinzenz Huzel: Bürgermeisterinnen und Bürgermeister in Baden-Württemberg. Ein Amt im Umbruch, Baden-Baden 2019, S. 81.

7   Vgl. Franz-Ludwig Knemeyer: Rechtsstellung und Bedeutung des Bürgermeisters in der dualen Rat-Bürgermeister-Verfassung, in: Paul Roth (Hrsg.), Position und Situation der Bürgermeister in Baden-Württemberg, Stuttgart 1998, S. 22–39, hier: S. 22 m. w. N. und ders., Der süddeutsche Verwaltungschef, S. 85 f., m. w. N.

8   Hans-Georg Wehling: Kommunalpolitik, in: Reinhold Weber, Hans-Georg Wehling (Hrsg.), Baden-Württemberg, Gesellschaft, Geschichte und Politik, Stuttgart 2006, S. 166–185, hier: S. 166, 169.

9   Wehling, Bürgermeister, S. 67. In der Bewertung der Arbeit eines Bürgermeisters durch die Bürgerschaft wird der Begriff ‚König' auch gelegentlich eher kritisch, jedenfalls ambivalent benutzt (vgl. hierzu bezogen auf den Oberbürgermeister der Landeshauptstadt Stuttgart: Stuttgarter Zeitung (StZ) vom 20.01.2022, S. 3).

Manager des ‚Unternehmens Kommunalverwaltung'

Unabhängig von der formalen Aufgabenzuweisung war das Amt des Bürgermeisters immer auch einem Wandel ausgesetzt – so beispielsweise in den 1990er Jahren durch die Modernisierung der Verwaltung durch das sogenannte *Neue Steuerungsmodell (NSM)* beziehungsweise die Ansätze des *New Public Management*. Damit war die Idee verbunden, die Gemeinden zu einem betriebsähnlichen Dienstleistungsunternehmen umzustrukturieren. Dies sollte auch sprachlich zum Ausdruck kommen, indem man vom ‚Unternehmen Stadt' sprach und Bürgermeister sich zunehmend als Manager des ‚Unternehmens Kommunalverwaltung' gerierten.[10]

Die „Reformeuphorie ist jedoch einer breitflächigen Ernüchterung gewichen".[11] Unter anderem deshalb, da das Verhältnis von Behörden zu ihren ‚Kunden' „in der Regel weder freiwillig noch unverbindlich ist und deshalb nicht einfach mit einer privatwirtschaftlichen Kundenbeziehung gleichgesetzt werden kann".[12] Die begriffliche Gleichsetzung von Kommune und Unternehmen ist deshalb wieder etwas ‚aus der Mode gekommen'.

Richtig ist aber, dass der Bürgermeister zielgerichtet die Aktivitäten einer Kommune zu koordinieren, also in der Tat zu managen *und* die Beziehun-

---

10 Vgl. hierzu Huzel, Bürgermeisterinnen und Bürgermeister, S. 30. Vgl. auch Rüdiger Engel, Torsten Heilshorn: Kommunalrecht Baden-Württemberg, Baden-Baden [11]2018, § 2 Rn. 24 und § 12 Rn. 15 f. m. w. N. sowie Klaus Ade et al., Kommunales Wirtschaftsrecht in Baden-Württemberg, Stuttgart u. a. [8]2011, Rn. 113 ff.
11 Engel/Heilshorn, Kommunalrecht, § 12 Rn. 16
12 Vgl. Jaring Hiemstra: Leistungsstarke Kommunen. Mehr Bürgernähe durch effektive Organisationsentwicklung, Wiesbaden 2008, S. 9 f.; Paul Witt: Der Beruf der Bürgermeisterin/des Bürgermeisters. Eine Chance für Diplom-Verwaltungswirte (FH), in: Heinz-Joachim Peters/Paul Witt (Hrsg.): Verwaltung und Politik, Stuttgart u. a., S. 48–63, hier: S. 61; Claus Krüger et al.: Coaching in öffentlichen und sozialen Unternehmen, in: Coaching Magazin 2/2022, S. 40–44, hier: S. 42 und Richard David Precht: Von der Pflicht, Eine Betrachtung, München 2021, S. 109 f.

gen zwischen Personen zu beeinflussen, also zu führen hat:[13] „Eine Kommune politisch und administrativ zu führen heißt, mehrere Rollen gleichzeitig zu erfüllen."[14]
Was dies unter Berücksichtigung der durch die Gemeindeordnung, die jeweilige Hauptsatzung und durch Beschlüsse des Gemeinderates definierten Rechtsstellung[15] der Bürgermeister genau bedeutet, soll nachfolgend dargestellt werden.

Der Bürgermeister als Vorsitzender des Gemeinderates

Der Bürgermeister ist kraft seines Amtes vollberechtigtes, also auch stimmberechtigtes Mitglied des Gemeinderates und dessen Vorsitzender (§ 42 Abs. 1 Satz 1 GemO). Er leitet auch die Sitzungen der Ausschüsse (§§ 40 Abs. 3 und 41 Abs. 2 GemO). „Aufgrund dieser Eigenschaft beruft er die Sitzungen des Rates und der Ausschüsse ein, setzt die Tagesordnung fest und leitet die Sitzungen" (§ 34 Abs. 1 Satz 1 GemO).[16] Das Einberufungsrecht steht nur dem Bürgermeister zu, der Gemeinderat besitzt kein Selbstversammlungsrecht. Ohne Einberufung kann der Gemeinderat nicht zusammentreten.[17] Als Sitzungsleiter wacht er über den ordnungsgemäßen Sitzungsverlauf, verhängt ggf. Sanktionen bei Ordnungsverstößen und übt das Hausrecht aus (§ 36

---

13 Zum Begriff ‚Management' vgl. Management, in: BWL-Wissen.net, https://bwl-wissen. net/definition/management (zuletzt abgerufen am 23.11.2021). Zum Begriff ‚Führen' Elke Berninger-Schäfer: Digital Leadership. Kompetenzen und Mindset für Führungskräfte, die ihre Mitarbeitende durch die digitale Transformation ihres Unternehmens begleiten, Bonn ²2020, S. 37 ff. Vgl. auch, insbesondere zur Unterscheidung zwischen Management und Führung, Claudia Schneider: Führungskonzepte einschließlich Gender Mainstreaming, Studienbrief für den berufsbegleitenden Master-Studiengang Public Management der Hochschulen für öffentliche Verwaltung Ludwigsburg und Kehl, Modul 1, Selbstmanagement, Führung und Ethik, Ludwigsburg ³2019, S. 5 ff. Zum Inhalt der Begrifflichkeit ‚Manager ihrer Gemeinde' vgl. Witt, Verwaltung und Politik, S. 58 und 60.
14 Hiemstra, Leistungsstarke Kommunen, S. 7.
15 Vgl. hierzu Timm Kern: Warum werden Bürgermeister abgewählt?, Stuttgart 2007, S. 43; Huzel, Bürgermeisterinnen und Bürgermeister, S. 80; Engel/Heilshorn, Kommunalrecht, § 15 Rn. 31.
16 Kern, Warum werden Bürgermeister abgewählt?, S. 43.
17 Engel/Heilshorn, Kommunalrecht, § 14 Rn. 130 (dort Anm. 362); Bernd Aker in: Bernd Aker, Wolfgang Hafner, Klaus Notheis, Gemeindeordnung, Gemeindehaushaltsverordnung Baden-Württemberg. Kommentar, Stuttgart u. a. 22019, § 34 GemO Rn. 1 m. w. N.; Kern, Warum werden Bürgermeister abgewählt?, S. 43 (dort Anm. 91).

Abs. 1 und 3 GemO). Gesetzwidrigen Beschlüssen hat er zu widersprechen und nach seiner Meinung für die Gemeinde nachteiligen Beschlüssen kann er widersprechen (§ 43 Abs. 2 GemO). Bei bestimmten Personalentscheidungen muss der Gemeinderat das Einvernehmen mit dem Bürgermeister herstellen (§ 24 Abs. 2 GemO). In dringenden Angelegenheiten kann der Bürgermeister anstelle des Rates entscheiden (§ 43 Abs. 4 GemO). Schließlich hat der Bürgermeister eigenverantwortlich die Beschlüsse des Gemeinderates zu vollziehen (§ 43 Abs. 1 GemO).

In der Summe verleihen diese Direktionsmöglichkeiten[18] dem Bürgermeister eine starke Stellung gegenüber dem Gemeinderat, wenn nicht gar ein „faktisches Übergewicht".[19] Leitung und Vorbereitung der Sitzungen sowie die Gestaltung der Tagesordnung verschaffen dem Bürgermeister „weitgehende Steuerungsmöglichkeiten".[20] Deshalb ist nachvollziehbar, dass in der „Beschlussvorbereitungskompetenz eine wichtige Vorentscheidungsfunktion" gesehen wird.[21] Die Gemeindeordnung gibt dem Bürgermeister als Sitzungsleiter nicht nur organisatorische Steuerungsmöglichkeiten an die Hand, „sondern macht ihn auch zum Zuständigen für die generelle politische Marschrichtung" im Gemeinderat.[22] Insoweit sieht Otto Gönnenwein in der Pflicht zur Sitzungsvorbereitung sogar das „Recht und die Pflicht zur Initiative, zur Planung".[23]

Gleichwohl verneint die Fachliteratur zu Recht die Gefahr, „dass sich ein Bürgermeister angesichts seiner großen Kompetenzen zu einem ‚örtlichen Diktator' entwickeln könnte", und betont „die gegenseitige Kooperationsmöglichkeit zwischen Bürgermeister und Rat".[24]

---

18 Knemeyer, Rechtsstellung und Bedeutung, S. 26; ders., Der süddeutsche Verwaltungschef, S. 87.
19 Vgl. hierzu Kern, Warum werden Bürgermeister abgewählt?, S. 43 m. w. N.
20 Ebenda m. w. N.; vgl. auch Knemeyer, Rechtsstellung und Bedeutung, S. 25 f. und derselbe, Der süddeutsche Verwaltungschef, S. 86.
21 Kern, Warum werden Bürgermeister abgewählt?, S. 44 m. w. N. Zur Problematik, ob und inwieweit dies mit den Rechten des Gemeinderates kollidieren kann, vgl. Knemeyer, Der süddeutsche Verwaltungschef, S. 98.
22 Ebenda m. w. N.
23 Otto Gönnenwein: Gemeinderecht, Tübingen 1963, S. 319.
24 Kern, Warum werden Bürgermeister abgewählt?, S. 44 m. w. N.

Herbert O. Zinell

Der Bürgermeister als Leiter der Gemeindeverwaltung

Der Bürgermeister ist nicht nur Vorsitzender des Gemeinderates, sondern nach den § 41 Abs. 1 und § 44 GemO auch Leiter der Gemeindeverwaltung. In dieser Eigenschaft ist er nach § 44 Abs. 1 GemO für die sachgemäße Erledigung der Aufgaben und den ordnungsgemäßen Gang der Verwaltung verantwortlich, regelt die innere Organisation der Gemeindeverwaltung und grenzt im Einvernehmen mit dem Gemeinderat die Geschäftskreise der Beigeordneten ab.[25] Ferner erledigt er die Geschäfte der laufenden Verwaltung[26] und die ihm sonst durch Gesetz oder vom Gemeinderat übertragenen Aufgaben in eigener Zuständigkeit (§ 44 Abs. 2). Dies gilt auch für die Erledigung von Weisungsaufgaben (§ 44 Abs. 3).[27]

Schließlich ist er Vorgesetzter, Dienstvorgesetzter und oberste Dienstbehörde der Gemeindebediensteten (§ 44 Abs. 4). Diese Rolle ist „von (macht-)politischer Bedeutung, da er in dieser Funktion allen Gemeindebediensteten Weisungen erteilen kann."[28] Dies schließt ein Weisungsrecht gegenüber Beigeordneten ein (§ 49 Abs. 2 Satz 1 GemO).[29] Allerdings gibt es im Hinblick auf das Weisungsrecht und die Organisation der Verwaltung Einschränkungen durch einzelne Bestimmungen der GemO oder durch spezialgesetzliche Regelungen.[30]

Als Leiter der Gemeindeverwaltung ist er „auch ein eigenständiges, vom Gemeinderat losgelöstes Organ der Gemeinde".[31] Er ist für fast alle Bereiche der Verwaltung zuständig, und alle Dienstwege laufen bei ihm zusammen. Die Führungs- und Entscheidungsgewalt wird in der baden-württembergischen Gemeindeverwaltung also vom Bürgermeister und damit *einer* Person ausgeübt. Zu Recht spricht man also von einer monokratischen Organisations-

---

25 Vgl. hierzu Aker/Hafner/Notheis, Gemeindeordnung, § 44 GemO Rn. 6 ff.
26 Vgl. zur Definition dieses Begriffes ebenda, Rn. 12 zu § 44 GemO m. w. N.
27 Vgl. ebenda, Rn. 24 ff. zu § 44 GemO.
28 Kern, Warum werden Bürgermeister abgewählt?, S. 47.
29 Vgl. hierzu Jürgen Behrendt in: Johannes Dietlein, Arne Pautsch (Hrsg.), Kommunalrecht Baden-Württemberg. Kommentar, München 2020, GemO § 49 Rn. 12 und Herbert O. Zinell: Begrenzung der Vertretungsbefugnis des Beigeordneten durch Weisungen des Bürgermeisters, in: Verwaltungspraxis 23/1996, S. 25–28, hier: S. 25 ff.
30 Vgl. die Übersicht bei Engel/Heilshorn, Kommunalrecht, § 15 Rn. 35.
31 Kern, Warum werden Bürgermeister abgewählt?, S. 47; Knemeyer, Der süddeutsche Verwaltungschef, S. 87.

form.[32] Das Rathaus bzw. die Gemeindeverwaltung wird deshalb auch ‚Bürgermeisteramt' genannt.[33]

Timm Kern weist zutreffend darauf hin, dass Bürgermeister häufig auch begehrte Vorsitzende aller möglichen kommunalen Verbände sind.[34] Auch diese, wie weitere Nebenämter, verleihen dem Amt zusätzliche Gestaltungsmöglichkeiten.

Der Bürgermeister als Repräsentant der Gemeinde

Dem Bürgermeister kommt auch die Rolle der Repräsentation der Gemeinde nach innen und nach außen zu, indem § 42 Abs. 1 GemO bestimmt, dass er die Gemeinde vertritt. Damit ist zunächst die Aufgabe des gesetzlichen Vertreters im rechtsgeschäftlichen Verkehr verbunden.[35] Als gesetzlicher Vertreter der Gemeinde und Sprecher des Gemeinderates repräsentiert er aber auch die Gemeinde gegenüber den Bürgern, Vereinen, den Abgeordneten, anderen Behörden, der Wirtschaft, bei festlichen Ereignissen und allgemein bei gesellschaftlichen Anlässen.[36] Dies ohne oder mit „der kostbaren Amtskette geziert".[37] In dieser Funktion ist der Bürgermeister Ansprechpartner der Bürgerschaft, erfährt deren Meinung, kann aber auch nach Hans-Georg Wehling eine „Scharnierfunktion zwischen den verschiedenen Ebenen des politischen Systems"[38] einnehmen. Trotz der damit verbundenen enormen zeitlichen Beanspruchung wird diese Aufgabe von Bürgermeistern gerne wahrgenommen,

---

32 Kern, Warum werden Bürgermeister abgewählt?, S. 46; Wehling, Kommunalpolitik in Baden-Württemberg, S. 15; vgl. auch Huzel, Bürgermeisterinnen und Bürgermeister, S. 82. Zur ‚Monokratie' vgl. Monokratie, in: Wikipedia, https://de.wikipedia.org/wiki/Monokratie (zuletzt abgerufen am 29.11.2021).
33 Vgl. Kern, Warum werden Bürgermeister abgewählt?, S. 16. Die Gemeindeverwaltung gilt als Behörde (vgl. Aker/Hafner/Notheis, Gemeindeordnung, § 44 GemO Rn. 28).
34 Kern, Warum werden Bürgermeister abgewählt?, S. 48.
35 Vgl. Aker/Hafner/Notheis, Gemeindeordnung, § 42 GemO Rn. 4 ff.
36 Hierzu ausführlich Kern, Warum werden Bürgermeister abgewählt?, S. 49 f. m. w. N. Zu den Aufgaben gehört auch die Öffentlichkeitsarbeit der Gemeinde und damit der Kontakt zur Presse.
37 Richard Seeger, zitiert nach ebenda, S. 49 f. Vgl. grundsätzlich zur Bedeutung und Geschichte der Amtskette Carsten Kohlmann: „Ein Symbol der Selbstachtung und des Bewusstseins". Die Amtskette der Oberbürgermeister der Großen Kreisstadt Schramberg, in: D'Kräz 39 (2019), S. 57–62.
38 Wehling, zitiert nach Kern, Warum werden Bürgermeister abgewählt?, S. 50.

wie Befragungen ergaben.[39] Verbunden mit dieser Aufgabe ist aber bei entsprechendem Auftreten auch ein Reputationsgewinn für den Bürgermeister, der in diesem Zuge in der Bevölkerung für das zur Wiederwahl notwendige Verständnis für seine Handlungen und Entscheidungen werben kann.[40]

Die Rolle des Kommunikators, die dem Bürgermeister aus verschiedenen Gründen zugewachsen ist, wird noch dadurch unterstrichen, dass er verstärkt als Moderator von Beteiligungsprozessen und als Motivator beispielsweise zur Stärkung des bürgerschaftlichen Engagements tätig werden muss.[41] Letzteres wird auch durch die Erkenntnisse der Zukunftsforschung unterstützt, wonach von den Bürgerinnen und Bürgern eine „aktivierende Kommunalpolitik" gefordert wird.[42]

In diesem Kontext kommt es – neben anderen Akteuren der Kommunalpolitik – auch auf das Geschick des Bürgermeisters an, „für das Handeln der Gemeinde eine größtmögliche Transparenz [zu schaffen], die er wiederum nur durch permanente und umfassende Kommunikation und Information gewährleistet".[43] Hierzu kann er auch die von der GemO für die Bürgerschaft vorgesehenen Informationsmöglichkeiten[44] wie beispielsweise die Unterrichtung der Einwohner durch den Gemeinderat (§ 20 GemO), die Einwohnerversammlung (§ 20a GemO), die Fragestunde für Einwohner im Gemeinderat (§ 33 Abs. 4 GemO) oder auch das Amtsblatt (vgl. § 20 Abs. 4 GemO) sowie zunehmend Telemedienangebote nutzen.[45] Natürlich ist in diesem Zusam-

---

39 Ebenda m. w. N.; Siegfried Bäuerle: Bürgermeister. Zur Charakteristik einer interessanten Berufsgruppe. Eine empirische Untersuchung, in: Paul Roth (Hrsg.), Position und Situation der Bürgermeister in Baden-Württemberg, Stuttgart 1998, S. 61–101, hier: S. 61 und 85 f. Zur Belastung der Bürgermeister vgl. Philipp Rudolf: Rathauschefs beklagen hohe Belastung, in: Staatsanzeiger vom 04.06.2021.
40 Kern, Warum werden Bürgermeister abgewählt?, S. 51 m. w. N.
41 Vgl. Huzel, Bürgermeisterinnen und Bürgermeister, S. 31 f.; Kern, Warum werden Bürgermeister abgewählt?, S. 51 ff. m. w. N.; Witt, Der Beruf der Bürgermeisterin/des Bürgermeisters, S. 57 f.
42 Horst Opaschowski: Die semiglückliche Gesellschaft. Das neue Leben der Deutschen auf dem Weg in die Post-Corona-Zeit, Opladen u. a. 2020, S. 58 und 66.
43 Kern, Warum werden Bürgermeister abgewählt?, S. 52.
44 Vgl. Klaus Ade, Herbert O. Zinell: Taschenbuch für Gemeinde- und Stadträte. Grundwissen für kommunale Mandatsträger, Stuttgart u. a. [16]2019, S. 100 f.
45 Vgl. zu Amtsblättern und Telemedienangeboten Friedrich Schoch: Information der lokalen Öffentlichkeit durch kommunale Amtsblätter und Telemedienangebote, Stuttgart u. a. 2019 und Johanna Jung: Das kommunale Amtsblatt. Inhalt, Ausgestaltung, Präsentation, Stuttgart u. a. 2021.

menhang auch die Bedeutung des Umgangs mit der Presse zu erwähnen.[46] Schließlich sei auf die ‚klassische' Bürgersprechstunde im Rathaus und auf informelle Bürgerbeteiligungsmöglichkeiten wie Beiräte, Bürgerarbeitskreise, Bürgerräte etc. verwiesen, welche die GemO nicht regelt, aber anderseits auch nicht verbietet.[47]

Bürgermeister – ein Traumjob?

Aufgrund der dargestellten Funktionsbündelung „erweist sich in der politischen Praxis der Bürgermeister als dominant"[48] und, wie es Hans-Georg Wehling formulierte, „mehr oder weniger als ‚entscheidender Akteur' im kommunalpolitischen Geschehen".[49] Für die deutliche Mehrheit der amtierenden Bürgermeister liegt neben anderen Gesichtspunkten, wie beispielsweise einem hohen Maß an Selbständigkeit und Unabhängigkeit, „der unbestrittene Reiz" ihrer Tätigkeit gerade „in den vielfältigen Gestaltungsmöglichkeiten, die ihnen ihr Amt bietet".[50] Daran hat sich bei Untersuchungen in den vergangenen Jahrzehnten nichts geändert.[51] Gleichwohl verbinden sich mit den vielfältigen Gestaltungsmöglichkeiten aber auch Probleme. Viele Bürgermeister kommen mit der damit verbundenen Machtfülle und andere mit dem damit verbundenen permanenten Rollenwechsel nicht zurecht.[52]

---

46 Vgl. Kern, Warum werden Bürgermeister abgewählt?, S. 52 m. w. N.; Bäuerle, Bürgermeister, S. 93 f. Zur Medienarbeit bereits auch Herbert O. Zinell: Die Sitzungsöffentlichkeit des Gemeinderats und seiner Ausschüsse in der kommunalen Praxis, in: Verwaltungspraxis 20/1993, S. 97–100, hier: S. 97, 99. Eine gute Pressearbeit dient auch dem Prestige des Bürgermeisters, da schon der Dichter Friederich Schiller erkannte, „wenn ich meinen Namen in der Zeitung lese, so erfahre ich doch[,] dass ich noch lebe" (zitiert nach Rüdiger Safranski: Schiller oder Die Erfindung des Deutschen Idealismus, München/Wien 2004, S. 164).
47 Vgl. Herbert O. Zinell: Keine Angst vor dem Bürger. Aus Betroffenen Beteiligte machen. Bürgerinnen- und Bürgerbeteiligung in der Stadt, in: Thomas Klie, Paul-Stefan Roß, (Hrsg.), Die Zukunft des Sozialen in der Stadt. Bürgerschaftliches Engagement als Herausforderung, Freiburg i. Br. 2000, S. 93–100, hier: S. 93 ff.; ders., Perspektive Bürgergesellschaft, in: Verwaltungsblätter Baden-Württemberg 33/2012, S. 171–174, hier: S. 171 ff.
48 Engel/Heilshorn, Kommunalrecht, § 15 Rn. 1. Vgl. auch Huzel, Bürgermeisterinnen und Bürgermeister, S. 81 m. w. N.
49 Wehling, Bürgermeister, S. 61.
50 Huzel, Bürgermeisterinnen und Bürgermeister, S. 166 ff. m. w. N.
51 Ebenda; vgl. bereits Bäuerle, Bürgermeister, S. 61, 82 ff.
52 Vgl. Kern, Warum werden Bürgermeister abgewählt?, S. 53 ff.

Erfolgreiche Bürgermeister achten beispielsweise darauf, dass sie Rat und Verwaltung zusammenführen und wechselseitig ihre jeweiligen Aufgaben zur Geltung bringen lassen. Dadurch werden sie ihren politischen Funktionen als Vorsitzende des Gemeinderates einerseits und Behördenleiter andererseits gerecht.[53] Sie schaffen ferner in einer Zeit mit dem Trend zu mehr Bürgerbeteiligung und zu mehr Volksbefragungen den Spagat zwischen Bürgerdemokratie und repräsentativer Demokratie.[54]

Erfolgreiche Bürgermeister richten als Verwaltungschefs ihr „Augenmerk auf eine förderliche Atmosphäre innerhalb der Verwaltung" und eine „Personalpolitik mit größtmöglicher Transparenz". Sie schaffen „eine moderne von Parteipatronage freie Dienstleistungsverwaltung", um damit auch auf dem Arbeitsmarkt mit der Wirtschaft konkurrieren zu können.[55]

Erfolgreiche Bürgermeister sind im Rahmen ihrer Repräsentationsfunktion für die Bürgerschaft, wie es Hans-Georg Wehling formulierte, „greifbar".[56] Sie sorgen für die bereits angesprochene transparente Vermittlung der politischen Entscheidungen[57] und fördern die von der Bevölkerung eingeforderte ‚aktivierende Kommunalpolitik'. Damit vermeiden sie es auch, lediglich als Sündenböcke für kritisierte politische Entscheidungen oder als ‚Frustabbauanlaufstelle' wahrgenommen zu werden.

Erfolgreiche Bürgermeister erweisen sich als ‚echte', authentische Persönlichkeiten, berücksichtigen aber im Rahmen ihrer kommunikativen Aufgaben zur ‚Vor-Sicht' ihre Rolle, beziehen also die äußere Welt mit ein. Sie beherrschen das „anspruchsvolle Ideal der Stimmigkeit", sind also in Übereinstimmung mit sich selbst „und mit der Wahrheit der Situation".[58] Um es mit der Psychoanalytikerin Ruth Kohn zu sagen: „Alles was gesagt wird, soll echt sein; nicht alles was echt ist, soll gesagt werden."[59]

---

53 Vgl. ebenda S. 53; Knemeyer, Rechtsstellung und Bedeutung, S. 27; ders., Der süddeutsche Verwaltungschef, S. 87, jeweils m. w. N.
54 Vgl. Opaschowski, Die semiglückliche Gesellschaft, S. 68.
55 Kern, Warum werden Bürgermeister abgewählt?, S. 49 m. w. N.; vgl. auch Ralf Schick: Dienen und Führen im Amt sind keine Gegensätze, in: Staatsanzeiger vom 19.11.2021.
56 Zitiert nach Kern, Warum werden Bürgermeister abgewählt?, S. 54 m. w. N.
57 Ebenda S. 54 f. m. w. N.; Bäuerle, Bürgermeister, S. 77. Zum ‚Grundrecht auf Information in einer Demokratie' vgl. Steven Levitsky, Daniel Ziblatt: Wie Demokratien sterben. Und was wir dagegen tun können, München 2018, S. 232 f.
58 Bernhard Pörksen, Friedemann Schulz von Thun: Die Kunst des Miteinander-Redens. Über den Dialog in Gesellschaft und Politik, München 2020, S. 83.
59 Vgl. Alexander Smoltcyk: Im grünen Bereich, in: Der Spiegel, Chronik 1/2021, S. 88, 92.

Verwalten und gestalten – Pflicht und Kür im Bürgermeisteramt

Bürgermeister, welche diese zugegebenermaßen nur kursorisch vorgetragenen Grundsätze beherzigen, haben eine große Chance, beliebt zu werden und beliebt zu bleiben. Denn die Annahme des französischen Journalisten und Politikers Raphael Glucksmann, dass die Bürgermeister die einzigen gewählten Volksvertreter seien, „die beliebt bleiben, wenn der Rest der Politikerzunft kritisiert wird",[60] trifft heutzutage leider nicht mehr zu. Und beliebte Bürgermeister empfinden dann vielleicht ihre Tätigkeit tatsächlich als „Traumjob"[61] oder den „schönsten Beruf der Welt",[62] was eine wunderbare Feststellung wäre.

Abb. 3: Postkarte als Adventsgruß.

---

60 Raphael Glucksmann: Die Politik sind wir! Gegen den Egoismus, für einen neuen Gesellschaftsvertrag, München 2019, S. 172.
61 Vgl. hierzu Roth, Quo vadis, kommunale Selbstverwaltung?, S. 14.
62 Zinell, Perspektive Bürgergesellschaft, S. 171.

Abb. 4: Startseite einer Wahlkampf-Homepage.

„Schultes, was verdienst du denn und wer sorgt für dich?" – Gehalt und Pension

Timo Jung

Über's Gehalt spricht man nicht – eine Weisheit, die für den öffentlichen Dienst nicht gilt. Oft ist das Gehalt von Bürgermeisterinnen und Bürgermeistern Inhalt von Debatten. Fast jedes Jahr und meist aus Anlass von Bewerberinnen- und Bewerbermangel wird über die Entlohnung der Stadt- und Gemeindeoberhäupter berichtet. Im Gegensatz zu Unternehmen der Privatwirtschaft gibt es im öffentlichen Dienst vollständige Transparenz darüber, was die Chefin oder der Chef des Rathauses verdient. Hören Menschen, die außerhalb der Verwaltung sozialisiert wurden, zum ersten Mal vom Gehalt der Bürgermeisterinnen und Bürgermeister kommt in vielen Fällen Überraschung auf. Stellt man die finanzielle und personelle Verantwortung des Amtes derjenigen einer Geschäftsführerin oder eines Geschäftsführers eines vergleichbar großen Unternehmens gegenüber, dann wird man nicht weniger Verantwortung, aber doch weit weniger Gehalt feststellen können.

Forscher der Universität Harvard hatten sich 2014 in einer Befragung damit befasst, wie viel eine ungelernte Arbeitnehmerin und ein ungelernter Arbeitnehmer im Vergleich zum CEO eines Unternehmens verdienen solle.[1] Die Befragten hielten damals ein Verhältnis für gerecht, das sich im Bereich des Faktors fünf bewegt. Verdient eine ungelernte Arbeiterin oder ein ungelernter Arbeiter also 2.000 €, so sollten es beim CEO nicht mehr als circa 10.000 € sein. Als realitätsnah hatten die Teilnehmerinnen und Teilnehmer demgegenüber einen Faktor von zehn geschätzt. Weit gefehlt, denn die Wirklichkeit bewegt sich in anderen Sphären. So ist es in großen Unternehmen bis zu 350-mal so viel, was die oder der CEO im Vergleich zur ungelernten Arbeiterschaft für sich in Anspruch nimmt.

---

1 Hier nachzulesen: CEOs Get Paid Too Much, According to Pretty Much Everyone in the World, in: Harvard Business Review, https://hbr.org/2014/09/ceos-get-paid-too-much-according-to-pretty-much-everyone-in-the-world (zuletzt abgerufen am 22.09.2022).

Und im öffentlichen Dienst? Da wird unter Zugrundelegung des Grundgehalts der Faktor fünf in den meisten Fällen nicht überschritten. Eine Bürgermeisterin oder ein Bürgermeister verdient abhängig von der Größe der Gemeinde nicht mehr als das, was Menschen als Verhältnis zur ungelernten Arbeiterin oder zum ungelernten Arbeiter – zumindest in der Harvard-Studie – als gerecht empfinden. Dem Vergleich zur freien Wirtschaft hält das Gehalt damit nicht nur in dieser Betrachtung nicht stand.

Die Besoldung

Hauptamtliche Bürgermeisterinnen und Bürgermeister

Das Gehalt oder genauer die Besoldung der Bürgermeisterinnen und Bürgermeister regelt in Baden-Württemberg das ‚Gesetz über die Besoldung und Dienstaufwandsentschädigung der Landräte, der hauptamtlichen Bürgermeister und der Beigeordneten' – oder kurz: das Landeskommunalbesoldungsgesetz. Dort werden die Bürgermeisterinnen und Bürgermeister den Besoldungsgruppen der Landesbesoldungsordnungen A und B zugeordnet. Sie bewegen sich damit also nicht außerhalb der für Beamtinnen und Beamten üblichen Besoldung, sondern sind in das System der Beamtenbesoldung integriert.

Die Eingruppierung in eine Besoldungsgruppe und damit die Höhe des Grundgehalts richtet sich nach der Einwohnerzahl der Gemeinde. So hat der Gesetzgeber die Gemeinden in Größengruppen unterteilt und diesen zwei Besoldungsgruppen zugeordnet. Diese Eingruppierung ist nachfolgend, inklusive den dazugehörigen Grundgehältern dargestellt.

Nicht alle Einwohnerinnen und Einwohner sind dabei gleich. Dieser Grundsatz, den eine Bürgermeisterin oder ein Bürgermeister in der Amtsführung nicht beherzigen sollte, gilt zumindest in einem Fall. So gibt es bei der Ermittlung der maßgeblichen Einwohnerzahl sogenannte Hinzurechnungen. Damit sollen besondere Schwierigkeiten oder Arbeitsumfänge abgedeckt und berücksichtigt werden. Beispielsweise werden die Familienangehörigen der nicht meldepflichtigen Angehörigen der Stationierungsstreitkräfte und nicht kasernierte Mitglieder der Stationierungsstreitkräfte mit einem Anteil von 50 Prozent hinzugerechnet.

„Schultes, was verdienst du denn und wer sorgt für dich?" – Gehalt und Pension

Tabelle: Besoldungsgruppen hauptamtlicher Bügermeisterinnen und Bürgermeister

Einwohnerzahl	Besoldungsgruppe	Grundgehalt[2]
1–1.000	A 12	5.240,02 €
	A 13	5.823,96 €
1.001–2.000	A 14	6.448,47 €
	A 15	7.280,91 €
2.001–5.000	A 15	7.280,91 €
	A 16	8.110,70 €
5.001–10.000	A 16	8.110,70 €
	B 2	8.457,55 €
10.001–15.000	B 2	8.457,55 €
	B 3	8.955,70 €
15.001–20.000	B 3	8.955,70 €
	B 4	9.447,42 €
20.001–30.000	B 4	9.477,42 €
	B 5	10.076,00 €
30.001–50.000	B 6	10.641,25 €
	B 7	11.191,11 €
50.001–100.000	B 7	11.191,11 €
	B 8	11.764,14 €
100.001–200.000	B 9	11.764,14 €
	B 10	14.685,38 €
200.001–500.000	B 10	14.685,38 €
	B 11	15.254,87 €
ab 500.001	B 11	15.254,87 €

---

2 Ist das Amt einer Besoldungsgruppe der Landesbesoldungsordnung A zugeordnet, richtet sich das Grundgehalt nach der höchsten Stufe; Stand der Grundgehaltstabelle: 01.12.2022.

Eine Hinzurechnung betrifft auch die erfüllende Gemeinde in einer vereinbarten Verwaltungsgemeinschaft. Hier wird die Hälfte der Einwohnerzahl der übrigen an der Verwaltungsgemeinschaft beteiligten Gemeinden hinzuaddiert. Hat eine Gemeinde A also 4.500 Einwohner und ist für zwei umliegende Gemeinden B und C mit insgesamt 2.000 Einwohnern erfüllende Gemeinde der Verwaltungsgemeinschaft, so beträgt die maßgebliche Einwohnerzahl der Gemeinde A 5.500 und die Besoldung erfolgt somit nach A 16 oder B 2. In anerkannten Kurorten mit weniger als 30.000 Einwohnern kann für die Einstufung des Bürgermeisteramtes der Einwohnerzahl die jahresdurchschnittliche Zahl der täglichen Fremdenübernachtungen hinzugerechnet werden, wenn sie mindestens 40 Prozent der Einwohnerzahl der Gemeinde beträgt und dem Bürgermeister bzw. der Bürgermeisterin auch die Leitung des Kurbetriebs obliegt. Letzteres dürfte seltener geworden, doch nicht auszuschließen sein.

Zu Beginn der Amtszeit hat der Gemeinderat zu entscheiden, in welche der beiden möglichen Besoldungsgruppen die Bürgermeisterin oder der Bürgermeister für die gesamte erste Amtszeit einzuweisen ist. Dies hat nach sachgerechter Bewertung zu erfolgen und ist nachträglich nicht mehr zu ändern. Da es sich hierbei um ein nicht unerhebliches Konfliktfeld handelt, sind durch Rechtsprechung weitere Kriterien der Bewertung entwickelt worden. Grundsätzlich steht der Gemeinde bei der Zuordnung in eine der beiden Besoldungsgruppen ein weiter Beurteilungsspielraum (Organisationsermessen) zu, der von der Rechtsaufsicht nur daraufhin überprüft werden darf, ob die Gemeinde sich von sachfremden Erwägungen hat leiten lassen.[3] Eine typische sachfremde Erwägung ist das Alter. So darf ein neu gewählter 25-Jähriger einer Gemeinde mit 4.900 Einwohnern nicht etwa wegen der mangelnden Erfahrung in die Besoldungsgruppe A 15 eingewiesen werden, sondern nur, weil das Amt von Umfang und Schwierigkeit eher der Besoldungsgruppe A 15 als der Besoldungsgruppe A 16 entspricht.

In die Beurteilung dürfen nur objektive, amtsbezogene Erwägungen einbezogen werden, die sich aus dem konkreten kommunalen Wahlamt ergeben – wie die oben genannte Schwierigkeit. Die Einwohnerzahl der Gemeinde innerhalb des Rahmens der Einwohnergrößengruppen dient als erster Anhaltspunkt. Als einziges Kriterium der Einweisungsentscheidung ist die Einwohnerzahl allerdings nicht ausreichend. Sie entfaltet lediglich Indizwirkung und muss unter Berücksichtigung der örtlichen Gegebenheiten von den Gre-

---

3   Vgl. VG Freiburg, Urt. vom 10.07.2012 3 K 2321/10.

_____ „Schultes, was verdienst du denn und wer sorgt für dich?" – Gehalt und Pension

mien noch sachgerecht gewichtet werden. Im oben genannten Fall sind die 4.900 Einwohner schon sehr nahe an den 5.001 Einwohnern und damit der nächsthöheren Besoldungsgruppe. Es liegt hier ein Indiz für die Einweisung in die A 16 vor, was aber noch keine ausreichende Begründung ist. Hat die Gemeinde noch eine große Schuldenlast, mehrere Teilorte, viel Infrastruktur vorzuhalten und weitere für die Ausführung des Amtes schwierige Lasten, so liegt die Einweisung in die A 16 in Kombination mit den 4.900 Einwohnern nahe. Hat der Gemeinderat entschieden, so ist die Entscheidung in der ersten Amtszeit nicht mehr zu ändern. Die Intention mancher Gemeinderäte, die Bürgermeisterin oder den Bürgermeister erst einmal in der niedrigeren der beiden Besoldungsgruppen einzugruppieren und nach Bewährung, beispielsweise nach vier Jahren, anzuheben, ist deshalb nicht nur nicht sachgerecht, sondern auch nicht möglich. Auch die Option, zuerst einmal abzuwarten, wie der Neuling sich schlägt, und die Einweisung erst später vorzunehmen, gibt es nicht. Spätestens zwei Monate nach Amtsantritt muss die Entscheidung des Gemeinderats gefallen sein. Nach Wiederwahl wechselt die Bürgermeisterin oder der Bürgermeister im Übrigen, wenn nicht schon durch die erste Einweisung geschehen, automatisch in die nächsthöhere Besoldungsgruppe.

Weitere Bestandteile der Besoldung

Wechseln wir das Thema – aber nur scheinbar. Der Schriftsteller George Mikes hat einmal sinngemäß verlauten lassen, dass die Ehe der originelle Versuch sei, die Kosten zu halbieren, indem man sie verdoppelt. Was diese Rechnung betrifft, will der Autor sich zu keinem Urteil verleiten lassen, doch schafft die Ehe von Bürgermeisterinnen und Bürgermeistern zumindest den Vorteil, die zitierte Verdopplung etwas abzudämpfen. So erhöht sich das Gehalt, wie bei jedem Beamten, durch den ehebezogenen Familienzuschlag. Daneben gibt es einen kindbezogenen Familienzuschlag. Bedingung hierfür ist, wie sollte es anders sein: ein Kind oder mehrere Kinder. Nachfolgend ist dies dargestellt:

Ehebezogener Teil des Familienzuschlags .... 158,80 €
für das erste und zweite Kind jeweils .... 138,84 €
für das dritte und jedes weitere Kind jeweils .... 750,44 €

Eine verheiratete Bürgermeisterin mit zwei Kindern bekommt demnach zusätzlich zum Grundgehalt einen Familienzuschlag in Höhe von derzeit 436,48 €, sofern ihr Ehemann nicht ebenfalls als Beamter tätig ist. Ansonsten wird die Summe von 438,48 € entweder aufgeteilt oder steht nur einer oder einem der beiden zu.

Dienstaufwandsentschädigung

Als Entschädigung für den durch das Amt allgemein verursachten erhöhten persönlichen Aufwand, dessen Bestreitung aus den Dienstbezügen dem Beamten nicht zugemutet werden kann, wird eine Dienstaufwandsentschädigung gewährt. Diese ist steuerfrei und beträgt 13,5 Prozent des festgesetzten Grundgehalts.

Für eine weitere Dienstaufwandsentschädigung gibt es im Übrigen keine rechtliche Grundlage. Der Hinweis ist deswegen notwendig, weil die Praxis zeigt, dass nichts unversucht bleibt. So hatte ein Bürgermeister aus dem Schwarzwald in den 1980er Jahren mit dem Amtsantritt auch die Aufgaben eines Kurdirektors übernommen, wofür eigentlich eine eigene Stelle im Stellenplan vorgesehen war. Der erfindungsreiche Bürgermeister stellte an den Gemeinderat den Antrag auf Gewährung einer Leistungszulage in Höhe von monatlich 500 DM. Als Begründung gab er die Zusatzbelastung als Kurdirektor an. Dies entspreche nicht dem für ein Bürgermeisteramt üblichen Maß an Arbeitsleistung und Verantwortung, sondern gehe weit darüber hinaus. Er schloss daraus, dass ihm eine leistungsangepasste Besoldung zustehe. Zumindest den Gemeinderat überzeugte er mit dieser Sichtweise, denn dieser beschloss in nichtöffentlicher Sitzung die Leistungszulage oder weitere Dienstaufwandsentschädigung und setzte noch 100 DM drauf. Als das Landratsamt als Rechtsaufsichtsbehörde davon Wind bekam, forderte es die Gemeinde auf, die Rückforderung zu veranlassen, denn es gebe keine Grundlage für die Zahlung. Der Gemeinderat zeigte Einsicht und folgte der Rechtsaufsicht, wohingegen der Bürgermeister gegen die Rückzahlung in Höhe von fast 20.000 DM klagte. Dadurch ging die Sache vor den Verwaltungsgerichtshof Baden-Württemberg, welcher die Rechtsauffassung des Landratsamtes bestätigte.[4] So bleibt neben der Dienstaufwandsentschädigung nur die Möglichkeit von Nebentätigkeiten, um die Besoldung anzureichern. Dies wird unten noch eigens Thema sein.

---

4   VG Karlsruhe, 10.05.1994, Az: 11 K 502/93.

_____ „Schultes, was verdienst du denn und wer sorgt für dich?" – Gehalt und Pension

Abzüge

Nachdem alle Besoldungs- und Gehaltsbestandteile aufgeführt wurden, widmen wir uns noch den Abzügen: Auf das Gehalt sind Lohnsteuer und Solidaritätszuschlag zu bezahlen, bei Kirchenzugehörigkeit die Kirchensteuer. Beiträge zur Arbeitslosenversicherung, Pflegeversicherung und Rentenversicherungsbeiträge sind aufgrund des Beamtenstatus nicht zu entrichten.

Selbstverständlich hat eine Bürgermeisterin oder ein Bürgermeister aber Aufwendungen für eine private Krankenversicherung zu leisten, um jenen Teil abzudecken, den die sogenannte Beihilfe nicht abdeckt. Zur Erklärung: Geht eine Beamtin oder ein Beamter zum Arzt oder muss ins Krankenhaus, so bekommt sie oder er eine Rechnung und streckt diese vor. Über die Beihilfe, das Fürsorgesystem des Dienstherrn für die Beamten, wird ihr oder ihm im Regelfall 50 oder 70 Prozent der Rechnung erstattet. Für die übrigen 50 oder 30 Prozent muss die Bürgermeisterin oder der Bürgermeister eine eigene Vorsorge treffen: die private Krankenversicherung. Nach derzeitigem Stand dürften hierfür zum Beispiel bei einem ledigen Mann ohne Kinder monatlich circa 300–400 € fällig werden. Eine Schätzung oder genaue Angaben sind insofern schwierig, als Zusatzleistungen höhere Tarife erzeugen und das Alter des Einstiegs eine wichtige Preiskomponente darstellt.

Ehrenamtliche Bürgermeisterinnen und Bürgermeister

Für ehrenamtliche Bürgermeisterinnen und Bürgermeister gilt nicht das Landeskommunalbesoldungsgesetz, sondern das Aufwandsentschädigungsgesetz (AufwEntG). Der Gesetzgeber hat ein ums andere Mal klargestellt, dass das Hauptamt einer Bürgermeisterin oder eines Bürgermeisters in einem anderen System zu verorten ist als das Ehrenamt. Das Ehrenamt wird insofern nicht über eine Besoldung und damit ein Gehalt, sondern mit einer Aufwandsentschädigung abgegolten, die für den Ersatz der Auslagen und des entgangenen Arbeitsverdienstes sowie die Abgeltung des persönlichen Aufwands sorgen soll. Die Aufwandsentschädigung soll nicht den Charakter einer Besoldung annehmen, denn der Gesetzgeber geht ausdrücklich von einer unentgeltlichen Wahrnehmung des Ehrenamts aus. Die Frage, ob sich dies bewährt hat, lässt der Autor an dieser Stelle offen. So dürften Argumente zu finden sein, die belegen, dass das Amt des Bürgermeisters in kleinen Gemeinden eben kein klassisches Ehrenamt darstellt, sondern weit größere und langfristige Verpflichtungen mit sich bringt.

Die Aufwandsentschädigung wird unter Berücksichtigung der Einwohnerzahl und der sonstigen örtlichen Verhältnisse nach Anhörung der Bürgermeisterin oder des Bürgermeisters spätestens zwei Monate nach dem Amtsantritt innerhalb der nachfolgenden Rahmensätze (Stand 01.01.2021) bestimmt:

Tabelle: Aufwandsentschädigung ehrenamtlicher Bürgermeisterinnen und Bürgermeister

Einwohnerzahl	Rahmensatz der monatlichen Aufwandsentschädigung	
	Mindestbetrag	Höchstbetrag
1–500	957 €	1.846 €
501–1.000	1.768 €	3.308 €
1.001–2.000	2.425 €	4.157 €

Die Aufwandsentschädigung erhöht sich nach einer Amtszeit von sechs Jahren in derselben Gemeinde auf den Betrag, der in der Mitte zwischen dem Mindest- und Höchstbetrag des Rahmensatzes liegt (Mittelbetrag), sofern nicht eine für die Amtsinhaberin oder den Amtsinhaber bessere Regelung getroffen wurde. Nach einer weiteren Amtszeit von sechs Jahren erhöht sie sich auf den Höchstbetrag des Rahmensatzes. Spätestens nach zwölf Jahren Amtszeit in derselben Gemeinde wird damit der Höchstbetrag erreicht.

Zuschlag ab Beginn der dritten Amtszeit

Um eine dritte Amtszeit attraktiver zu machen, wurde 2014 ein neuer Anreiz geschaffen. So wird seither Bürgermeisterinnen und Bürgermeistern nach Ablauf von zwei vollen Amtszeiten ab Beginn der dritten Amtszeit ein nicht ruhegehaltsfähiger Zuschlag auf das Grundgehalt gewährt. Der Zuschlag beträgt acht Prozent des festgesetzten Grundgehalts. Amtszeiten als Beigeordnete oder Beigeordneter oder ehrenamtliche Bürgermeisterin oder Bür-

_____ „Schultes, was verdienst du denn und wer sorgt für dich?" – Gehalt und Pension

germeister zählen dabei nicht. Darüber hinaus legt die Formulierung „volle Amtszeit" die Spur darauf, dass Amtszeiten, die vor Ablauf der achtjährigen Amtszeit beendet werden, ebenfalls nicht zählen. Dies kommt insbesondere bei Wechseln von Bürgermeistern in andere Gemeinden zum Tragen. So profitierte bis Ende 2022 eine Bürgermeisterin oder ein Bürgermeister, die bzw. der nach 15 Jahren Amtszeit für die Gemeinde A in Gemeinde B zur Bürgermeisterin oder zum Bürgermeister gewählt wird, nach seinem Amtsantritt in Gemeinde B nicht vom Zuschlag. Auch, im gewählten Beispiel, nicht nach 16 Jahren Amtszeit insgesamt, sondern erst bei Wiederwahl in Gemeinde B und damit in diesem Fall nach 23 Jahren Amtszeit. Ein Umstand, der in der Praxis neben der Nichtberücksichtigung von Beigeordneten und ehrenamtlichen Bürgermeisterzeiten immer wieder für Diskussionsstoff sorgte. Der Gesetzgeber hat deswegen eine Änderung angekündigt. So soll in Zukunft der Zuschlag ab dem 17. Amtsjahr gezahlt werden und ruhegehaltsfähig sein.

Nebentätigkeiten

Nebentätigkeiten im öffentlichen Dienst sind ein schwieriges Feld. Zuletzt gab es in Rheinland-Pfalz größeren Streit über den nebenberuflichen Fleiß der dortigen Landrätinnen, Landräte, Bürgermeisterinnen und Bürgermeister. 2021 galt dort zum ersten Mal die Pflicht zur Offenlegung von Nebentätigkeiten, und erwartungsgemäß sorgte dies für einigen Aufruhr. Ein einzelner Landrat hatte, neben anderen Nebentätigkeiten, durch eine Aufsichtsratstätigkeit bei der RWE allein bis zu 120.000 € im Jahr dazuverdient.

In Baden-Württemberg hat der Gesetzgeber den Rahmen für Nebentätigkeiten enger gesteckt. Zwar definiert das vom Bundesgesetzgeber erlassene Beamtenstatusgesetz bundesweit die Pflichten einer Beamtin oder eines Beamten und normiert in § 40, dass Nebentätigkeiten „grundsätzlich anzeigepflichtig sind" und, „soweit sie geeignet sind, dienstliche Interessen zu beeinträchtigen, unter Erlaubnis- oder Verbotsvorbehalt zu stellen sind", doch stellt dies eben nur die unterste Latte dar, die nicht gerissen werden darf. So sind die weiteren Grundlagen für die Nebentätigkeiten von den Landesgesetzgebern festzulegen. Baden-Württemberg hat hierzu mit den §§ 60 und fortfolgende des Landesbeamtengesetzes sowie der Landesnebentätigkeitsverordnung strenge Maßstäbe angesetzt: Die Genehmigung ist zu versagen, wenn zu befürchten ist, dass durch die Nebentätigkeit dienstliche Interessen

31

beeinträchtigt werden. Ein solcher Versagungsgrund liegt nach dem Landesbeamtengesetz insbesondere vor, wenn die Nebentätigkeit

- die Beamtin oder den Beamten in einen Widerstreit mit den dienstlichen Pflichten bringen kann,
- die Unparteilichkeit oder Unbefangenheit der Beamtin oder des Beamten beeinflussen kann,
- zu einer wesentlichen Einschränkung der künftigen dienstlichen Verwendbarkeit der Beamtin oder des Beamten führen kann oder
- sonst dem Ansehen der öffentlichen Verwaltung abträglich sein kann.

Ein Versagungsgrund liegt auch vor, wenn die Nebentätigkeit nach Art und Umfang die Arbeitskraft so stark in Anspruch nimmt, dass die ordnungsgemäße Erfüllung der dienstlichen Pflichten behindert werden kann. Diese Voraussetzung gilt in der Regel als erfüllt, wenn die zeitliche Beanspruchung durch eine oder mehrere Nebentätigkeiten in der Woche ein Fünftel der regelmäßigen Arbeitszeit überschreitet. Das hat zur Folge, dass eine Bürgermeisterin oder ein Bürgermeister seine Nebentätigkeiten nicht nach eigenem Gutdünken auswählen kann.

Verlegt sich die Bürgermeisterin oder der Bürgermeister aber darauf, Liebesromane zu schreiben, so darf sie oder er das. Dies ist nicht einmal genehmigungspflichtig, denn unter bestimmten Voraussetzungen sind Nebentätigkeiten nur anzeigepflichtig. Dazu gehören zum Beispiel, wie eben genannt, schriftstellerische Tätigkeiten, aber auch wissenschaftliche, künstlerische oder Vortragstätigkeiten. Öffentliche Ehrenämter sind darüber hinaus keine Nebentätigkeiten.

Vergütungen für Nebentätigkeiten sind zulässig, jedoch können sie ablieferungspflichtig sein. Ob die Vergütungen im Einzelfall abgeliefert werden müssen, hängt von der Art der Nebentätigkeit ab. Ablieferungspflichtig sind Vergütungen für eine Nebentätigkeit von Beamtinnen und Beamten, die im öffentlichen Dienst oder auf Verlangen des Dienstvorgesetzten ausgeübt oder der Beamtin oder dem Beamten mit Rücksicht auf ihre oder seine dienstliche Stellung übertragen werden. Allerdings sind Freigrenzen definiert, bis zu denen keine Ablieferungspflicht besteht. Diese Freigrenzen orientieren sich in Baden-Württemberg an der jeweiligen Besoldungsgruppe und bewegen sich zwischen 4.300 € und maximal 6.100 € pro Jahr. Sie sind damit vergleichsweise niedrig angesetzt und manch einer behauptet, dass die Freigrenzen seit der Steinzeit nicht verändert worden seien. Andere Bundesländer, andere Regeln. So gilt in Rheinland-Pfalz pauschal über alle Besoldungsgruppen hin-

_____ „Schultes, was verdienst du denn und wer sorgt für dich?" – Gehalt und Pension

weg seit 2021 9.600 € als Freigrenze; in Niedersachen gibt es einen Bonus für Beamtinnen und Beamte auf Zeit, die das 1,5-Fache des Freibetrags nebenher verdienen dürfen.

Alles in allem ist also Vorsicht geboten bei Nebentätigkeiten, und guter Rat ist teuer. Diesen erhalten Bürgermeisterinnen und Bürgermeister entweder bei den Kommunalen Landesverbänden oder bei der zuständigen Rechtsaufsichtsbehörde. Letzterer muss auch jedes Jahr eine Erklärung über die ausgeübten Nebentätigkeiten und die Höhe der Vergütungen vorgelegt werden. Ein nicht zu unterschätzender Vorgang, denn hierbei handelt es sich um eine unbedingte Dienstpflicht im Rechtsverhältnis der Bürgermeisterin oder des Bürgermeisters zu seiner Dienstaufsichtsbehörde, also dem Landratsamt oder bei Oberbürgermeisterinnen und Oberbürgermeistern dem Regierungspräsidium.

Abb. 5: Adaption einer Printanzeige für ein Sharepic

Timo Jung

Tabelle: Zusammenfassende Betrachtung (Stand: 01.12.2022)

Einwohnerzahl	Besoldungsgruppe[5]	Grundgehalt	Dienstaufwandsentschädigung	Zuschlag ab Beginn der dritten Amtszeit[6]	Freigrenzen bis zur Ablieferungspflicht von Nebentätigkeiten[7]
1–1.000	A 12	5.240,02 €	707,40 €	419,20 €	4.300 €
	A 13	5.823,96 €	786,23 €	465,92 €	4.900 €
1.001–2.000	A 14	6.448,47 €	870,54 €	515,88 €	
	A 15	7.280,91 €	982,92 €	582,47 €	
2.001–5.000	A 15	7.280,91 €	982,92 €	582,47 €	
	A 16	8.110,70 €	1.094,94 €	648,86 €	
5.001–10.000	A 16	8.110,70 €	1.094,94 €	648,86 €	
	B 2	8.457,55 €	1.141,77 €	676,60 €	5.500 €
10.001–15.000	B 2	8.457,55 €	1.141,77 €	676,60 €	
	B 3	8.955,70 €	1.209,02 €	716,46 €	
15.001–20.000	B 3	8.955,70 €	1.209,02 €	716,46 €	
	B 4	9.447,42 €	1.275,40 €	755,79 €	
20.001–30.000	B 4	9.477,42 €	1.279,45 €	758,19 €	
	B 5	10.076,00 €	1.360,26 €	806,08 €	
30.001–50.000	B 6	10.641,25 €	1.436,57 €	851,30 €	6.100 €
	B 7	11.191,11 €	1.510,80 €	895,29 €	
50.001–100.000	B 7	11.191,11 €	1.510,80 €	895,29 €	
	B 8	11.764,14 €	1.588,16 €	941,13 €	
100.001–200.000	B 9	11.764,14 €	1.588,16 €	941,13 €	
	B 10	14.685,38 €	1.982,53 €	1.174,83 €	
200.001–500.000	B 10	14.685,38 €	1.982,53 €	1.174,83 €	
	B 11	15.254,87 €	2.059,41 €	1.220,39 €	
ab 500.001	B 11	15.254,87 €	2.003,31 €	1.187,15 €	

5   Ist das Amt einer Besoldungsgruppe der Landesbesoldungsordnung A zugeordnet, richtet sich das Grundgehalt nach der höchsten Stufe.
6   Nach Ablauf von zwei vollen Amtszeiten und nicht ruhegehaltsfähig.
7   Ausschließlich bei Vergütungen, die im Rahmen folgender Nebentätigkeiten bezogen werden (§ 64 Abs. 3 LBG): Nebentätigkeiten, die im öffentlichen Dienst ausgeübt werden; Nebentätigkeiten auf Verlangen des Dienstherrn; Nebentätigkeiten, die den Beamten „mit Rücksicht auf die dienstliche Stellung" übertragen wurden.

„Schultes, was verdienst du denn und wer sorgt für dich?" – Gehalt und Pension

Ruhestand und Versorgung

Etwas komplizierter als die Regelungen zur Besoldung sind die Regelungen zum Ruhestand und der Versorgung der Bürgermeisterinnen und Bürgermeister. Daher wird nicht auf alle speziellen Regelungen eingegangen, sondern es werden nur die wichtigsten Komponenten dargestellt.

Das Risiko einer Nicht-Wiederwahl schwebt über manchen Amtsinhaberinnen und Amtsinhabern. Ob eine Kandidatur davon abhängig gemacht wird, Versorgungssicherheit zu haben, ist jeder bzw. jedem selbst überlassen. Sollte es aber eine Komponente in der Entscheidung sein, ist dieses Kapitel besonders aufmerksam zu lesen.

Ruhestand

Hauptamtliche Bürgermeisterinnen und Bürgermeister

Vorneweg: Nur wer in den Ruhestand eintritt, hat auch Anspruch auf Versorgung und damit auf das, was im Beamtentum als Pension und gemeinhin als Rente bezeichnet wird. In der weiteren Betrachtung wird davon ausgegangen, dass es um zukünftige Bürgermeisterinnen und Bürgermeister geht und nicht um bereits im Amt befindliche.

Um in den regulären Ruhestand zu treten, gibt es mehrere Möglichkeiten. Bisher noch nicht vorgekommen, weil erst seit kurzem geltend, tritt eine Bürgermeisterin oder ein Bürgermeister in den gesetzlichen Ruhestand, indem sie oder er das 73. Lebensjahr vollendet. Für Bürgermeisterinnen und Bürgermeister gelten neben dieser Bestimmung weitere Spezialregelungen, die der Besonderheit des Beamtenverhältnisses auf Zeit gerecht werden sollen. So hat der Gesetzgeber nicht nur in Baden-Württemberg einen Grundsatz der Amtsfortsetzung entwickelt. Grundsätzlich gilt, dass eine Amtsinhaberin oder ein Amtsinhaber nach erst einer Amtszeit erklären muss, ob sie oder er bereit ist, das Amt im Falle einer Wiederwahl unter nicht ungünstigeren Bedingungen weiter zu versehen. Legt sie oder er diese Erklärung nicht ab, so tritt sie oder er nicht in den Ruhestand. Jedoch kann die Rechtsaufsichtsbehörde die Erklärung nur in zwei Fällen nicht verlangen, nämlich wenn der Amtsinhaber das 57. Lebensjahr vollendet hat oder die oder der Betroffene eine Gesamtdienstzeit als Bürgermeisterin oder Bürgermeister von 16 Jahren erreicht hat.

Mit dem Ruhestand an sich hat diese Erklärung allerdings noch nicht unmittelbar etwas zu tun. So wird der Eintritt in den Ruhestand nur möglich, wenn einer der drei folgenden Möglichkeiten ebenfalls erfüllt wird:

1. Eine ruhegehaltfähige Beamtendienstzeit nach § 21 LBeamtVG von 18 Jahren und die Vollendung des 47. Lebensjahres.
2. Eine Gesamtdienstzeit von 12 Jahren.
3. Eine Gesamtdienstzeit als Bürgermeister von 6 Jahren und die Vollendung des 60. Lebensjahres.

Unter diesen Bedingungen greift sodann die Versorgung, deren Höhe im nächsten Kapitel erläutert wird. Kompliziert wird es in jenen Fällen, in denen diese Bedingungen nicht erfüllt sind und der Eintritt in den Ruhestand nicht erfolgt. Wer also beispielsweise mit 25 Jahren zum Bürgermeister gewählt wird und nach acht Jahren, also mit 33 Jahren, nicht wiedergewählt wird, fällt durch das Raster. Der Gesetzgeber hat in Baden-Württemberg unter anderem für diese Fälle ein sogenanntes Übergangsgeld nach § 64 LBeamtVG eingeführt, das in Monatsbeträgen für die der Entlassung folgende Zeit, bezahlt wird. Es beträgt maximal sechs Monatsbezüge und hätte im vorliegenden Fall des 33-jährigen Bürgermeisters a. D. eine Höhe von 4,5 Monatsbezügen. Es berechnet sich nämlich nach Beschäftigungszeiten. So werden nach vollendeter einjähriger Beschäftigungszeit das Einfache und bei längerer Beschäftigungszeit für jedes weitere volle Jahr die Hälfte der Dienstbezüge angerechnet. Das Übergangsgeld kann den beruflichen Wiedereinstieg absichern. Für die Zeit als Bürgermeisterin oder Bürgermeister findet eine Nachversicherung in der gesetzlichen Rentenversicherung statt. Diese ist mit einigen Abzügen verbunden und ist finanziell nicht gerade lukrativ. Besser ist es, sofern jemand dort zuvor schon tätig war, wenn der Wiedereinstieg in den öffentlichen Dienst gelingt. Dann übernimmt der aufnehmende Dienstherr die Versorgung und die Jahre als Bürgermeisterin oder als Bürgermeister werden angerechnet. Ein für den neuen Dienstherrn aber ebenfalls nicht ganz billiges Unterfangen, das vor allem bei älteren Beamtinnen und Beamten wohlüberlegt wird. Statt der Nachversicherung kann allerdings auch die Variante eines Altersgeldes gewählt werden. Dieses tritt an die Stelle der Nachversicherung und beträgt in etwa den Ruhegehaltssatz multipliziert mit den letzten Dienstbezügen. Ein Rückkehrrecht in den öffentlichen Dienst, wie es in anderen Bundesländern vorhanden ist, gibt es in Baden-Württemberg bisher nicht.

„Schultes, was verdienst du denn und wer sorgt für dich?" – Gehalt und Pension

Ehrenamtliche Bürgermeisterinnen und Bürgermeister

Da es sich bei Ehrenbeamtinnen und Ehrenbeamten um keine klassischen Beamtinnen und Beamten handelt, wird noch eine weitere Besonderheit in diesem Abschnitt aufgegriffen: der Ehrensold. Diesen erhalten seit 1966 ehrenamtliche Bürgermeisterinnen und Bürgermeister als besondere Würdigung für ihr Ehrenamt. Bedingung ist, dass im Zeitpunkt des Todes, der Verabschiedung oder der Entlassung das Amt in derselben Gemeinde mindestens 16 Jahre bekleidet oder als Alternative das 57. Lebensjahr vollendet und das Amt in derselben Gemeinde mindestens 12 Jahre bekleidet wurde. Er beträgt ein Drittel der während der Amtszeit zuletzt zugestandenen Aufwandsentschädigung. Nach dem Tod des Bezugsberechtigten stehen 60 Prozent des Ehrensolds dem Witwer oder der Witwe zu, und die Zahlung endet mit einer Wiederheirat.

Versorgung

Tritt eine Bürgermeisterin oder ein Bürgermeister in den Ruhestand, so hat sie oder er Anspruch auf Versorgung und damit Anspruch auf ein Ruhegehalt. Das Ruhegehalt orientiert sich dabei an den ruhegehaltfähigen Dienstbezügen[8] und damit dem zuletzt bezogenen Grundgehalt. Wie hoch der Satz des Ruhegehalts ist, bemisst sich wiederum nach der ruhegehaltsfähigen Dienstzeit als Beamter bzw. Beamtin. Für jedes Jahr ruhegehaltsfähiger Dienstzeit erhöht sich der Ruhegehaltssatz um 1,79375 Prozent. Höher als 71,75 Prozent geht es allerdings nicht hinaus; das ist jener Satz, der nach 40 Jahren Dienstzeit erreicht ist.

Für Beamte auf Zeit, wie es Bürgermeisterinnen und Bürgermeister sind, gilt allerdings noch eine besondere Ruhegehaltsskala, sofern diese die für sie bessere Alternative darstellt und sie beim Eintritt in den Ruhestand eine ruhegehaltsfähige Dienstzeit von mindestens zehn Jahren erreicht haben. Bei dieser alternativen Regelung werden nur Jahre als Beamtin oder Beamter auf Zeit berücksichtigt. So beträgt der Ruhegehaltssatz in dieser Alternative nach acht Jahren 33,48345 Prozent und steigt mit jedem weiteren vollen Amtsjahr um 1,91333 Prozent, ebenfalls bis zum Höchstsatz von 71,75 Prozent. Letzterer ist damit nach 28 Jahren als Beamtin oder Beamter auf Zeit erreicht.

---

8 Die ruhegehaltfähigen Dienstbezüge werden allerdings noch mit dem Faktor 0,984 multipliziert.

Tabellen: Ruhegehaltsätze

Amtszeit (Jahre)	Ruhegehaltssatz	Amtszeit (Jahre)	Ruhegehaltssatz
8	33,48 %	19	54,53 %
9	35,40 %	20	56,44 %
10	37,31 %	21	58,36 %
11	39,22 %	22	60,27 %
12	41,14 %	23	62,18 %
13	43,05 %	24	64,10 %
14	44,96 %	25	66,01 %
15	46,88 %	26	67,92 %
16	48,79 %	27	69,84 %
17	50,70 %	28	71,75 %
18	52,62 %		

Dienstzeit (Jahre)	Ruhegehaltssatz	Dienstzeit (Jahre)	Ruhegehaltssatz
1	1,79 %	21	37,67 %
2	3,59 %	22	39,46 %
3	5,38 %	23	41,26 %
4	7,18 %	24	43,05 %
5	8,97 %	25	44,84 %
6	10,76 %	26	46,64 %
7	12,56 %	27	48,43 %
8	14,35 %	28	50,23 %
9	16,14 %	29	52,02 %
10	17,94 %	30	53,81 %
11	19,73 %	31	55,61 %
12	21,53 %	32	57,40 %
13	23,32 %	33	59,19 %
14	25,11 %	34	60,99 %
15	26,91 %	35	62,78 %
16	28,70 %	36	64,58 %
17	30,49 %	37	66,37 %
18	32,29 %	38	68,16 %
19	34,08 %	39	69,96 %
20	35,88 %	40	71,75 %

„Schultes, was verdienst du denn und wer sorgt für dich?" – Gehalt und Pension

In der oberen Tabelle sind die Dienstzeiten als Beamtin oder Beamter und in der rechten Tabelle als Beamtin oder Beamter auf Zeit dargestellt. Wer als Nicht-Beamtin oder Nicht-Beamter das Bürgermeisteramt antritt, für die oder den gilt allein die untere Tabelle.

Abb. 6: Prospekttitel einer wiedergewählten Amtsinhaberin.

Das Bürgermeisteramt im Umbruch – Kandidierende früher und heute

Vinzenz Huzel

Wer damit liebäugelt, sich als Bürgermeister(in) zu bewerben, muss sich Gedanken darüber machen, wie er oder sie bei potenziellen Wähler(inne)n ankommen könnte. Sind Werdegang, bisheriger beruflicher Karriereweg, ehrenamtliches oder politisches Engagement, sonstige biografische Merkmale, Kompetenzen, Fähigkeiten und Persönlichkeitseigenschaften dazu geeignet, als Empfehlung für das Amt zu dienen? Kurz: Wie gut stehen die Chancen, gewählt zu werden?

Ein in diesem Zusammenhang vielzitiertes Bonmot ist der Ausspruch des früheren Stuttgarter Oberbürgermeisters Manfred Rommel, der einmal bemerkte, dass „die Eigenschaften, die man braucht, um ein Amt zu bekommen, nicht dieselben sind, die man braucht, um es auszufüllen." Hinzu kommt, dass diese Eigenschaften – sowohl die, um gewählt zu werden, als auch die, um im Amt zu bestehen – sich in den vergangenen 30 Jahren stark verändert haben. Besonders tückisch ist dabei, dass noch bis in die Gegenwart veraltete Kriterien zur Bewertung von Kandidierenden angelegt werden, die im schlimmsten Falle durchaus geeignete Persönlichkeiten von einer Kandidatur abhalten.

Weshalb frühere Erfolgskriterien für Bürgermeisterwahlen heute nicht mehr gelten

Hans-Georg Wehling hat in den 1980er Jahren eine umfangreiche Studie zu Bürgermeister(inne)n in Baden-Württemberg vorgelegt.[1] Er gilt damit als Pionier der Bürgermeisterforschung in diesem Bundesland. In den gut 40 Jahren, die seither vergangen sind, haben sich das Amt, die Amtsinhaber(in-

---

[1] Hans-Georg Wehling, Hans-Jörg Siewert: Der Bürgermeister in Baden-Württemberg, Stuttgart 1984.

nen) sowie das gesellschaftliche und politische Umfeld stark verändert. Dennoch halten sich die damals von Wehling postulierten Erfolgsfaktoren für Bürgermeisterwahlen bis heute oft unhinterfragt als Bewertungsmaßstäbe für Kandidierende. Erich Holzwarth hat in seiner Forschung gezeigt, dass Erfolgsfaktoren weit komplexer sind als die Kriterien „Verwaltungserfahrung, Parteiferne und Auswärtigkeit".[2] Eine wichtige Erkenntnis ist, dass die Betrachtung einzelner soziodemografischer Eigenschaften von Amtsinhaber(inne)n aus der Vergangenheit heute nur noch bedingt darüber Aufschluss gibt, wer Chancen bei einer Bürgermeisterwahl hat. Aus einer demokratietheoretischen und ebenso pragmatischen Sicht ist diese Erkenntnis essenziell, da wir mehr Kandidierende brauchen, um bei Bürgermeisterwahlen eine echte Auswahl zwischen gut geeigneten Kandidierenden garantieren zu können. Vielleicht gelingt es mit den folgenden Ausführungen, den einen oder die andere, die zwar nicht dem tradierten Erfolgsmuster entsprechen, aber dennoch gute Bürgermeister(innen) abgeben würden, für eine Kandidatur zu motivieren.

Bürgermeister(innen) in den 1980er Jahren und in der Gegenwart

Mit seiner verdienstvollen Studie unternahm Wehling Anfang der 1980er eine soziodemografische Vermessung der amtierenden Bürgermeister (Frauen waren zu diesem Zeitpunkt laut Wehling nicht im Amt) und leitete daraus Erfolgsfaktoren für eine Kandidatur ab. Mit dieser Momentaufnahme der gewählten Gemeindeoberhäupter prägte er über Jahrzehnte hinweg die Diskussionen in Medien, Wissenschaft und vor allem in den Gemeinden darüber, welche Eigenschaften geeignete Bürgermeister(innen) mitbringen müssten. Gut 40 Jahre später sollten wir mit aktuellen Daten Wehlings Studienergebnisse kritisch hinterfragen. Gesellschaftliche, politische, ökonomische und administrative Rahmenbedingungen haben sich teils grundlegend verändert. Zudem ist auch der Zeitpunkt, zu dem die Studie Wehlings durchgeführt wurde, aus heutiger Sicht nicht unerheblich. Denn in den frühen 1970er Jahren wurde die kommunale Landschaft Baden-Württembergs durch die Gemeindegebietsreform neu geordnet. Aus den 3.379 Gemeinden im Jahr 1968 wurden durch Eingemeindungen und Zusammenschlüsse bis ins

---

2   Erich Holzwarth: Erfolgsfaktoren für Oberbürgermeisterwahlen, Norderstedt 2016.

Jahr 1975 insgesamt 1.111 Gemeinden (heute sind es noch 1.101). In dieser Zeit fanden zahlreiche Bürgermeisterwahlen statt, um erstmals neue Oberhäupter für die neu gegliederten Gemeinden zu finden. Viele ehrenamtliche Bürgermeister(innen) kleiner Gemeinden mussten infolgedessen ihre Stühle in den Rathäusern zugunsten hauptamtlicher Posten räumen. Damit ging ein Generationenwechsel einher. Viele der älteren und häufig fachfremden Bürgermeister(innen) mussten Platz machen für jüngere Kolleg(inn)en, die oft eine entsprechende Ausbildung in der Kommunalverwaltung mitbrachten. Aus Sicht der Wähler(innen) war es durchaus plausibel, gelernte Verwaltungsfachleute in das Amt zu wählen, um die örtlichen Verhältnisse neu zu ordnen. Dies hatte einen Modernisierungs- und Professionalisierungsschub in den Rathäusern des Landes zur Folge. Die Verwaltungsschulen in Stuttgart, Haigerloch und Karlsruhe, die später von den Fachhochschulen in Ludwigsburg und Kehl beerbt wurden, lieferten beständig Nachschub an jungen und motivierten Absolvent(inn)en, die generalistisch in allen Bereichen der kommunalen Verwaltung für den gehobenen Verwaltungsdienst ausgebildet wurden. Für junge Verwaltungsfachleute war das Amt in besonderer Weise attraktiv, da sie mit einer Wahl zum oder zur Bürgermeister(in) einen Karriereweg mit entsprechenden Verdienstmöglichkeiten einschlagen konnten, der ihnen über die reguläre Beamtenlaufbahn nicht zugänglich gewesen wäre. Diese Gruppe junger und damals nahezu ausschließlich männlicher Verwaltungswirte, die im Zuge der Gebietsreform ins Amt gewählt wurden, prägte die Wahrnehmung des Amtes in der Öffentlichkeit über die Dekaden. Aufgrund der Tatsache, dass diese Bürgermeister(innen) in vergleichsweise jungem Alter gewählt wurden, konnten sie bis zum Erreichen der Altersgrenze (in seltenen Fällen) bis zu fünf Mal wiedergewählt werden. Damit sorgten sie bis zur Jahrtausendwende für ein hohes Maß an Kontinuität und Stabilität in den Rathäusern und Gemeinderäten. Doch spätestens mit Beginn der 2000er Jahre setzte erneut ein Generationenwechsel ein, mit dem sich auch das Sozialprofil der Bürgermeister(innen) veränderte. Auf diese Veränderungen hinsichtlich Alter, Herkunft, Parteizugehörigkeit, Geschlecht und Verwaltungserfahrung soll nun im Folgenden eingegangen werden.[3]

---

3 Die zusammengefassten Erkenntnisse sind die Ergebnisse aus einer 2015 durchgeführten Befragung von Bürgermeister(inne)n in Baden-Württemberg, siehe Vinzenz Huzel: Bürgermeisterinnen und Bürgermeister in Baden-Württemberg, Baden-Baden 2019.

Vinzenz Huzel

Welche Rolle spielt das Alter bei einer Kandidatur?

Eine Voraussetzung für die Kandidatur als Bürgermeister(in) in Baden-Württemberg ist das gesetzliche Mindestalter von 25 Jahren.[4] Tatsächlich wurden in den 1980er Jahren mehr als die Hälfte der amtierenden Bürgermeister(innen) in einem Alter unter 30 Jahren gewählt.[5] Seither ist das Durchschnittsalter kontinuierlich gestiegen. Grund dafür ist, dass junge Kandidierende in einem Alter unter 30 seltener zu Wahlen antreten und damit auch seltener gewählt werden können. Im Jahr 2015 waren es gerade einmal noch 19 Prozent der Bürgermeister(innen), die vor Erreichen ihres 30. Geburtstages ins Amt kamen.[6] Auffällig ist dabei, dass diese jungen Bürgermeister(innen) – damals wie heute – fast ausschließlich in Gemeinden unter 20.000 Einwohner(inne)n vorzufinden sind. Diese Größenklasse macht gut 90 Prozent aller Gemeinden in Baden-Württemberg aus. Die jungen Bürgermeister(innen) finden sich ganz überwiegend in den Dörfern unter 5.000 Einwohner(inne)n. Dort besteht ein enger Zusammenhang zwischen einem überschaubaren Kandidatenfeld und jungen, verwaltungserfahrenen Bewerber(inne)n.

Auf das insgesamt steigende Alter der Kandidierenden hat der Landesgesetzgeber bereits im Jahr 2015 mit der Anhebung der Altersgrenze für Bürgermeister(innen) bei ihrer Wahl von 65 auf 68 Jahren reagiert. Seither ist es möglich, bis zur Vollendung des 73. Lebensjahres im Amt zu bleiben, was sich zukünftig auch auf das Durchschnittsalter auswirken wird. Der Altersschnitt von Bürgermeister(inne)n in Baden-Württemberg lag 2015 bei knapp 50 Jahren, wobei die wenigen Frauen im Amt häufiger in den jüngeren Altersgruppen vorzufinden sind als ihre männlichen Kollegen.[7]

Für eine Kandidatur als Bürgermeister(in) bedeutet das, dass ein junges Alter heutzutage nicht mehr denselben Stellenwert hat, wie es noch vor gut 40 Jahren der Fall war. Worauf Wähler(innen) aber vermutlich auch weiterhin achten, ist, ob Kandidierende auch noch für eine zweite Amtszeit zur Verfügung stehen würden. Bei einer Kandidatur im Alter von bis zu 57 Jahren ist das rechnerisch unter den gegebenen gesetzlichen Vorgaben noch der Fall. Sollte die Altersgrenze nach oben – wie von Grünen sowie CDU geplant und

---

4   Derzeit diskutiert der Landesgesetzgeber, das Mindestalter auf 18 Jahre herabzusetzen. Eine endgültige Entscheidung lag zu Redaktionsschluss noch nicht vor.
5   Wehling/Siewert, Der Bürgermeister in Baden-Württemberg, S. 66 ff.
6   Huzel, Bürgermeisterinnen und Bürgermeister, S. 116 ff.
7   Huzel, Bürgermeisterinnen und Bürgermeister, S. 117.

als Gesetz eingebracht – ganz abgeschafft werden, würde diese Limitierung zukünftig keine Rolle mehr spielen. Ungeachtet dessen gibt es ohnehin kein ideales Alter für eine Kandidatur. Das Alter von Bewerber(inne)n ist bestenfalls eine Variable von vielen, die im Kontext der Wahl, der Gemeinde und der Konstellation an Mitbewerber(inne)n betrachtet wird.

Haben Auswärtige bessere Chancen?

Sowohl in den 1980er Jahren wie auch 2015 stammte lediglich ein geringer Anteil der baden-württembergischen Bürgermeister(innen) aus den Orten, in denen sie amtierten. In anderen Bundesländern wird das oft als befremdlich wahrgenommen. „Wie soll man Bürgermeister(in) in einem Ort sein, den man nicht kennt und in dem einen niemand kennt?", wird häufig gefragt. Wehling begründet diese baden-württembergische Eigenheit mit einem historischen wie auch pragmatischen Argument. So folge dies einer Tradition aus Zeiten des württembergischen Königreichs, einen unabhängigen Sachwalter ohne eigene Interessen und frei von Verbindungen zu Familien, Unternehmen oder anderen Seilschaften dazu zu bestimmen, die Geschicke der Gemeinde zu leiten. Damit seien Auswärtige oft im Vorteil gegenüber Einheimischen, die bereits eine Geschichte im Ort haben. Tatsächlich stammen in Baden-Württemberg damals wie heute weniger als ein Fünftel der Bürgermeister(innen) aus dem Ort, in dem sie amtieren (1984: 17,8 Prozent, 2015: 15,4 Prozent). Hier zeigen sich jedoch größere Unterschiede zwischen den Regierungsbezirken im Land: Während in den württembergisch geprägten Bezirken Stuttgart lediglich 6,4 Prozent und Tübingen 12,3 Prozent aus den Amtsorten kommen, sind es in den badischen Bezirken Freiburg 17,1 Prozent und in Karlsruhe immerhin 30,4 Prozent.[8] Die größten Unterschiede zeigen sich also zwischen den Regierungsbezirken Stuttgart und Karlsruhe während Tübingen und Freiburg nicht allzu weit auseinander liegen. Ob die Auswärtigkeit tatsächlich ein Kriterium bei der Wahlentscheidung ist, lässt sich aufgrund dieser Zahlen jedoch nicht sagen, da wir lediglich Kenntnisse über die Herkunft der Amtsinhaber(innen) haben, nicht jedoch über deren unterlegene Mitbewerber(innen). Um empirisch belegen zu können, ob Auswärtige

---

8 Huzel, Bürgermeisterinnen und Bürgermeister, S. 151.

gegenüber Einheimischen tatsächlich bessere Wahlchancen haben, müsste untersucht werden, bei welchen Wahlen überhaupt Einheimische angetreten sind und wie diese dann im Vergleich zu Auswärtigen abgeschnitten haben. Derartige Studien liegen bislang nicht vor. Es kann davon ausgegangen werden, dass zu einem nicht unerheblichen Teil Bürgermeisterwahlen ohne Beteiligung einheimischer Kandidierender stattfinden bzw. einheimische Bewerber(innen), wenn sie kandidieren, eher als Außenseiter antreten, die es einmal versuchen wollen und dementsprechend überschaubare Wahlergebnisse einfahren.

Festgehalten werden kann, dass die Betrachtung der Anteile zur Herkunft von Amtsinhaber(inne)n in der Statistik nur in geringem Maße Aussagen über die tatsächlichen Wahlchancen zulassen. Im Gegenteil: Selbst die statistisch geringen Anteile einheimischer Bürgermeister(innen) zeigen, dass diese nicht gänzlich chancenlos gegenüber der auswärtigen Konkurrenz sind. Damit ist auch die Auswärtigkeit nur eine von vielen Variablen bei einer Wahl.

Schadet eine Parteimitgliedschaft?

Bürgermeisterwahlen in Baden-Württemberg sind Personenwahlen. Anders als bei Landtags- oder Bundestagswahlen haben die politischen Parteien bei Bürgermeisterwahlen keine formelle, also durch das Wahlgesetz vorgegebene Funktion bei der Nominierung von Kandidierenden. Eine Mitgliedschaft oder die Unterstützung durch eine Partei oder Wählervereinigung ist keine Bedingung für eine Kandidatur. Sowohl in den 1980er Jahren wie auch 2015 war etwa die Hälfte der Bürgermeister(innen) in Baden-Württemberg parteilos (1984: 50,6 Prozent, 2015: 57,0 Prozent).[9] Da Bürgermeister(innen) qua Gemeindeordnung die Gesamtheit der Gemeinde repräsentieren, Vorsitzende des Gemeinderats sind und die Gemeindeverwaltung leiten, wird von ihnen erwartet, diese Aufgaben überparteilich und unabhängig wahrzunehmen. Dementsprechend wird in Bürgermeisterwahlkämpfen sowohl von parteilosen wie auch parteigebundenen Bewerber(inne)n stets betont, im Falle einer Wahl Bürgermeister(in) aller Bürger(innen) sein zu wollen. Die entscheidende Frage ist in diesem Zusammenhang, ob Kandidierende mit Parteibuch schlechtere Chancen haben, gewählt zu werden.

---

9 Huzel, Bürgermeisterinnen und Bürgermeister, S. 119 f.

Das Bürgermeisteramt im Umbruch

Oft wurde argumentiert, dass Parteipolitik im Rathaus nichts zu suchen habe, denn schließlich sei Kommunalpolitik reine Sachpolitik. Nach Theodor Eschenburgs Auffassung gebe es keine „christdemokratische Straßenbeleuchtung und keine sozialdemokratische Bedürfnisanstalt". Der vermeintliche Zank zwischen den Parteien in der ‚großen Politik' wurde oft als störend für den Gemeindefrieden empfunden. Dabei wird Politik oft mit Parteipolitik gleichgesetzt und unterstellt, dass politische Entscheidungen auf kommunaler Ebene nicht dazu geeignet sind, sich an weltanschaulichen oder parteiprogrammatischen Fragen zu orientieren. Vielmehr gehe es um Sachentscheidungen, die von Fall zu Fall zum Wohle der Gemeinde entschieden werden müssten. Doch genau dieser Punkt ist ein Missverständnis. Selbstverständlich kann sich Sachpolitik zum Wohle der Gemeinde auch an Grundsatzprogrammen von Parteien orientieren. Gerade im letzten Jahrzehnt hat die ‚große Politik' von Land, Bund und EU Einzug in die ‚kleine Politik' vor Ort gehalten. Die Maßnahmen zu Themen mit hoher gesellschaftlicher Relevanz wie Digitalisierung, Zuwanderung, bezahlbarer Wohnraum, Gesundheit (Pandemiemanagement), Pflege und Klimawandel werden in hohem Maße auf kommunaler Ebene ausgestaltet und entschieden. Dementsprechend wird von Kandidierenden in Bürgermeisterwahlkämpfen erwartet, Antworten auf Fragen zu diesen Herausforderungen zu geben. Kommunalpolitik hat dadurch das Image einer rein sachbezogenen Verwaltung der örtlichen Verhältnisse verloren und ist zum Austragungsort gesamtgesellschaftlicher Zukunftsfragen geworden. Lange Zeit wurde Parteilosigkeit als Versprechen von Überparteilichkeit von denjenigen betont, die davon profitierten – nämlich den parteilosen Bewerber(inne)n. Damals wie heute ist diese Auffassung falsch. Es gibt zwar kaum ein Bundesland, in dem ein so hoher Anteil an parteilosen Bürgermeister(inne)n zu finden ist wie in Baden-Württemberg, aber die Tatsache, dass etwa die Hälfte der Amtsinhaber(innen) ein Parteibuch besitzt und weitere 20 Prozent den Freien Wählern angehören, zeigt, dass es kein Wettbewerbsnachteil ist, eine politische Heimat in einer Partei oder Wählervereinigung zu haben. Im Gegenteil: Es kann sogar ein Vorteil sein.

Bei der Betrachtung der insgesamt 1.153 Bürgermeisterwahlen in Baden-Württemberg zwischen 2008 und 2015 zeigt sich, dass an 48,7 Prozent der Wahlen keine parteigebundenen Kandidierenden teilnahmen, an 16,9 Prozent ausschließlich Parteimitglieder gegeneinander kandidierten und bei 34,3 Prozent parteigebundene Kandidierende gegen Parteilose antraten. Der letztgenannte Fall, in dem ein direkter Vergleich zwischen parteigebundenen und parteilosen Kandidierenden möglich ist, zeigt, dass die Parteimitglieder überaus erfolgreich waren. Aus den 396 direkten Duellen gingen 241 Bürgermeister(innen) mit Parteibuch hervor (61 Prozent).[10] Werden lediglich die sogenannten Neuen Kandidatenrunden betrachtet, also Wahlen an denen die Amtsinhaber(innen) nicht wieder antreten, so zeigt sich, dass von diesen 207 Wahlen 115 von Parteikandidierenden gewonnen wurden (55,6 Prozent).

Daraus folgt, dass wenn Parteimitglieder zu einer Bürgermeisterwahl antreten, diese etwas häufiger gewinnen als Parteilose. Der geringe Anteil parteigebundener Bürgermeister(innen) kommt also nicht daher, dass Kandidierende mit Parteibuch schlechtere Wahlchancen haben, sondern daher, dass parteigebundene Kandidierende überhaupt seltener zu Wahlen antreten.

Welche Vorteile hat die Unterstützung von Parteien?

Durch die Mitgliedschaft in einer Partei bekennen sich Kandidierende zu einer politischen Grundhaltung und zu einem politischen Grundsatzprogramm. Dadurch geben sie der Wählerschaft einen ersten Anhaltspunkt zu ihrer Wertorientierung – was sowohl zu Zustimmung als auch zu Ablehnung führen kann, insbesondere bei parteigebundenen Wähler(inne)n. Allerdings sind die Wahlergebnisse der Parteien zu Landtags- oder Bundestagswahlen nur selten ein geeigneter Indikator für die Chancen bei einer Bürgermeisterwahl. Sie zeigen bestenfalls Potenziale auf, die es zu heben gilt.

Vorteile für Kandidierende ergeben sich aus den Organisationsstrukturen der Parteien vor Ort. Nicht selten werden parteigebundene (aber auch parteilose) Kandidierende von einer oder mehreren der im Gemeinderat vertretenen Parteien unterstützt. In der Wahlkampforganisation ist dies von großem Nutzen, wenn es um praktische Dinge wie plakatieren, Flyer verteilen oder die Vorbereitung von Wahlkampfveranstaltungen geht. Außerdem können engagierte Parteimitglieder vor Ort wichtiges Hintergrundwissen vermitteln, Netzwerke aktivieren und im alltäglichen Plausch im Verein, am Stammtisch oder auf dem Marktplatz für Kandidierende werben. Besonders hilfreich sind Parteien bei der Finanzierung von Wahlkämpfen, da diese rechtlich einwandfreie Wahlkampfspenden einnehmen und ausgeben können.[11]

---

10 Huzel, Bürgermeisterinnen und Bürgermeister, S. 286.
11 Siehe den Beitrag „Wahlkampf legal finanzieren" in diesem Buch.

Von besonderer Bedeutung sind die Organisationsstrukturen von Parteien in Kommunen mit mehr als 20.000 Einwohner(inne)n (knapp zehn Prozent der Kommunen in Baden-Württemberg). In diesen bedarf es sogenannter Unterstützungsunterschriften als Voraussetzung zur Kandidatur (§ 10 Abs. 3 KomWG). Diese Vorschrift wurde 1997 eingeführt, um die zunehmende Zahl an Jux-Kandidat(inn)en zu reduzieren, welche die Organisation und den Ablauf der Bürgermeisterwahlen unnötig verkomplizierten. In den letzten Jahren wurde diskutiert, ob Unterstützungsunterschriften auch für kleinere Gemeinden eingeführt werden sollten, um auch diese vor den Jux- und Dauerkandidierenden sowie deren Wahlanfechtungen zu schützen. Bislang konnte sich der Gesetzgeber jedoch nicht dazu durchringen. Durch die Unterstützungsunterschriften sollen die Bewerber(innen) bereits vor ihrer Kandidatur nachweisen, dass sie dazu in der Lage sind, eine relevante Anzahl an Unterstützer(inne)n hinter sich zu versammeln. Kandidierende, die in den Städten ab 20.000 Einwohner(inne)n von einer oder mehreren Parteien oder Wählervereinigungen unterstützt werden, tun sich selbstverständlich leichter, diese Unterschriften zu sammeln. Dementsprechend sind die Oberbürgermeister(innen) in den größeren Städten Baden-Württembergs auch häufiger Parteimitglieder als die in kleineren Dörfern.

Oberflächlich betrachtet ergibt sich aus der Parteizugehörigkeit von Kandidierenden das Problem, dass sie sich schwerer dabei tun, von Wähler(inne)n, die eine starke Parteipräferenz in einem anderen Lager haben, Stimmen zu gewinnen. In der Praxis hat sich jedoch häufig gezeigt, dass es parteigebundenen Bürgermeister(inne)n in den meisten Fällen gelingt, sich den Respekt und die Anerkennung aus anderen politischen Lagern zu erarbeiten.

Nicht selten werden Kandidierende von mehreren Parteien in unterschiedlichen Konstellationen unterstützt. Insofern ist die Parteizugehörigkeit von Kandidierenden nicht zwingend identisch mit den unterstützenden Parteien. Genauso werden auch parteilose Kandidierende von Parteien und deren Fraktionen unterstützt. Kandidierende tun gut daran, besser vor und spätestens zu Beginn des Wahlkampfes Gespräche mit den Gemeinderatsfraktionen zu suchen und um Unterstützung zu werben. Damit können Kandidierende auch der Situation vorbeugen, dass andere Kandidierende der jeweiligen Partei unvermittelt und unkoordiniert gegen sie antreten.

Vinzenz Huzel

Muss man Verwaltungsexperte bzw. -expertin sein?

Wer sich um das Bürgermeisteramt bewirbt, sollte ein Mindestmaß an Vorwissen und Erfahrungen in der Kommunalpolitik mitbringen und potenzielle Wähler(innen) davon überzeugen können, ein Rathaus und einen Gemeinderat leiten zu können. Das bedeutet jedoch nicht, dass es für eine Wahl zwingend notwendig ist, über eine Verwaltungsausbildung, ein entsprechendes Studium oder langjährige Berufserfahrung in einer Kommunalverwaltung zu verfügen. Formell wird keine bestimmte Berufsqualifikation für das Bürgermeisteramt gefordert. Dennoch konnten sowohl 1984 als auch 2015 rund drei Viertel der amtierenden Bürgermeister(innen) in Baden-Württemberg einen Verwaltungshintergrund vorweisen. Die überwiegende Mehrheit hatte einen Abschluss bei den Verwaltungshochschulen in Ludwigsburg oder Kehl als Diplom-Verwaltungswirt(in) bzw. im Nachfolgestudiengang Public Management vorzuweisen. Das dual angelegte Studium qualifiziert Absolvent(inn)en für die Beamtenlaufbahn im gehobenen, nichttechnischen Dienst der Kommunalverwaltung und ist dadurch sicherlich eine ideale Grundlage für die Arbeit als Bürgermeister(in). Das Studium vermittelt umfassende fachliche Kenntnisse kommunaler Aufgabengebiete und ermöglicht es Studierenden durch die insgesamt anderthalbjährigen Praxisphasen, Erfahrungen in verschiedenen Bereichen der Verwaltung zu sammeln. Kandidierende mit Verwaltungsstudium und entsprechender Berufserfahrung haben es leicht, ihre fachliche Eignung für das Bürgermeisteramt zu begründen. Dementsprechend ist man vielerorts froh darüber, wenn sich Verwaltungswirt(inn)e(n) um den Bürgermeisterposten bewerben, da sie als fachlich versiert gelten und man ganz überwiegend und über längere Zeiträume hinweg gute Erfahrungen mit ihnen gemacht hat. Allerdings nimmt in dieser Gruppe die Bereitschaft für eine Kandidatur seit den 1980er Jahren kontinuierlich ab. Spätestens seit den 1990er Jahren wird immer wieder über einen Mangel an geeigneten Kandidierenden für das Bürgermeisteramt berichtet, womit eigentlich die abnehmende Bereitschaft von Verwaltungsleuten für eine Kandidatur gemeint ist. Dadurch haben die Verwaltungshochschulen als Rekrutierungsorte für Bürgermeisterkandidat(inn)en an Bedeutung verloren.

Das abnehmende Interesse der Verwaltungsleute öffnet das Feld für anderweitig Qualifizierte, die im Zweifel nicht weniger gut geeignet sein müssen. Denn Vorwissen und Erfahrungen in der Kommunalpolitik sowie Führungsqualitäten müssen nicht unbedingt über ein Verwaltungsstudium erworben und nachgewiesen werden. Dementsprechend ist es wichtig für Kandidierende, die eigenen Qualitäten in diesen Bereichen entsprechend begründen zu können, beispielsweise durch ihr Engagement im Gemeinderat oder durch berufliche Erfahrungen außerhalb der öffentlichen Verwaltung, die zur Führung eines Rathauses und kommunaler Gremien nützlich sind. Gerade in Zeiten, in denen mehr Partizipationsmöglichkeiten durch die Bürgerschaft eingefordert werden, in denen kontroverse Themen die Bürgerschaft zu spalten drohen und sich zugleich umfangreiche gesellschaftliche Veränderungen ankündigen, ist die Nachfrage nach Persönlichkeiten gestiegen, die dazu in der Lage sind, zu vermitteln, zu moderieren, zuzuhören, Kompromisse zu finden und die Gemeinde voranzubringen. Eine solide Verwaltungsausbildung mag dabei hilfreich sein, ist jedoch keine zwingende Voraussetzung für das Bürgermeisteramt.

Haben Frauen geringere Chancen?

Als erste Oberbürgermeisterin in Baden-Württemberg wurde im Jahre 1990 Beate Weber in Heidelberg gewählt. Zuvor war das Bürgermeisteramt in Baden-Württemberg eine weitgehende Männerdomäne. Bis in die Gegenwart sind Frauen im Amt eine Minderheit geblieben, die jedoch langsam, aber kontinuierlich wächst. Von den 1.101 Gemeinden im Land wurden im Jahr 2017 gerade einmal 83 von Bürgermeisterinnen geführt. Baden-Württemberg weist damit einen ausgesprochen niedrigen Frauenanteil im Bürgermeisteramt aus, wobei auch im bundesweiten und europäischen Vergleich Frauen an der Spitze von Städten und Gemeinden weit unterrepräsentiert sind. Die Gründe dafür sind offenkundig diskriminierende Strukturen und Rahmenbedingungen für Frauen, in deren Folge sie deutlich seltener kandidieren als Männer.[12] Bei den Bürgermeisterwahlen in Baden-Württemberg zwischen 2008 und 2015 fanden 82,8 Prozent der Wahlen ohne Beteiligung von Frauen statt (955 von 1.153). Nur bei 17,2 Prozent der Wahlen konnte also für eine Frau gestimmt werden. Werden lediglich die Wahlen betrachtet, zu denen Frauen antraten, ist festzustellen, dass dabei die Erfolgsquote von Frauen mit 35,9 Prozent deutlich höher ist als der Frauenanteil von 6,2 Prozent an den

---

12 Für eine ausführliche Diskussion siehe Huzel, Bürgermeisterinnen und Bürgermeister, S. 308 ff.

Gewählten bei allen 1.153 Wahlen. Für Frauen, die sich für das Bürgermeisteramt interessieren, sollte dies ein Ansporn für eine Kandidatur sein. Für die Politik leitet sich daraus der dringende Auftrag ab, endlich bessere Voraussetzungen für eine gleichberechtigte Teilhabe von Frauen in allen gesellschaftlichen Bereichen, insbesondere in der Kommunalpolitik zu schaffen.

Zusammenfassung: Welche Kriterien zählen?

Statistiken und Erfahrungswerte suggerieren, dass es gewisse Regeln bei Bürgermeisterwahlen gibt, welche Kandidat(inn)en Erfolgschancen haben und welche nicht. Doch zu jeder dieser vermeintlichen Regeln findet sich in der Praxis eine Ausnahme. Ob man Chancen hat, gewählt zu werden, hängt nicht davon ab, ob man möglichst viele der in den 1980er Jahren postulierten Erfolgskriterien erfüllt. Die einseitige Betrachtung einzelner soziodemografischer Merkmale von Kandidierenden wie Alter, Auswärtigkeit, Parteimitgliedschaft, Verwaltungserfahrung und Geschlecht lädt bestenfalls zu Missverständnissen sowie Fehlinterpretationen ein und sagt heutzutage nur wenig über Erfolgschancen und Eignungen von Bewerber(inne)n aus. Bürgermeisterwahlen finden in einem komplexen Umfeld statt, das durch eine vorherrschende politische Kultur, durch das Wahlrecht, durch Angebot und Nachfrage an Kandidierenden sowie durch örtliche Kontextfaktoren geprägt ist.[13] Zu Letzteren zählen der Wahltyp, also die Frage ob der oder die Amtsinhaber(in) wieder antritt, die weitere Konstellation an Mitbewerber(inne)n um das Amt, die Ortsgröße, der Organisationsgrad der örtlichen Parteien, das Kräfteverhältnis im Gemeinderat und die Arbeitsatmosphäre im Rathaus, dominante Wahlkampfthemen und die Kompetenz der Kandidierenden, einen Wahlkampf zu führen. Das bedeutet jedoch nicht, dass soziodemografische Merkmale von Kandidierenden bei Bürgermeisterwahlen irrelevant sind. Sie sind jedoch ‚nur' einzelne Variablen in einem komplexeren Zusammenspiel vieler weiterer Kontextfaktoren. In einem Bürgermeisterwahlkampf geht es darum, dass Kandidierende die Wähler(innen) davon überzeugen, dass sie dazu in der Lage sind, die Aufgaben im Bürgermeisteramt bestmöglich zu erfüllen. Neben den biografischen Merkmalen zählen in der Bewertung durch die Wählerschaft auch die Kompetenzen und Persönlichkeitseigenschaften.

---

13 Siehe dazu Huzel, Bürgermeisterinnen und Bürgermeister, S. 228.

Das Bürgermeisteramt im Umbruch

Um als Kandidat(in) zu überzeugen, gilt es, diese bestmöglich und glaubhaft den Wähler(inne)n zu vermitteln.

Wer über eine Kandidatur für das Bürgermeisteramt nachdenkt, tut gut daran, sich ein realistisches Bild über die eigenen Erfolgschancen zu machen. Ein professioneller Wahlkampf ist aufwendig, anstrengend und kostet Geld. Wer nicht von den eigenen Erfolgschancen überzeugt ist, sollte von einer Kandidatur absehen. Wer den Wähler(inne)n lediglich ‚ein Angebot' machen möchte, spielt nicht auf Sieg und verschwendet Zeit, Geld und Energie. Wer jedoch davon überzeugt ist, eine Gemeinde führen zu können, auf Menschen zugehen kann und eine Vision von der Zukunft der Kommune hat, der oder die liegt mit einer Kandidatur goldrichtig und sollte sich damit befassen, wie er oder sie diese Überzeugung den Wähler(inne)n vermittelt. Hinweise darauf, wie dies gelingt und wer dabei behilflich sein kann, finden sich in den weiteren Kapiteln dieses Buches.

Um die Vitalität unserer Demokratie auf kommunaler Ebene zu erhalten, benötigen wir mehr engagierte Kandidierende für das Bürgermeisteramt. Sind Sie eine(r) dieser Kandidat(inn)en? Wenn ja, dann wünsche ich Ihnen viel Erfolg!

Abb. 7: Anzeige im Gemeindeblatt.

Sind Bürgermeisterwahlkämpfe zu professionalisieren?

Rafael Bauschke

Während die Beschäftigung mit Wahlen *per se* zu einem der zentralen Forschungsgebiete der Politikwissenschaft gehört, verteilt sich dieses Interesse sehr unterschiedlich auf die verschiedenen politischen Ebenen. Wahlkämpfe um das Bürgermeisteramt ziehen weit weniger wissenschaftliches Interesse auf sich als etwa die Bundestagswahlen.[1] Ein Grund hierfür mag sein, dass Bürgermeisterwahlen und die zugehörigen Kampagnen für sich betrachtet zeitlich wesentlich komprimiertere und logischerweise regional beschränkte Phänomene sind. Ebenso wenig sind ohne Weiteres Daten über das Wählerverhalten verfügbar. Nur selten (nämlich fast ausschließlich bei Wahlen in Großstädten) finden Wählerbefragungen im Vorfeld von Bürgermeisterwahlen statt. Gleichzeitig erscheint aus Sicht einer quantitativ orientierten Forschung eine stärkere Auseinandersetzung mit Bürgermeisterwahlkämpfen durchaus vielversprechend. Geht man von der Gesamtzahl der deutschen Gemeinden – rund 11.000[2] – aus, ist eigentlich immer irgendwo Wahl. Betrachtet man allein Baden-Württemberg im Jahr 2021, kommt man auf weit über 100 Bürgermeisterwahlen, die man aus vergleichender Perspektive und unterschiedlichsten Blickwinkeln analysieren könnte. Interessant erscheint in diesem Zusammenhang sowohl aus politischer als auch wissenschaftlicher Perspektive, inwiefern sich aktuelle Trends in der Ausgestaltung von politischen Kampagnen auch bei Bürgermeisterwahlen beobachten lassen. So wird gerade im Kontext nationaler Wahlen seit Längerem ein Trend zu einer zuneh-

---

1 Dieses ‚Schicksal' teilt die kommunale Ebene mit den anderen sogenannten ‚Nebenwahlen', zu denen zuallererst die Europawahlen, in Teilen auch Landtagswahlen, gezählt werden können. Neben einem geringeren wissenschaftlichen Interesse ist hierbei im direkten Vergleich mit den Bundestagswahlen auch eine insgesamt geringere Wahlbeteiligung feststellbar.
2 Gemeindeverzeichnis-Informationssystem GV-ISys, in: DESTATIS 2022, https://www.destatis.de/DE/Themen/Laender-Regionen/Regionales/Gemeindeverzeichnis/_inhalt.html (zuletzt abgerufen am 30.03.2022).

menden Professionalisierung von Kampagnen konstatiert.[3] Zumindest unter Politikberater(inne)n finden sich Stimmen, die diese Professionalisierung auch auf kommunaler Ebene beobachten (wollen) oder zumindest stark für selbige plädieren.[4] Ausgehend von der Vermutung, dass eine solche Professionalisierung des Wahlkampfs auf kommunaler Ebene wünschenswert sein könnte – etwa, weil sich hierdurch das Interesse an Kommunalpolitik fördern ließe –, setzt sich dieser Beitrag mit den Chancen und Grenzen der Professionalisierung von Bürgermeisterwahlkämpfen auseinander. Im Vordergrund steht hierbei nicht die empirische Überprüfung, inwiefern die Professionalisierung auf kommunaler Ebene zunimmt. Vielmehr soll diskutiert werden, inwiefern dies im Kontext von Bürgermeisterwahlen überhaupt sinnvoll erscheint. Im folgenden Abschnitt soll zunächst kompakt dargestellt werden, was unter der Professionalisierung von Wahlkampagnen zu verstehen ist. Im Anschluss erfolgt die Diskussion dieser Entwicklungen hinsichtlich ihrer Relevanz für den Kampf um das Bürgermeisteramt. Zumindest in Ansätzen sollen diese Überlegungen hinsichtlich baden-württembergischer Kampagnen reflektiert werden.

Professionalisierung von Wahlkämpfen – Trends und Ausprägungen

Rein funktional betrachtet sind Wahlkämpfe – unabhängig von der politischen Ebene, auf der sie stattfinden – ein Prozess der Informationsvermittlung zwischen Wähler(innen) und den zu Wählenden. Kandidierende verfolgen hierbei das Ziel, die jeweils hinreichende Zahl von Wähler(innen) von sich und ihrem Programm zu überzeugen.[5] Die Ausgestaltung dieses Prozesses ist dabei abhängig vom gesellschaftlichen und technischen Kontext. Einfacher ausgedrückt: Wahlkämpfe müssen in die Zeit passen bzw. den An-

---

3 Rachel K. Gibson, Andrea Römmele: Measuring the Professionalization of Political Campaigning, in: Party Politics 15/3 (2009), S. 265–293, https://doi.org/10.1177/1354068809102245.
4 Zumeist wird dieser Befund allerdings nur durch anekdotische Evidenz aus den Großstädten untermauert.
5 Der Vollständigkeit halber sei erwähnt, dass das Konzept des Wahlkampfs in der Forschung Gegenstand vielfältiger Diskussionen ist und an dieser Stelle zwangsläufig nur verkürzt betrachtet werden kann.

sprüchen der Wähler(innen) genügen, wenn sie zum erwünschten Ergebnis führen sollen.[6] Folgt man dieser Logik, sind grundlegende Veränderungen in der Wahrnehmung und Umsetzung von Wahlkämpfen zwangsläufig. Während es zu Zeiten weitgehend stabiler Parteibindungen vor allem um die Mobilisierung bereits ‚gesicherter' Wählergruppen ging, herrscht heute primär die Vorstellung vor, dass Parteien bzw. Kandidat(inn)en um verschiedene (und potenziell überzeugbare) Wähler(innen) konkurrieren.[7] Daraus ergibt sich die Notwendigkeit einer möglichst genauen Analyse von Wählergruppen und deren gezielter Ansprache (im Sinne des richtigen Kanals und der richtigen Inhalte), um das eigene Stimmenpotenzial zu maximieren. Genau diese Dynamik liegt letztlich der Professionalisierungsdebatte im Kontext von Wahlkämpfen zugrunde.[8] Jede Kampagne sieht sich unter den modernen Bedingungen des politischen Wettbewerbs mit dem Problem konfrontiert, die im Regelfall begrenzten Ressourcen (Zeit und Geld) möglichst effizient und effektiv einzusetzen. Professionalisierung kann in diesem Zusammenhang als eine Lösungsstrategie verstanden werden, unter der sich verschiedene Ansatzpunkte und Instrumente bündeln lassen. An dieser Stelle kann auf eine Systematisierung von Marcel Lewandowsky zurückgegriffen werden.

Tabelle: Erscheinungsformen der Professionalisierung nach Lewandowsky[9]

Programmatisch	Organisational	Instrumental	Strategisch
Image-, Symbol-, Scheinpolitik	Professionelle Kampagnenmanager(innen)	Wählerdatenerhebung	Marketingparadigma
Personalisierung	Hauptamtliche Mitarbeiter(innen)	Digitale Kommunikations-techniken	Zielgruppenorientierung
Privatisierung		Online-Wahlkampf	Wissenschaftliche Grundlerung
Negativwahlkampf	Autonomisierung/ Zentralisierung der Kampagnenführung	Soziale Netzwerke	Entideologisierung
	Externalisierung	Systematische Gegnerbeobachtung	Mediatisierung

---

6 Dies setzt natürlich die wesentlich grundsätzlichere Annahme voraus, dass Wahlkämpfe überhaupt einen Unterschied machen und Wähler(innen) beeinflusst werden können.
7 Marcel Lewandowsky: Landtagswahlkämpfe abseits des Professionalisierungsdiskurses, in: Momentum Quarterly 2/2 (2013), S. 57–107.
8 Es ist damit also nicht gemeint, dass es früheren Wahlkämpfe an Professionalität mangeln würde, sondern vielmehr, dass sich Wahlkämpfe immer wieder den neuen Gegebenheiten anpassen müssen.
9 Marcel Lewandowsky: Landtagswahlkämpfe. Annäherung an eine Kampagnenform, Wiesbaden 2013, S. 33.

Demnach lässt sich eine professionalisierte Kampagne entlang von vier Dimensionen verorten. Auf der *programmatischen* Ebene zeichnet sie sich primär durch eine gewisse Reduktion aus. Statt inhaltlicher Positionierung treten stärker symbolische Aspekte und die Kandidierenden selbst in den Vordergrund. Es geht um die Inszenierung der Personen bzw. die Verknüpfung mit einem bestimmten Image. Durch den bewussten Zuschnitt des Wahlkampfs auf Personen kann sich auch die politische Auseinandersetzung unter den Kontrahenten selbst verändern. Ziel ist weniger das Herausstellen unterschiedlicher Positionen, sondern die Diskreditierung der Gegner(innen) auch und gerade auf der Grundlage von persönlichen Merkmalen oder früheren Handlungen (und das nicht ausschließlich im politischen Bereich) – Taktiken, die unter dem Begriff des „negative campaigning"[10] gefasst werden können.

Organisational betrachtet, schlägt sich die Professionalisierung einer Kampagne vor allem darin nieder, dass neben freiwilligen bzw. ehrenamtlichen Wahlkämpfer(innen) professionelle und mit entsprechender Autorität ausgestattete Wahlkampfmanager(innen) aktiv werden. Auch in der Umsetzung der Kampagne wird zunehmend auf Dienstleister gesetzt. Damit geht auch ein stärkeres Bewusstsein für eine strategische Ausrichtung der Kommunikation im Verlauf einer Kampagne einher. Bestimmte Botschaften sollen kontinuierlich und möglichst unverändert unter das Volk gebracht werden, um die Deutungshoheit über den Markenkern der Kampagne zu behalten.[11]

Auf der *instrumentalen* Ebene lassen sich im Wesentlichen Techniken der operativen Wahlkampfführung verorten, die insbesondere durch die erfolgreichen Präsidentschaftskampagnen von Barack Obama stärker in den öffentlichen Fokus geraten sind.[12] Hierzu gehört zunächst die bewusste Erhebung von Daten über potenzielle Wählergruppen, die als Grundlage einer möglichst

---

10 Richard R. Lau, Ivy Brown Rovner: Negative Campaigning, in: Annual Review of Political Science 12/1 (2009), S. 285–306, https://doi.org/10.1146/annurev.polisci.10.071905.10 1448.

11 Das Risiko hierbei ist natürlich, dass eine solche Ausrichtung einer interaktiven und auf tatsächliches Verständnis von Positionen zielenden Kampagne in Teilen zuwiderläuft. ‚Absolute Kontrolle der Botschaft' und ‚echter Wählerdialog' sind schließlich nur bedingt gleichzeitig zu erreichen.

12 Tatsächlich wird der Beitrag dieser Techniken zum Wahlsieg von Obama aus Sicht der Wissenschaft deutlich bescheidener eingeschätzt, als dies in der medialen Berichterstattung häufig der Fall war (Felix Flemming, Frank Marcinkowski: Das überschätzte Medium. Nutzung und Wirkung des Internet im Wahlkampf, in: Ullrich Dittler, Michael Hoyer (Hrsg.), Social Network – die Revolution der Kommunikation. Kundenkommunikation, Facebook-Freundschaften, digitale Demokratie und virtuelle Shitstorms unter medienpsychologischer und mediensoziologischer Perspektive, München 2014, S. 259–282).

zielgruppenspezifischen Ansprache dienen sollen. Vor dem Hintergrund der oben erwähnten Konkurrenz um Wähler(innen) führt daran gewissermaßen kein Weg vorbei. Dies gilt auch für die Nutzung digitaler Möglichkeiten sowohl in der internen Koordination des Wahlkampfteams als auch insbesondere in der Ansprache von Wähler(innen). Die Vorteile liegen auf der Hand, eröffnen soziale Medien doch einen unmittelbaren und unvermittelten Weg, um Botschaften an den Mann und die Frau zu bringen. Weder müssen Journalist(inn)en vom eigenen Nachrichtenwert überzeugt werden noch eigene analoge (und vergleichsweise aufwendige) Medien erstellt werden. Darüber hinaus vermittelt der Einsatz digitaler Wahlkampftechniken ein Bild von Modernität, das sich wiederum imagebildend nutzen lässt. Außerdem eröffnet die digitale Sphäre eine weitere Arena, in der politische Gegner(innen) beobachtet und öffentlichkeitswirksam konfrontiert werden können.

Schließlich findet der professionalisierte Wahlkampf seinen ‚intellektuellen Überbau' in einer stärker *strategischen* Ausrichtung. Hierbei orientiert sich die Kampagne eben nicht länger primär an politischen (Grund-)Überzeugungen, sondern vielmehr an Marketinggesichtspunkten. Es gilt, Kandidierende (und erst in zweiter Linie Ideen und Lösungsansätze) zu verkaufen und möglichst marktgerecht zu positionieren. Anstelle von ideologisch fundierten Programmen tritt ein zunehmend pragmatischer und damit auch flexiblerer Politikansatz, der zumindest eine potenziell breitere Identifikationsfläche schafft. Das Denken in Zielgruppen, die Nutzung von Wählerdaten und wissenschaftliche Kenntnisse darüber, wie Wähler(innen) grundsätzlich zur Wahl bewegt werden bzw. sich für oder gegen Kandidierende entscheiden, bilden das Fundament der strategischen Ausrichtung des Wahlkampfes.[13]

---

13 Hierzu gehören nicht zuletzt auch Überlegungen, wie potenzielle Wähler(innen) von Gegenkandidat(inn)en von der Wahl abgehalten werden können. Diese werden unter dem Begriff der Demobilisierungstaktiken gefasst (Yanna Krupnikov: When Does Negativity Demobilize? Tracing the Conditional Effect of Negative Campaigning on Voter Turnout, in: American Journal of Political Science 55/4 (2011), S. 797–813, https://doi.org/10.1111/j.1540-5907.2011.00522.x).

Rafael Bauschke

Professionalisierte Bürgermeisterwahlkämpfe – wünschenswert oder utopisch?

In dieser knappen Betrachtung erscheinen professionalisierte Kampagnen gewissermaßen als Blaupause eines zeitgemäßen und erfolgversprechenden Wahlkampfes. Zwar beziehen sich einzelne Aspekte primär auf einen parteibasierten politischen Wettbewerb, doch erscheint eine solche Kampagnenführung auch im Kontext von Bürgermeisterwahlen grundsätzlich möglich. Personalisiert ist der Kampf um das Rathaus ohnehin und keine(r) der Kandidat(inn)en hätte wohl etwas dagegen einzuwenden, durch ‚bessere' Kampagnen die Chancen auf einen Wahlsieg zu erhöhen. Doch bei genauerer Betrachtung erscheint eine flächendeckende und umfassende Professionalisierung von Bürgermeisterwahlkämpfen weder realistisch noch besonders erstrebenswert zu sein.

Erste Hürden bilden die strukturellen Rahmenbedingungen des Wahlkampfs auf kommunaler Ebene. Zwar eröffnet eine professionalisierte Kampagne einen effektiveren und effizienteren Einsatz von Ressourcen, doch die Gesamtkosten steigen signifikant. Bei Bundes- und Landtagswahlen können sich die Kandidierenden auf die Unterstützung ihrer Parteien verlassen, zusätzlich ergeben sich Synergieeffekte, wenn professionalisierte Kampagnen zentral geplant und weitgehend baugleich in den Wahlkreisen ausgerollt werden können. In Großstädten dürften Kandidierende noch auf die finanzielle Unterstützung von Parteien hoffen können, doch mit sinkender Einwohnerzahl wird der Wahlkampf immer mehr zum (finanziellen) Privatvergnügen. Betrachtet man nun die baden-württembergischen Realitäten mit einer ‚Median-Gemeinde' von rund 5.000 Einwohner(inne)n und legt zugrunde, für einen Bürgermeisterwahlkampf 1 € pro Kopf einzuplanen, entspräche das Durchschnittsbudget eines Wahlkampfes hierzulande rund 5.000 €.[14] Aufschlussreicher ist eher die Betrachtung der Spannweite: So finden sich unter den baden-württembergischen Bürgermeisterwahlen im Jahr 2021 Gemeinden mit 221 bis 96.000 Einwohner(inne)n und insgesamt ein deutlicher Überhang von eher kleineren Gemeinden.[15] Mit anderen Worten: Die Budgets

---

[14] In größeren Städten ergeben sich auch hier Synergieeffekte, so dass die durchschnittlichen Kosten mit steigender Einwohnerzahl abnehmen dürften. Doch diese Vorteile gibt es in Baden-Württemberg nur in eher seltenen Fällen.

[15] Bürgermeisterwahlen. Übersicht und Details zu allen aktuellen und vergangenen Wahlen, in: Staatsanzeiger, https://www.staatsanzeiger.de/wahlen (zuletzt abgerufen am 20.02.2022).

Sind Bürgermeisterwahlkämpfe zu professionalisieren?

sind in den meisten Fällen deutlich geringer als in der Median-Gemeinde. Es mag unabhängigen Kandidierenden in den Großstädten in Einzelfällen (z. B. Marian Schreier im OB-Wahlkampf Stuttgart 2020) gelingen, über Spendenaktionen die eigene Kampagne besser zu finanzieren, doch dies wird in kleineren Gemeinden schlicht nicht ohne Weiteres umzusetzen sein – Crowdfunding in Oggelshausen erscheint nun einmal wenig aussichtsreich. Auch aus zeitlicher Sicht lässt sich einwenden, dass eine professionalisierte Kampagne nicht so recht zu den kommunalen Realitäten passt. Der Kampf um das Rathaus ist jenseits der Großstädte eigentlich auf wenige Wochen beschränkt. Natürlich will eine Kampagne auch vor der offiziellen Einreichung der Bewerbung geplant sein, doch trotzdem lässt sich ein klarer Zeitraum umreißen.[16] Somit sinkt auch der Mehrwert einer Kampagnenform, die vor allem im Kontext eines medial vermittelten Dauerwahlkampfs funktioniert. Weder gilt es, Dynamik über einen langen Zeitraum (künstlich) zu erhalten, noch bietet sich auf kommunaler Ebene eine breite Medienlandschaft an, die man virtuos bespielen könnte. Auch hier setzt die Wirklichkeit der Sinnhaftigkeit eines solchen Kampagnenansatzes klare Grenzen.

Jenseits der Rahmenbedingungen ist die entscheidendere Frage jedoch, welchen inhaltlichen Mehrwert eine Professionalisierung Bürgermeisterwahlkämpfen bieten kann. Betrachtet man die programmatische Dimension, so stellt man fest, dass mit Privatisierung und Personalisierung Aspekte angesprochen werden, die schon heute kennzeichnend für Bürgermeisterwahlkämpfe sind. Dies gilt zumindest in Teilen auch für die Orientierung hin zu einer stark auf bestimmte Images abzielenden Inszenierung (die mit steigender Gemeindegröße zunehmen dürfte) – schließlich waren und sind Bürgermeisterwahlen Persönlichkeitswahlen. Nicht allein aus Sicht der politischen Kultur erscheint hingegen die Ausrichtung hin zu einem Negativwahlkampf wenig wünschenswert, sie dürfte auch kaum zur Erwartungshaltung von Wähler(inne)n auf kommunaler Ebene passen. Sie wollen einen unterhaltsamen Wahlkampf, aber sicherlich keinen, der sich primär unter der Gürtellinie abspielt. Organisational betrachtet, dürften Kampagnen durch eine stärkere Einbeziehung von Wahlkampfmanager(inne)n und hauptamtlichen Mitarbeiter(inne)n an Struktur und Qualität gewinnen. *De facto* ist zumindest die Hinzuziehung von bestimmten Dienstleistern, darunter die sogenannten ‚Bürgermeister-

---

16 Das bedeutet zwar auch, dass das knappe Budget für weniger Zeit reichen muss, ändert aber nichts an dem grundsätzlichen Befund, dass auf kommunaler Ebene in weiten Teilen professionalisierte Kampagnen nicht zu finanzieren sind.

macher(innen)', schon heute in kommunalen Wahlkämpfen recht häufig anzutreffen. Allerdings zeigen Untersuchungen, dass diese Dienstleister in vielen Fällen eher die Funktion von Handwerker(inne)n statt Wahlkampfstrateg(inn)en und -manager(inne)n erfüllen, also schlicht bestimmte operative Aufgaben (Plakate erstellen, Termine koordinieren) ausführen.[17] Auch hier ist fraglich, ob gerade in kleineren Kommunen den Mehrkosten für ‚vollwertige' Kampagnenmanager(innen) ein entsprechender Mehrwert gegenübersteht.

Dies lässt sich hingegen hinsichtlich der instrumentellen Dimension durchaus vermuten. Erfolgreiche Kampagnen, die nach außen hin imagefördernd als modern verkauft werden sollen, funktionieren – so scheint es – nicht ohne Digitalisierung. In vielen Fällen erschöpft sich der digitale Teil einer Kampagne auf kommunaler Ebene jedoch in einer Kandidatenhomepage und der (mehr oder minder konsequenten) Bespielung von ausgesuchten Social-Media-Kanälen. Ein strategischer Ansatz, der nicht zuletzt auf einer konsequenten Wählerdatenerhebung und der tatsächlichen Nutzung der Dialogmöglichkeiten basieren müsste, ist wiederum eher ein Phänomen der Großstadtwahlkämpfe. Natürlich klingt es zunächst verlockend, dass mit digitalen Techniken, wie z. B. Microtargeting,[18] Zielgruppen besser unterschieden und mit maßgeschneiderter Werbung über Social Media als Wähler(innen) gewonnen werden können. Doch zeigt sich schon allein im Kontext nationaler Wahlkämpfe, dass der erfolgreiche Einsatz dieser Techniken zahlreichen Beschränkungen und Voraussetzungen unterliegt[19] und ihr Mehrwert zumindest nicht ganz so unhinterfragt akzeptiert werden sollte, wie das manche(r) Politikberater(in) suggeriert.[20] Betrachtet man den Einsatz solcher Techniken auch noch einmal im Kontext der kommunalen Realität, erscheint der Einsatz in Bürgermeisterwahlkämpfen – selbst, wenn alle Voraussetzungen erfüllt wären – etwas großkalibrig. Oder

---

17 Julian Brandstetter: Professionelle Wahlkampfhilfe. Welchen Einfluss haben sogenannte Bürgermeistermacher auf den Ausgang einer Bürgermeisterwahl?, Bachelorarbeit an der HVF Ludwigsburg 2021, https://opus-hslb.bsz-bw.de/frontdoor/index/index/year/2021/docId/683 (zuletzt abgerufen am 02.02.2022).

18 Microtargeting meint die (überwiegend datengestützte) feingliedrige Identifikation einzelner Wählergruppen, um diese mit auf ihre Bedürfnisse maßgeschneiderte Botschaften effektiver anzusprechen (André Haller, Simon Kruschinski: Politisches Microtargeting. Eine normative Analyse von datenbasierten Strategien gezielter Wähler_innenansprache, in: Communicatio Socialis 53/4 (2020), S. 519–530, https://doi.org/10.5771/0010-3497-2020-4-519).

19 Haller/Kruschinski, Politisches Microtargeting.

20 Andreas Jungherr: Datengestützte Verfahren im Wahlkampf, in: Zeitschrift für Politikberatung 8/1 (2016), S. 3–14, https://doi.org/10.5771/1865-4789-2016-1-3.

anders ausgedrückt: Wie viele Zielgruppen lassen sich realistischerweise in kleineren bis mittleren Kommunen bei einer nicht zwangsläufig digitalaffinen Wählerschaft differenzieren und mit zugeschnittener (Online-)Werbung erreichen? Noch dazu, wenn man sich allein auf die wahlberechtigte Bevölkerung konzentriert, deren effektive Zahl in Anbetracht geringer Wahlbeteiligung noch einmal niedriger ausfallen dürfte.[21] Dies soll nicht als Absage an jegliche Nutzung digitaler Möglichkeiten im kommunalen Wahlkampf verstanden werden. Vielmehr erscheint es aus Sicht des Autors zielführend, wenn sich Kampagnen zunächst mit den grundlegenden Ansätzen der Zielgruppenanalyse und Werbung über Social Media auseinandersetzen und diese hinsichtlich ihrer Relevanz – auch im Vergleich zu den sonstigen Möglichkeiten der Wähleransprache – für die jeweilige Gemeinde sinnvoll bewerten würden.

Damit wird auch die Brücke zur strategischen Dimension geschlagen, die neben dem Einsatz bestimmter moderner Wahlkampftechniken einen grundlegenden Nutzen für kommunale Kampagnen stiften kann. Sicherlich würde nahezu jede(r) Kandidierende von sich behaupten, dass seine oder ihre Kampagne strategischen Ansprüchen genügt. Doch dürfte es der Mehrheit schwerfallen, diese Aussage auch stringent zu belegen. Denn damit ist ja nicht allein ein geplantes Vorgehen während des Wahlkampfes gemeint, sondern vor allem die Ausrichtung an bestimmten Leitlinien und Zielen, die sich wiederum aus einer fundierten Analyse ergeben. Gerade hier eröffnet sich ein tatsächlicher Mehrwert für kommunale Kampagnen. Denn auch jenseits komplexer statistischer Modellierung und datengestützter Verfahren können sinnvolle Zielgruppenanalysen durchgeführt und die Wähleransprache optimiert werden. Allein aus der Auseinandersetzung mit verfügbaren Daten wie z. B. der Zahl der Wahlberechtigten, vergangenen Wahlbeteiligungen und dem Wahlverhalten in anderen Wahlen können sinnvolle Impulse entstehen, um den eigenen Wahlkampf passgenauer auszurichten und zu strukturieren.[22]

---

21 Zusätzlich ist anzumerken, dass man den Online-Wahlkampf nicht als Alternative zu traditionellen Wähleransprache, sondern als Ergänzung verstehen muss. Der Wahlkampf bleibt (auch) auf kommunaler Ebene in der Hauptsache ‚am Gartenzaun' (Benjamin Heimerl: Professionalisierung kommunaler Wahlkämpfe. Merkmale und Trends am Beispiel hessischer Städte, Marburg 2017). Digitale Techniken können aber dabei helfen, dass Kandidat(inn)en auch an den vielversprechendsten Zäunen stehen.

22 Auch aus dieser praktischen Warte heraus erscheint eine stärkere wissenschaftliche Beschäftigung mit Bürgermeisterwahlen insbesondere mittels quantitativer Methoden und mit dem Blick auf Wähler(innen) sinnvoll. Dies gilt nicht zuletzt für die Überprüfung der zahlreichen Gesetzmäßigkeiten des Kommunalwahlkampfes, die sich oft aus Erfahrungswissen und einer überschaubaren Fallzahl speisen.

Fazit: Nur in Teilen empfehlenswert

Wer Wahlen gewinnen will, braucht nicht nur die richtigen Inhalte, sondern muss sie auch verkaufen können. Professionalisierte Kampagnen verkörpern diese Erkenntnis und werden so selbst zum Bestandteil modernen politischen Marketings. Sie lassen sich zur Profilierung und Imagebildung nutzen und versprechen Kandidierenden die Wahrnehmung als Mann oder Frau der Zukunft. Doch auch bei professionalisierten Kampagnen gilt: Marketing ist das eine, der tatsächliche Kundennutzen das andere. Die Umsetzung professionalisierter Kampagnen auf kommunaler Ebene ist nicht nur aufgrund struktureller Gegebenheiten schwierig, sie erweist sich in ihrer vollständigen Umsetzung als zu überdimensioniert und in Teilen auch schlicht als unpassend für den Anwendungsfall Bürgermeisterwahlen. Es ist davon auszugehen, dass es ähnlich wie bei Landtagswahlen eher zu einer teilweisen Übernahme von Aspekten und Techniken kommen wird.[23] Trotz dieser insgesamt eher pessimistischen Einschätzung spricht einiges dafür, dass sich Wahlkampfverantwortliche mit den Grundlagen und den wesentlichen Aspekten dieses Ansatzes vertraut machen. Bürgermeisterwahlkämpfe mögen bis auf wenige Ausnahmen nicht der Ort sein, um mit komplexen Wählermodellen und neuen digitalen Tools auf Stimmenfang zu gehen. Doch trotzdem gibt es Potenziale für eine Teilprofessionalisierung, die es zu heben gilt. Ausgangspunkt hierfür ist eine strategische Perspektive auf den Wahlkampf, der sich bestehende Forschungserkenntnisse und einfache Ansätze der Zielgruppenanalyse zunutze macht, um die eigenen Botschaften effektiver online und offline zu kommunizieren. Dies mag nur bedingt den Vorstellungen avantgardistischer Kampagnenberater(innen) entsprechen, doch dürfte es sich unter den kommunalen Gegebenheiten als praktikabler und erfolgsversprechender Ansatz erweisen.

---

23 Bernd Schlipphak, Sophie Garbe: Die Professionalisierung von Wahlkämpfen auf der Landesebene. Eine erweiterte Shopping-These, in: Bernd Schlipphak (Hrsg.), Professionalisierte politische Kommunikation, Wiesbaden 2018, S. 223–229, https://doi.org/10.1007/978-3-658-20656-7_10.

Abb. 8: Wahlkampf an der Haustür.

Abb. 9: Bewerber bei der Montage zweier Bauzaunbanner.

Bürgermeisterwahlen gewinnen

Erich Holzwarth

Teil 1: Erfolgsfaktoren für Oberbürgermeisterwahlen

Erfolgsmuster

Wer wird wie Bürgermeister(in) in Baden-Württemberg? Die vor allem von Hans-Georg Wehling herausgearbeiteten ‚objektiven' Kandidatenmerkmale – verwaltungskompetent, auswärtig und parteifern – bilden das vorwiegend postulierte Erfolgsmuster bei Bürgermeisterwahlen. 2009 beantwortet er in dem im Auftrag der Landeszentrale für politische Bildung Baden-Württemberg herausgegebenen *Handbuch Kommunalpolitik*[1] die Frage, „wer wird Bürgermeister?"[2], so:

> „Die Bevölkerung [...] wünscht zumeist einen Bürgermeister, der möglichst parteipolitisch unabhängig ist und als Bürgermeister ‚aller' Bürger ‚über den Parteien' steht. Er soll in erster Linie ein erfahrener Verwaltungsfachmann sein. Entsprechend sieht der Bürgermeister unter den Bedingungen der Volkswahl aus".[3]

Keine Verwaltungsfachperson zu sein, ist demnach ein Bewerbungsmalus. Hat jemand ohne Verwaltungsqualifikation oder mit geringerer Verwaltungskompetenz als die Konkurrenz eine Chance? Die Bewerbung außerhalb der heimischen Gemeinde und die Parteiferne vervollständigen das

---

1 Siegfried Frech, Reinhold Weber (Hrsg.): Handbuch Kommunalpolitik, Stuttgart 2009, ²2014, ³2019 (ab zweiter Auflage mit den Hrsg. Siegfried Frech, Reinhold Weber, Hans-Georg Wehling, Paul Witt).
2 Hans-Georg Wehling: Kommunalpolitik in Baden-Württemberg, in: Siegfried Frech, Reinhold Weber (Hrsg.), Handbuch Kommunalpolitik, Stuttgart 2009, S. 9–29, S. 18.
3 Ebenda.

Erfolgsrezept. Zwar wird mit zunehmender Gemeindegröße eine wachsende Bedeutung organisatorischer und finanzieller Unterstützung von Parteien gesehen,[4] aber Parteinähe gilt als Nachteil. Sind Vorteile bei Auswärtigkeit, Verwaltungskompetenz und Parteiferne wahlentscheidend? Ist Parteibindung irrelevant für das Wahlverhalten oder gar schädlich? Sind Bürgermeisterwahlen – und damit auch Oberbürgermeisterwahlen in größeren Kommunen – reine Persönlichkeitswahlen? Sind weitere Faktoren von Bedeutung? All dies sind Fragen, die am Beginn der Suche nach und bei der Beratung von möglichen Bewerber(inne)n zu stellen sind. Diese Fragen stellte ich bei der Analyse aller 44 Oberbürgermeisterwahlen in Baden-Württemberg, die in den Jahren von 2003 bis 2006 stattgefunden haben.[5] Dabei fand ich Antworten, die unter Berücksichtigung der durch die Gemeindegröße bedingten Rahmenbedingungen[6] für Bürgermeisterwahlen insgesamt (von denen Oberbürgermeisterwahlen eine Teilmenge sind) relevant sind. Einige Ergebnisse meiner Studie stelle ich nachfolgend vor, um im ersten Schritt zu überprüfen, ob das propagierte Erfolgsmuster der Wahlerfolgsgarant ist.

Wahlentscheidungen

In der Wahlforschung werden Partei-, Themen- und Kandidatenorientierung mit mehreren Facetten der Personenbewertung, Wahlkampf sowie instrumentelle (auf Nutzen bezogene) Erwägungen als wesentliche Aspekte der Wahlentscheidung gesehen. Aktuelle Ereignisse und Stimmungen beeinflussen zusätzlich das Wahlverhalten. Weitgehend übereinstimmend wird festgestellt, dass die ohnehin abnehmende Parteibindung Wählender bei kommunalen (Bürgermeister- und Rats-)Wahlen weniger fest ist als bei anderen Wahlen. Umgekehrt ist Kandidatenorientierung bei Direktwahlen (also Wahlen, bei denen Personen auf dem Stimmzettel stehen) wichtiger. Ein völliges Fehlen von Parteiorientierung bei (Ober-)Bürgermeisterwahlen in

---

4 Ebenda.
5 Erich Holzwarth: Erfolgsfaktoren für Oberbürgermeisterwahlen, Norderstedt 2016. Die in den vier Jahren gewählten 44 Oberbürgermeister(innen) entsprechen 45 Prozent aller 98 im Jahr 2006 amtierenden Oberbürgermeister(innen).
6 Gemeint sind Rahmenbedingungen wie die mit abnehmender Einwohnerzahl meist sinkende Relevanz lokaler Parteiorganisationen, die wachsende Zahl parteiloser Kandidierender und die zunehmende Bedeutung direkter, persönlicher Kommunikation.

Baden-Württemberg ist aber aufgrund von Forschungsergebnissen nicht zu erwarten – insbesondere dann nicht, wenn von Parteien unterstützte Kandidierende antreten. Diese Wahlen insgesamt als reine Persönlichkeitswahlen zu sehen, greift zu kurz. Kandidierende werden unter den lokal gegebenen Umständen bewertet. Sie werden von einem Teil der Wählerschaft durch die Parteibrille betrachtet.

Abwahlquote und Wahlbeteiligung

Ergebnisse liefert meine Studie zu zwei Zahlenwerten, die andere Autor(inn)en ebenfalls untersuchen. Das ist zum einen die zahlenmäßige Bedeutung und damit Wahrscheinlichkeit von Nichtwiederwahlen erneut antretender Amtsinhaber(innen). Diese Nichtwiederwahlen werden meist – so auch hier – als ‚Abwahl'[7] bezeichnet. Der daher als Abwahlquote bezeichnete Anteil dieser Wahlart wurde erstmals von Timm Kern für Baden-Württemberg errechnet,[8] fortgeschrieben von Wehling. Letzterer nennt eine allseits zitierte Quote von „nicht mehr als fünf Prozent, die gegen ihren Willen ihr Amt verloren haben".[9] Er berechnet die Quote im Verhältnis zu allen Bürgermeisterwahlen in einem Jahr, nicht im Verhältnis zu denen, bei denen Amtsinhaber(innen) sich wieder zur Wahl stellen. Wenn der Abwahlanteil berechnet wird als Anteil an den Wahlen mit erneut antretenden Amtsinhaber(inne)n, so liegt er bei den Oberbürgermeisterwahlen in den Jahren von 2003 bis 2006 in Baden-Württemberg bei über 27 Prozent. Dazu kommen knapp erreichte Wiederwahlen, also gute Ergebnisse von gegen Amtierende angetretenen ‚Außenseiter(inne)n'. Bei Analysen[10] von (Ober-)Bürgermeisterwahlen in diesem Bundesland in allen Gemeindegrößen in anderen Zeiträumen wurden mit der auch von mir angewandten Berechnungsweise Abwahlquoten in der Spanne von 8,3 bis

---

7 Abwahlen von Bürgermeister(inne)n während der Amtszeit sind in Baden-Württemberg – anders als in einigen Bundesländern – rechtlich nicht möglich.
8 Timm Kern: Warum werden Bürgermeister abgewählt?, Stuttgart 2007.
9 Wehling, Kommunalpolitik in Baden-Württemberg, S. 21 f.
10 Siehe Vinzenz Huzel: Bürgermeisterinnen und Bürgermeister in Baden-Württemberg. Ein Amt im Umbruch, Baden-Baden 2019; Alexandra Klein: Bürgermeisterwahlen in Baden-Württemberg. Wahlbeteiligung, Wahltypen und Sozialprofil, Stuttgart 2013; Thomas Schwarz: Bürgermeisterwahlen in Baden-Württemberg 2010 bis 2017, in: Statistik und Informationsmanagement 11/2018, S. 294–323.

über 14 Prozent gemessen.[11]

Zum anderen ist festzustellen, dass ernst genommene Konkurrenz im Vergleich zu spannungsarmen Wahlen für höhere Wahlbeteiligung sorgt. Auch dies bestätigen die genannten Analysen von Huzel, Klein und Schwarz. Die bei niedriger Wahlbeteiligung zu erwartende wachsende Bedeutung konservativ orientierter Wahlberechtiger, die überproportional häufig wählen gehen, gerät dabei nicht automatisch zum Vorteil für politisch konservativ gebundene Kandidierende. Vielmehr sind Chancen gezielter Mobilisierung für alle Bewerber(innen) vorhanden.

Parteiorientierung

Politische Bindung Kandidierender – auch Parteiloser – entsteht durch Mitgliedschaft in oder durch Unterstützung von politischen Wählervereinigungen und Parteien, da sie dadurch politische Gruppen repräsentieren. Alle ernst genommenen Kandidierenden und Sieger(innen) der Oberbürgermeisterwahlen in Baden-Württemberg in den Jahren von 2003 bis 2006 wurden durch politische Kräfte im Wahlkampf unterstützt und waren – wenn sie nicht ohnehin Mitglied waren – dadurch politisch gebunden.

Da alle ‚ernsthaften' Kandidierenden politisch gebunden sind und sowohl Parteimitglieder als auch Parteilose für sich öffentlich Parteiferne reklamieren, ist Parteidistanz als Unterscheidungsmerkmal ungeeignet. Da auch bei Oberbürgermeisterwahlen teilweise parteiorientiert abgestimmt wird, ist die Bindung Kandidierender an konkurrierende politische Kräfte ein Faktor der Wahlentscheidung. Mit wachsender Stärke einer dominierenden Partei sind zunehmend mit ihr verbundene Oberbürgermeister(innen) zu finden. Bindung an eine starke Partei hilft. Aber Bindung an die stärkste Partei führt nicht zwingend zum Sieg.

Bei öffentlichen Wahlkampfaktivitäten tritt politische Bindung in den Hintergrund. Parteidistanz ist ein taktisches Verhalten im Wahlkampf, das auch parteigebundene Kandidierende in der Regel zeigen.

---

11 Die untere Schwelle bei Schwarz, Bürgermeisterwahlen, S. 318 f., mit steigendem Risiko bei wachsender Einwohnerzahl bis zur Gemeindegrößenklasse bis 50.000 Einwohner(innen)n. Die obere Schwelle bei Huzel, Bürgermeisterinnen und Bürgermeister, S. 185.

Erfolgsfaktoren

Die Auswertung der Literatur zu Bürgermeisterwahlen in Baden-Württemberg führt zur Identifizierung von sechs Erfolgsfaktoren, deren Wirkung bei den Oberbürgermeisterwahlen in den Jahren von 2003 bis 2006 untersucht wurde. Diese Faktoren sind Verwaltungskompetenz, Auswärtigkeit, Parteibindung, Persönlichkeit (die positiv überzeugende Wahrnehmung der Person), Wahlkampf- und Themenkompetenz. Diese Faktoren wirken in einem Umfeld, das das Wahlverhalten mit beeinflusst. Langfristig wirksame politische Orientierungen gehören ebenso dazu wie die Stimmung in der Bevölkerung, die durch aktuelle Ereignisse mitgeprägt sein kann. Stimmungslagen in der Bevölkerung sind einerseits Kontinuitätswunsch und feste Parteibindung, andererseits das Ziel der Machtkontrolle durch Abwahl, Verhinderung der Wunschnachfolge, Wechsel der ‚politischen Farbe' an der Stadtspitze oder Schaffung eines Gegengewichts zur stärksten politischen Kraft; d. h. eine Wechselstimmung, die sich gegen Machterhalt oder ‚Machtweitergabe' oder auf Änderung der politischen Bindung des Oberbürgermeisters bzw. der Oberbürgermeisterin oder gegen die sonst örtlich dominierende politische Präferenz richtet. Zurückgeschlossen vom politischen Ergebnis der Oberbürgermeisterwahlen auf die Stimmungslage vor der Wahl, werden in meiner Untersuchung bei unterschiedlichen politischen Stimmungen Bedeutungsunterschiede in der Bewertung von Erfolgsfaktoren durch die Wählerschaft erkennbar.

Bei allen Wahlen ist von Anfang an ein auf Sieg gerichteter Wahlkampf wichtig, damit die Bewerbung ernst genommen wird.

Allein mit den Faktoren *Verwaltungskompetenz* und *Auswärtigkeit* sind Ergebnisse von Oberbürgermeisterwahlen nicht zu erklären. Das gilt – entgegen der geläufigen Erklärung – auch für Siege gegen von dominierenden Parteien unterstützte Konkurrenz. Über 90 Prozent der Oberbürgermeisterwahlsieger(innen) im Untersuchungszeitraum reklamierten *Verwaltungskompetenz* für sich. Aber über die Hälfte der Neuwahlsieger(innen) hatte keinen Verwaltungskompetenzvorteil.

Von außerhalb zu kommen, ist Merkmal von drei Viertel der Sieger(innen) bei Ab- und Neuwahlen sowie von über 45 Prozent der bei Neuwahlen Zweitplatzierten im Untersuchungszeitraum. Einen Vorteil dabei hatte ein Drittel der Neuwahlsieger(innen), von denen 70 Prozent an die stärkste Partei gebunden waren (bei Abwahlen wird per se immer gegen Einheimische gewonnen).

Erich Holzwarth

Tabelle: Bedeutung von Erfolgsfaktoren bei Oberbürgermeisterwahlen bei Wunsch nach Kontinuität, Bestätigung, Wechsel, Gegengewicht

Art der Wahl und Stimmung dabei	Bedeutung des Faktors					
	Partei-bindung	Verwaltungs-kompetenz	Auswärtigkeit	Persönlichkeit	Wahlkampf-kompetenz	Themen-kompetenz
Wiederwahl mit Kontinuitätswunsch	Gering	Hoch	Keine	Gering	Gering	Gering
Neuwahl mit Kontinuitätswunsch	Hoch	Hoch	Hoch	Gering	Gering	Gering
Neuwahl mit Parteipräferenz-bestätigung	Hoch	Hoch	Hoch	Gering	Gering	Gering
Neuwahl mit Wechselwunsch	Mittel	Mittel–Hoch	Mittel–Hoch	Hoch	Mittel	Mittel
Neuwahl mit Bedürfnis nach Kontrolle stärkster Partei	Gering	Mittel	Mittel	Hoch	Hoch	Hoch
Abwahl mit Wechselwunsch	Gering	Gering	Gering	Hoch	Hoch	Hoch

Mit der Wahl auswärtiger Kandidierender wird für einen Verkrustung verhindernden Neuanfang gesorgt und gegen Einheimische gesiegt, die örtliche und in die Kritik geratene Machtstrukturen (Kommunalverwaltungen oder politische Kräfte) repräsentieren.

Am häufigsten zu finden ist das von Wehling u. a. formulierte Erfolgsmuster bei Sieger(inne)n, die mit ihrem Erfolg für politische Kontinuität sorgen und (bei Kontinuität oder Wechsel) mit der stärksten Partei verbunden sind. Merkmale dieser Sieger(innen) sind *Bindung an die stärkste politische Kraft* plus *Verwaltungskompetenz* plus – wo situationsbedingt nötig – *Auswärtigkeit*. Die als Erfolgsmerkmal gesehene Parteiferne ist bei diesen Wahlen deutlich erkennbar als taktisches Wahlkampfverhalten ernsthafter Bewerber(innen), die diesen Aspekt in der Regel öffentlich postulieren. Bei einigen Siegen auswärtiger, durch dominierende politische Kräfte unterstützter Verwaltungsleute wird sichtbar, dass andere Interessierte mit vergleichbarem Profil nicht zur Wahl antreten, weil sie wegen fehlender oder nicht ausreichender Unterstützung politischer Gruppen für sich keine Chance sehen.

Keine an die CDU als stärkste Partei gebundene Neuwahlsieger(in) hatte einen Nachteil bei *Verwaltungskompetenz*. Wenn dieses Merkmal für konservativ orientierte Wahlberechtigte bei Oberbürgermeisterwahlen ein zentrales Entscheidungskriterium ist, passt es, wenn konservative Kräfte ein entsprechendes Kandidatenangebot präsentieren.

Eine Ausnahme bildet der badisch geprägte Landesteil: Hier ist im Vergleich ein höherer Anteil der Sieger(innen) Parteimitglied, Mitglied der stärksten Partei und einheimisch. Wenn ‚Großstadt' und ‚Baden' Randbedingungen einer Oberbürgermeisterneuwahl sind, siegen Einheimische überdurchschnittlich.

Drei Viertel der Neuwahlen und alle Abwahlen im Untersuchungszeitraum führten zu einer Änderung der politischen Bindung der Verwaltungsspitze. Seltener war ein Wechsel in Hochburgen politischer Kräfte (der politische Machterhalt gelang in den Jahren von 2003 bis 2006 nur in konservativen Hochburgen), in denen sie bei anderen Wahlen konstant stärkste Kraft waren – überproportional häufig im badischen Landesteil. Nur Parteilose oder CDU-Mitglieder konnten für politische Kontinuität sorgen, Mitglieder anderer Parteien wurden nicht in Nachfolge scheidender Oberbürgermeister(innen) gewählt, die Mitglied derselben Partei waren.

Unter dem Aspekt zunehmender Machtveränderung als Ergebnis der Wahlen (mit Abwahl als deutlichster Änderung) steigt der Anteil von Sieger(inne)n mit Nachteilen im Faktor *Verwaltungskompetenz*. Bei Neuwahlen fand sich unter den Erst- und Zweitplatzierten nur ein Drittel mit diesem Nachteil; wer trotz dieses Nachteils gewann, sorgte für politischen Wechsel und siegte gegen die stärkste Partei. Wie Verwaltungskompetenz fällt der Faktor *Auswärtigkeit* bei Wahlen mit Wechselstimmung und Wunsch nach Kontrolle der stärksten Partei weniger ins Gewicht als bei solchen mit Wunsch nach Kontinuität und Bestätigung der regierenden Partei.

Bei machtkontrollorientierten Oberbürgermeisterwahlen tragen Themenkompetenz, Persönlichkeit und Wahlkampf häufiger zum Sieg bei als bei anderen Oberbürgermeisterwahlen.

Wenn Wechselstimmung herrscht, ist eine sich von scheidenden Amtsinhaber(inne)n unterscheidende politische Bindung ein Wahlmotiv. Nach ‚Ausnahmewahlen' – mit nicht an die stärkste politische Kraft gebundenen Sieger(inne)n – sind ‚Normalwahlen' wahrscheinlich – mit Sieger(inne)n, die mit stärkster Partei oder stärkstem politischen Lager verbunden sind. An politisch nicht dominierende Parteien gebundene Sieger(innen) waren bei *Verwaltungskompetenz* gleichwertig (oder erhoben zumindest den Anspruch darauf), mussten aber nicht im Vorteil sein. Die Auswertung zeigte: Ein Nachteil bei *Auswärtigkeit* ist zu vermeiden, ein Vorteil bei diesem Faktor unterstreicht Unabhängigkeit von örtlichen Machtverhältnissen. *Persönlichkeit* ist ein Erfolgsfaktor – mehr als ebenfalls wichtiger werdende Wahlkampf- und Themenkompetenz.

Beim Neuwahlsieg gegen die stärkste Partei ist *politische Bindung* eine Unterstützungsressource, aber kein zentrales Wahlmotiv, um nicht an der stärksten Partei orientierte Wähler(innen) zur Wahl gemäß ihrer politischen Präferenz zu motivieren. Die bei Neuwahlen zu postulierende *Verwaltungskompetenz* verliert als Erfolgsfaktor an Bedeutung. Um ein Gegengewicht zur stärksten Partei zu schaffen, sind Vorteile bei *Verwaltungskompetenz* und *Auswärtigkeit* nicht erforderlich. Da die Persönlichkeit machtausübender und mit Machtausübung (hier mit der stärksten politischen Kraft) verbundener Kandidierender mit zunehmender Macht mehr beachtet wird,[12] nimmt ihre Bedeutung als Erfolgsfaktor ihrer Konkurrenz zu. Wahlkampf und Themen sind noch relevanter als bei allgemein für Wechsel sorgenden Wahlen.

Nur bei Abwahlen waren bei den untersuchten Oberbürgermeisterwahlen Sieger(innen) zu finden, die keine *Verwaltungskompetenz* hatten. Einheimische siegen hier eher als bei Neuwahlen. *Persönlichkeit, Wahlkampf-* und *Themenkompetenz* haben größte Relevanz im Vergleich zu allen anderen Arten von Oberbürgermeisterwahlen. Soziale Kompetenz (der Umgang mit Menschen) ist wichtig. V. a. bei missglückten Wiederwahlversuchen wird deutlich, dass misslungene Projekte und inadäquates Themenmanagement zum Scheitern bei einer Wahl beitragen.

Keine Erfolgsgarantie

Die Überprüfung des für Baden-Württemberg von Wehling u. a. entwickelten Erfolgsmusters – verwaltungskompetent, auswärtig und parteifern – anhand der Oberbürgermeisterwahlen zwischen 2003 und 2006 ergibt, dass diese Kombination keine Erfolgsgarantie ist. Faktoren der Wahlentscheidung werden in unterschiedlichen Situationen unterschiedlich gewertet.

---

12 Vgl. das Interview mit dem Medienwissenschaftler Bernhard Pörksen: Je mächtiger jemand wird, umso mehr rückt sein persönliches Verhalten in den Mittelpunkt, in: Sonntag Aktuell vom 03.02.2012.

Verwaltungserfahrung ist bei den Sieger(inne)n im Untersuchungszeitraum häufig zu finden, aber nicht zwingend als Vorteilsmuster.

Im Folgenden sind Oberbürgermeisterwahlen mitgemeint, wenn ich Bürgermeisterwahlen schreibe. Wenn es explizit um Oberbürgermeisterwahlen geht, werden diese genannt. Dass überwiegend Verwaltungsleute Bürgermeisterwahlen gewinnen, wird meist damit erklärt, dass sie *aufgrund* dieses Merkmals siegen. Eine mögliche Antwort ist aber auch, dass sich v. a. Verwaltungsleute bewerben – als logische Karrierekonsequenz – und erhebliche Ressourcen in den Wahlkampf investieren. Ein wenig beachteter Aspekt der Bewerbungsmotivation ist die in Baden-Württemberg geltende Pensionsregelung für Bürgermeister(innen), die mit ihrer Wahl Wahlbeamte werden. Waren sie zuvor bereits zehn Jahre lang Lebenszeitbeamte, reicht eine Wahlperiode von acht Jahren, um pensionsberechtigt zu sein. Alle anderen müssen zweimal acht Jahre als Wahlbeamte gewählt werden, um anschließend eine Pension zu erhalten.[13] Die Pensionsregelung wird für sie zur Hürde, wenn vor einer Bewerbung Risiken abgewogen werden.

Die große Mehrheit der 2015 amtierenden Bürgermeister(innen) hat einen Verwaltungshintergrund, wobei der Anteil im Vergleich zu 1984 gesunken ist.[14] Laut einer 2016 im *Staatsanzeiger* vorgestellten Untersuchung waren zu der Zeit weniger ‚gelernte' Verwaltungsfachleute unter den Sieger(inne)n der Bürgermeisterwahlen zu finden als früher: Nur rund 60 Prozent der zwischen Juni 2008 und September 2015 neu gewählten Bürgermeister(innen) waren Verwaltungswirt(inn)e(n).[15] Wird das veränderte Profil der ins Bürgermeisteramt Gewählten nicht wahrgenommen?

Verwaltungsqualifikation ist keine rechtliche Voraussetzung, um ins Bürgermeisteramt gewählt zu werden. Neben allgemein gültigen Wählbarkeitsvoraussetzungen gibt es derzeit nur Anforderungen an das Mindest- und Höchstalter – wobei geplant ist, letzteres abzuschaffen und das Mindestalter

---

13 Sie sind auch nicht gegen Arbeitslosigkeit versichert; zu den Details siehe den Beitrag von Timo Jung in diesem Buch.
14 Huzel, Bürgermeisterinnen und Bürgermeister, S. 126 ff., resümierend S. 162 f., sowie sein Beitrag in diesem Buch.
15 Staatsanzeiger Baden-Württemberg 19/2016 vom 29.04.2016; nicht berichtet wird, bei welcher Art von Wahl wer gewählt wurde.

zu senken.[16] Ist Verwaltungserfahrung Voraussetzung, um das Bürgermeisteramt ausüben zu können? Nein, Nichtverwaltungsleute scheitern nicht häufiger im Amt als Verwaltungsfachleute, wenn sie ihr Amt ernstnehmen. Was ist Verwaltung? In der Regel wird sie dem öffentlichen Bereich zugeordnet, aber etwa in *Wikipedia* ist sie nicht so eng definiert:

> „Unter Verwaltung versteht man allgemein administrative Tätigkeiten, die mit der Besorgung eigener oder fremder Angelegenheiten zusammenhängen und meist in einem institutionellen Rahmen wie Behörden, öffentlichen Einrichtungen, Unternehmen oder sonstigen Personenvereinigungen stattfinden."[17]

Ungeachtet dieser Definition wird in der gesellschaftlichen Wahrnehmung Verwaltungskompetenz in der Regel mit einer Tätigkeit in der öffentlichen Verwaltung verknüpft. Auch im Folgenden wird deshalb beim Verwaltungshintergrund nach Ausbildung bzw. Erfahrung in der öffentlichen Verwaltung gefragt, ohne dass ich diese Gleichsetzung für richtig halte. Vorstellbar ist, dass sich bundesweit das Bürgermeisterimage annähern und verändern wird, vom politischen Amt auf der einen und der Verwaltungsfachperson auf der anderen Seite hin zur fachlich sowie sozial kompetenten Person, die politisch denkt.

Teil 2: Erfolg ohne ‚klassische Verwaltungslaufbahn'

In den 2014 und 2019 erschienen *Handbuch Kommunalpolitik*-Ausgaben legt sich Wehling auf die Bildungswege fest, die neben anderen Faktoren den Weg ins Bürgermeisteramt ebnen:

> „Hier wünscht man sich einen Bürgermeister mit Fachverstand, mit einem Studium an einer der beiden Hochschulen für Öffentliche Verwaltung (Kehl oder Ludwigsburg) bzw. in den größeren Städten als Absolvent einer juristischen Fakultät. Gewünscht ist zudem

---

16 §46 Abs.1 der Gemeindeordnung Baden-Württemberg in der Fassung vom 24.07.2000 lautet: „Wählbar zum Bürgermeister sind Deutsche im Sinne von Artikel 116 des Grundgesetzes und Unionsbürger, die vor der Zulassung der Bewerbungen in der Bundesrepublik Deutschland wohnen; die Bewerber müssen am Wahltag das 25., dürfen aber noch nicht das 68. Lebensjahr vollendet haben und müssen die Gewähr dafür bieten, dass sie jederzeit für die freiheitliche demokratische Grundordnung im Sinne des Grundgesetzes eintreten." Im Juli 2022 wurde das Gesetzgebungsverfahren eingeleitet, um das Mindestalter für die Wählbarkeit auf 18 Jahre abzusenken und die Höchstaltersgrenze aufzuheben.

17 Verwaltung, in: Wikipedia, https://de.wikipedia.org/wiki/Verwaltung (zuletzt abgerufen am 19.10.2022).

die Herkunft von ‚außen', also aus einer anderen Gemeinde, damit ein unbelasteter Neuanfang möglich ist, ohne bereits Freunde, Feinde oder Verwandtschaft im Ort zu haben. Ebenso wichtig ist eine parteipolitische Distanz".[18]

Verlieren Verwaltungshochschulabsolvent(inn)en nur gegen ihresgleichen? In diesem zweiten Teil meines Beitrags geht es um die Frage, ob und – wenn ja – wie Erfolge abseits der klassischen Verwaltungslaufbahn möglich sind.

Abwahlen

Dass Nichtverwaltungsleute bei Abwahlen gewinnen können, war bereits bei den von mir untersuchten Oberbürgermeisterwahlen zu sehen. Die Ergebnisse von Nichtwiederwahlen seit Mitte des Jahres 2017 bis 2019 zeigen, dass es auch bei Bürgermeisterwahlen so ist – einige Beispiele für Berufe von Abwahlsieger(inne)n in dieser Zeit: Sozialpädagogin, Ingenieur, Sozialarbeiter, Sparkassenfachbetriebswirt, kaufmännischer Geschäftsführer einer Zeitschrift, Heilerziehungspfleger.[19]

In der Argumentation dieser Sieger(innen) spielt Verwaltungskompetenz oft keine oder eine geringe Rolle. Es geht um das Gegenbild zu einer unbeliebt gewordenen Amtsperson. Die Herausforderer bzw. Herausforderinnen müssen ausreichend seriös wahrgenommen werden, um wählbar zu sein.

Siege bei Wahlen, bei denen keine Amtsinhaber(innen) antreten

Bei den von mir untersuchten Oberbürgermeisterwahlen wurden Wahlen, bei denen keine Amtsinhaber(innen) antreten, nicht ohne Verwaltungsnähe, aber z. T. mit weniger formaler Verwaltungskompetenz als die Konkurrenz gewonnen. Wenn nun festgestellt wird, dass Nichtverwaltungsleute einen erheblichen Teil der Bürgermeisterwahlen gewinnen, ist zu vermuten, dass sie nicht nur bei Abwahlen, sondern auch bei Neuwahlen siegen. Daher unter-

---

18 Wehling, Kommunalpolitik in Baden-Württemberg, ³2019, S. 9–32, hier: S. 20 f. (inhaltsgleich in ²2014).
19 In Meckenbeuren, Böblingen, Altlussheim, Illmensee, Adelsheim, Ballrechten-Dottingen. Auch Kern, Warum werden Bürgermeister abgewählt?, berichtet von verwaltungsfernen Abwahlsieger(inne)n.

suche ich anhand öffentlich zugänglicher Quellen,[20] ob und – wenn ja – wo bei dieser Art von Bürgermeisterwahlen Sieger(innen) ohne Ausbildung an einer Verwaltungshochschule oder vorige Tätigkeit in einer kommunalen Verwaltung zu finden sind. Wenn es diese Neuwahlerfolge gibt, unterstreichen sie, dass Verwaltungskompetenz nicht notwendigerweise der entscheidende Faktor ist, um Bürgermeisterwahlen zu gewinnen. Dann rücken andere Erfolgsfaktoren in den Fokus.

Durchschnittlich finden in Baden-Württemberg pro Jahr rund 50 Bürgermeisterwahlen ohne Beteiligung von Amtsinhaber(inne)n statt.[21] Diese Art von Wahl wird meist, so auch hier, als Neuwahl bezeichnet, um sie als Wahl ohne Amtsinhaberbeteiligung, also nur mit neuen Bewerber(inne)n, von Wahlen zu unterscheiden, bei denen sich Amtsinhaber(innen) wieder bewerben.[22] Ich habe die Neuwahlen ab August 2017 bis Anfang April 2020 daraufhin durchgesehen, ob und gegen wen Personen siegten, die kein Verwaltungshochschulstudium absolviert oder vor der Wahl kommunal verwaltend gearbeitet hatten. Der Untersuchungszeitraum endet im April 2020, da die Corona-Pandemie für Bürgermeisterwahlen – wie für andere Bereiche – eine Zäsur bedeutete. Viele Wahlen wurden verschoben. Die Wahlkämpfe für die (trotzdem) stattfindenden Wahlen fanden unter veränderten Bedingungen statt, da persönlicher Kontakt und Veranstaltungen nicht oder nur eingeschränkt möglich waren.[23] Beim Betrachten des beruflichen Hintergrunds der Bewerber(innen) geht es allein um formale Qualifikation, nicht um eine Bewertung ihrer Fähigkeiten.

---

20 Mediale Berichterstattung, amtliche Mitteilungen, Werbung der Bewerber(innen).
21 Schwarz, Bürgermeisterwahlen, S. 298, listet sie für 2010 bis 2017 auf. Die Spanne reichte von 35 bis 64 Neuwahlen in diesen Jahren. Er konstatiert eine Zunahme des Anteils von Neuwahlen an allen Wahlen.
22 In anderen Beiträgen dieses Buches wird dagegen, der Gemeindeordnung Baden-Württembergs folgend, der erste Wahlgang einer Bürgermeisterwahl als ‚Hauptwahl', der zweite als ‚Neuwahl' bezeichnet. Im Juli 2022 hat die von Grünen und CDU gebildete Landesregierung die im Koalitionsvertrag vorgesehene Einführung einer Stichwahl zwischen den beiden Erstplatzierten statt des bisherigen zweiten Wahlgangs, an dem alle und neue Kandidierende teilnehmen können, auf den Weg gebracht.
23 Auch nach dem Untersuchungszeitraum siegen Nichtverwaltungsleute bei Neuwahlen.

Ich fand 50 Neuwahlen mit so charakterisierten Sieger(inne)n.[24] Auf Vollständigkeit erhebe ich keinen Anspruch, da über öffentlich zugängliche Medien Wahlumstände und Hintergründe der Bewerber(innen) nicht vollständig nachzuvollziehen sind. Die Kategorie ist nicht ganz trennscharf. Es gibt einige Wahlen, die ich aus der Auswahl hätte herausnehmen können, und solche, die ich in die Untersuchung hätte einbeziehen können. Ausdrücklich festzuhalten ist, dass in der Zeit Absolvent(inn)en der Verwaltungshochschulen und kommunal Tätige siegten – einheimische und auswärtig, mit und ohne Parteibindung –, die dem postulierten Erfolgsmuster (weitgehend) entsprachen.

Die 50 Neuwahlen mit Siegen trotz fehlender formaler Verwaltungskompetenz fanden innerhalb von 33 Monaten statt. In dieser Zeit gab es vermutlich insgesamt weniger als 150 Neuwahlen.[25] Sie bilden also einen erheblichen Anteil an den Neuwahlen.

- In vier Fällen standen die Gewinner(innen) allein auf dem Stimmzettel,[26] sie arbeiteten zuvor als Diplom-Kaufmann, als Maschinenbauingenieur und Bundeswehroffizier, als Physiker und als Richter;
- In 16 Fällen setzten sie sich gegen Nichtverwaltungsleute oder lediglich „Verwaltungsnahe" durch;[27] im ersten oder zweiten Wahlgang siegten ... (Beruf Platz 1 gegen Beruf Platz 2):
- Geschäftsführer einer Modekette (Finanzfachwirt) gegen (nicht ernst genommenen) Maschineneinrichter, Juristin gegen Physiker, Diplomtheologe (mit kirchlicher Verwaltungserfahrung) gegen Selbständigen für energetische Gebäudesanierung, Politik- und Verwaltungswissenschaftler gegen Juristin, Politischer Referent und Fraktionssprecher gegen Jurist, Forstwissenschaftler und Projektmanager in Naturschutzverwaltung gegen Banker und Bundeswehrabteilungsleiter, Geschichts-

---

24 13 der 50 Sieger(innen) waren ‚verwaltungsnah', ohne an einer Hochschule für öffentliche Verwaltung studiert oder eine kommunale Verwaltungslaufbahn durchlaufen zu haben. Dazu gehören in der kirchlichen Verwaltung, bei der Polizei Tätige, Forstwirt(inn)e(n) und juristisch Qualifizierte – Jurist(inn)en gelten in kleinen Gemeinden eher als überqualifiziert. 10 dieser 13 siegten gegen formal verwaltungskompetentere Konkurrenz.
25 Im gesamten Jahr 2017 fanden – laut Schwarz, Bürgermeister, S. 298 – 64 Neuwahlen statt, die 11 Wahlen ab August 2017 machen 17 Prozent aller Neuwahlen im Gesamtjahr aus.
26 In Rammingen, Zell, Dachsberg, Hambrücken.
27 In Crailsheim, Endigen, Bernau, Höfen, Riegel, Bad Bellingen, St. Blasien, Bräunlingen, Herbolzheim, Daisendorf, Steinach, Feldberg, Balgheim, Bühlertann, Erdmannhausen, Lauda-Königshofen, Badenweiler.

und Politikwissenschaftler (Wahlkreisbüroleiter) gegen Önologen,[28] Ingenieur gegen Archäologen, Firmenkundenberater gegen Rettungsdienstleister und Betriebswirt, Produktmanager gegen Förster/Forstwirt, Betriebswirt gegen Juristen, Kriminalkommissar (Diplomverwaltungswirt Polizei) gegen Anwalt, Kaufmann und MdL-Mitarbeiter gegen Historikerin, Bankkaufmann gegen Sanitärmeister, Betriebswirt gegen Justizbeamten, Staatskanzlei-Referent gegen Mitarbeiter in Unternehmenskommunikation;

- In 30 Fällen setzten sie sich gegen Konkurrenz mit formalem Verwaltungskompetenzvorteil durch (19, darunter 8 Frauen, der 30 Zweitplatzierten waren in kommunalen Verwaltungen tätig);[29] im ersten oder zweiten Wahlgang siegten ... (Beruf Platz 1 gegen Beruf Platz 2):
- Juristin gegen Hauptamtsleiter, Betriebswirt gegen örtliche Rechnungsamtsleiterin, Bankkaufmann gegen Diplomverwaltungswirtin und Kämmerin, Polizeihauptkommissar gegen Kämmerin, Politikwissenschaftler gegen Finanzbeamtin, Forstwirt gegen Kämmerin, Energieanlagenelektroniker und Kommunalberater gegen Diplomverwaltungswirt und Fachdienstleiter im Landratsamt, Ingenieur aus der Privatwirtschaft gegen Kämmerer, Betriebswirt gegen Diplomverwaltungswirt (Polizei), Bankkaufmann gegen Pflanzenbauberater beim Landratsamt mit Verwaltungsausbildung, Forst- und Betriebswirt gegen Diplomverwaltungswirt (Polizei), Wirtschaftswissenschaftler gegen Verwaltungswissenschaftler und städtischen Angestellten, Bankangestellter gegen Bürgermeister aus Nachbargemeinde, Polizist gegen Kämmerer, Wirtschaftsjurist gegen Ortsvorsteherin, Sozialwissenschaftler und Gewerkschaftsangestellter gegen (beigeordneten) Bürgermeister, Mieterbund-Geschäftsführer gegen Juristen und Geschäftsführer einer Landtagsfraktion, Konzessionsmanager gegen Bürgermeister einer Nachbargemeinde, Richter gegen Bürgermeister einer anderen Gemeinde, Forstwirt gegen Sachgebietsleiter in einer Kämmerei, IT-Berater gegen Kämmerer und Wirtschaftsförderer, Tourismus-

---

28 Önologie ist das Studium der Weinherstellung.
29 In Schopfheim, Wannweil, Malsburg-Zell, Obermarchtal, Hilzingen, Engelsbrand, Gemmrigheim, Allmendingen, Ilshofen, Magstadt, Nufringen, Spraitbach, Stühlingen, Mühlenbach, Gerlingen, Laudenbach, Großrinderfeld, Dossenheim, Schönau, Bad Herrenalb, Calw, Schlaitdorf, Nürtingen, Aichwald, Reutlingen, Wertheim, Willstätt, Jungingen, Ehningen, Erdmannhausen (der kommunale Verwaltungshintergrund ist in einem Fall unklar und wird daher nicht berücksichtigt; es können ggf. auch 20, davon 9 Frauen sein).

manager gegen Kämmerin, Betriebswirt gegen Ordnungsamtsleiter, Schreinermeister und Geschäftsführer gegen Diplomverwaltungswirt, Lehrer gegen Kämmerin, Kommunalberater gegen Beigeordnete und Kämmerin, Betriebswirt gegen Diplomverwaltungswirt (Polizei), Politik- und Verwaltungswissenschaftler sowie MdB-Mitarbeiter gegen Diplomverwaltungswirtin und städtische Mitarbeiterin, Projektleiter bei Stromdienstleister gegen kommunalen Amtsleiter, Ökonom und Personalberater gegen Wirtschaftsfachwirt und Ministeriumsmitarbeiter.

Der berufliche Hintergrund der Bürgermeisterwahlsieger(innen) ist also facettenreicher als die postulierte Dominanz von Verwaltungshochschulabsolvent(inn)en erwarten lässt. Vorteile bei Verwaltungskompetenz führen nicht zwingend zum Erfolg.

Nur 2 der 50 Wahlen, d. h. 4 Prozent, gewannen Frauen. Dieser Anteil ist geringer als der Frauenanteil von 4,9 Prozent an allen im Jahr 2015 amtierenden Bürgermeister(inne)n in Baden-Württemberg.[30] Bei 24 Prozent (= 12) der 50 Wahlen waren Frauen auf Platz 2; 8 dieser 12 Frauen arbeiteten in kommunalen Verwaltungen. Dazu kamen Platzierungen von Frauen weiter hinten im Bewerberfeld. Von Huzel erhobene Daten deuten auf mehr Chancen für Frauen hin.[31] Bundesweit stellt der Städte- und Gemeindebund 2021 fest, dass (nach zehn Prozent davor) „nur noch neun Prozent" der Rathäuser von Frauen geführt werden.[32]

24 dieser 50 Wahlen fanden in Orten unter 5.000 Einwohner(inne)n statt, 16 in Gemeinden mit 5.–10.000 Einwohner(inne)n, 5 in Kommunen mit 10.–20.000 Einwohner(inne)n, 5 in Städten mit über 20.000 Einwohner(inne)n (davon eine in einer Großstadt mit über 100.000 Einwohner(inne)n).[33]

---

30 Siehe Huzel, Bürgermeisterinnen und Bürgermeister, S. 39.
31 Huzel, Bürgermeisterinnen und Bürgermeister, S. 303 ff.
32 Deutscher Städte- und Gemeindebund: Pressemitteilung. Mehr Frauen in der Kommunalpolitik: Ein Gewinn für die lokale Demokratie, 08.03.2021, https://www.dstgb.de/aktuelles/2021/ein-gewinn-fuer-die-lokale-demokratie/03-dstgb-pm-frauentag-08032021.pdf?cid=dld (zuletzt abgerufen am 19.10.2022).
33 Einwohnerzahlen laut Statistischem Landesamt Baden-Württemberg, Stand 30.06.2018, Statistische Berichte zu finden unter: https://www.statistik-bw.de (zuletzt abgerufen am 10.11.2022).

Parteibindung

Bezogen auf die Parteimitgliedschaft sind unter den Sieger(inne)n zu finden: Mindestens 16 CDU-Mitglieder (mindestens, da nicht alle die Mitgliedschaft bekennen), sechs der SPD, fünf der FDP (vier Mitglieder und einer, der für die FDP arbeitet), ein FWV-Mitglied und 22 Parteilose.[34] Die Anteile von 44 Prozent Parteilosen plus FWV sowie der CDU-Mitglieder mit 32 Prozent an den 50 Wahlsieger(inne)n liegen unter den von Huzel erhobenen Anteilen an den Amtsinhaber(inne)n für 2015, als 57,0 Prozent FWV-Mitglieder (20,4 Prozent) oder parteilos, 34,2 Prozent CDU-Mitglieder waren. Während bei den Oberbürgermeisterwahlen 2003 bis 2006 niemand der mit Verwaltungskompetenznachteil Siegenden an konservative politische Gruppen gebunden war, siegten bei den untersuchten Bürgermeisterwahlen also auch konservativ orientierte Nichtverwaltungsfachleute. Lediglich 0,8 Prozent der Bürgermeister(innen) waren 2015 Mitglied der Grünen,[35] keines ihrer Mitglieder gewann eine der 50 Neuwahlen. Verglichen mit den 2015 Amtierenden stellten Mitglieder der SPD und v. a. der FDP einen höheren Anteil an den 50 neu gewählten Bürgermeister(inne)n. Während es bei der SPD 12 und bei der FDP 10 Prozent waren, lag ihr Anteil an allen Amtsinhaber(inne)n 2015 bei 6,5 Prozent (SPD) bzw. 1,2 Prozent (FDP).[36]

Alle 16 CDU-Mitglieder gewannen in Gemeinden mit weniger als 13.000 Einwohner(inne)n. Zusammen haben diese 16 Gemeinden über 88.000 Einwohner(innen), die fünf mit FDP-Siegern über 67.000 und die sechs mit siegenden Sozialdemokraten über 181.000 Einwohner(innen). In den acht Kommunen mit mehr als 13.000 Einwohner(inne)n gewinnen: Ein FDP-Mitglied sowie ein FDP-Naher, drei SPD-Mitglieder und drei Parteilose. In drei der fünf Städte über 20.000 Einwohner(inne)n gewannen SPD-Mitglieder, in den zwei weiteren (in denen SPD-Oberbürgermeister aufhörten und keine SPD-Mitglieder zur Neuwahl antraten) ein Parteiloser und ein Freidemokrat.[37]

---

34 Die von Parteien unterstützten parteilosen Sieger(innen) werden nicht gesondert ausgewiesen. Zumindest zwei primär von der CDU unterstützte Sieger(innen) waren zu erkennen.
35 Huzel, Bürgermeisterinnen und Bürgermeister, S. 120.
36 Ebenda. Unter den 13 Sieger(inne)n mit ‚Verwaltungsnähe' sind keine SPD-Mitglieder zu finden.
37 Bei den Oberbürgermeisterwahlen in den Jahren 2003 bis 2006 wurde kein SPD-Mitglied in der Nachfolge eines Mitglieds dieser Partei gewählt (Holzwarth, Erfolgsfaktoren für Oberbürgermeisterwahlen, S. 192 ff.). Bei einer Neuwahl nach dem Amtsende einer Person mit Zugehörigkeit zu einer Partei, die nicht Mehrheitspartei ist, ist die Wahrscheinlichkeit groß, dass Parteilose oder Mitglieder einer anderen Partei gewählt werden.

Baden

Zur politischen Tradition des badisch geprägten Landesteils gehört, dass häufiger als in anderen Landesteilen eher politisch gebundene Bürgermeister(innen) gewählt werden, bei denen Verwaltungserfahrung eine geringere Rolle spielt.[38] Tatsächlich siegten 10 der 16 siegreichen CDU-Mitglieder, also 62,5 Prozent, im Regierungsbezirk Südbaden (= Freiburg),[39] in dem weniger als 27 Prozent der Gemeinden Baden-Württembergs liegen[40] und 38 Prozent der 50 Neuwahlen stattfanden.

Argumentation

Befragungen ergeben, dass erwartet wird, dass Bürgermeister(innen) *verwalten können*.[41] Diese Erwartungshaltung wird bestärkt durch in die gleiche Richtung gehende Berichterstattung im Vorfeld der Wahlen. Bestandteil der Wahlkampfstrategie ist, mit dieser Erwartung umzugehen. Nicht alle gehen im Wahlkampf darauf ein. Bei einigen Sieger(inne)n, die nicht für die öffentliche Verwaltung ausgebildet wurden oder dort nicht tätig waren, sind Begründungen zu finden, warum sie verwalten bzw. das Bürgermeisteramt ausüben können:

- Geschäftsführer eines Familienbetriebs, viele Jahre in der Personalführung.[42]
- „Die kirchliche Verwaltung ist der Struktur einer Stadt sehr ähnlich."[43]
- „Er [Forstwissenschaftler und Projektmanager in der Naturschutzver-

---

38 Siehe etwa ebenda, S. 67 ff.
39 Der Regierungsbezirk Freiburg ist nicht gleichzusetzen mit dem historischen Südbaden, aber stimmt doch weitgehend damit überein, siehe dazu ebenda, S. 68.
40 Statistische Berichte Baden-Württemberg Nr. 312218001 vom 14.01.2019, https://www.statistik-bw.de (zuletzt abgerufen am 10.11.2022): Baden-Württemberg hat 1.101 selbstständige Gemeinden, davon liegen in den Regierungsbezirken: Freiburg (Südbaden) 294, Karlsruhe (Nordbaden) 210, Stuttgart (Nordwürttemberg) 343, Tübingen (Südwürttemberg) 254.
41 Zuerst Hans Peter Biege, Georg Fabritius, Hans-Jörg Siewert, Hans-Georg Wehling: Zwischen Persönlichkeitswahl und Parteientscheidung. Kommunales Wahlverhalten im Lichte einer Oberbürgermeisterwahl, Miesenheim 1978, dann z. B. Manuel Tabor: Bürgermeister in Baden-Württemberg – Anspruch und Wirklichkeit. Eine Untersuchung von Sozialprofil und Aufgaben der Amtsinhaber, sowie der Anforderungen und Vorstellungen der Wähler, Diplomarbeit, Fachhochschule Kehl 2006.
42 Offenburger Tageblatt/baden online vom 21.06.2017.
43 Badische Zeitung vom 20.09.2017.

waltung] habe [...] durch seine berufliche Tätigkeit und sein ehrenamtliches Engagement bei der Bergwacht [er ist Landesvorsitzender der Bergwacht Schwarzwald] Verwaltungs- und Führungserfahrung sammeln können."[44]
- Der Sieger auf seiner Homepage: „Sicherlich fragen Sie sich, ob ich als Diplom-Betriebswirt das Amt des Bürgermeisters fachlich und persönlich führen kann. Ich meine ja: Wichtig ist aus meiner Sicht nämlich, dass ich Ihnen als Ihr Bürgermeister gut zuhöre, den Mitarbeiterinnen und Mitarbeitern vertraue, mich in die Arbeitsabläufe in der Verwaltung schnell einarbeite und Entscheidungen aktiv umsetze"; der Zweitplatzierte trat zunächst als „Polizeioberkommissar"[45] an und wurde erst im Laufe des Wahlkampfes als „Diplomverwaltungswirt Polizei"[46] bezeichnet.
- „Aufgrund meiner vielfältigen Lebens- und vor allem auch Berufserfahrung traue ich mir die Einarbeitung in die Verwaltungsarbeit vollkommen zu."[47]

Verwaltungskompetenz bzw. die für die Leitung der Rathausverwaltung notwendige Kompetenz wird hier aus anderen Tätigkeiten als der in einer kommunalen Verwaltung hergeleitet.

Interessant ist auch, wie Parteimitglieder beim Thema *Parteiferne* Unabhängigkeit argumentieren. Zwei Strategien sind erkennbar: Entweder wird die Mitgliedschaft nicht erwähnt – häufig in der Hoffnung, dass sie niemand entdeckt. Mitunter – insbesondere bei Wahlen in kleinen Gemeinden – lassen Medien dann die Parteimitgliedschaft bei Bewerber(inne)n weg oder korrigieren das Nichterwähnen nicht durch eigene Recherche. So wurde etwa bei einer Ergebnisberichterstattung nicht erwähnt, dass der Sieger FDP-Mitglied ist; prompt wurde er im *Staatsanzeiger* als parteilos bezeichnet.[48] Oder die Mitgliedschaft wird genannt und verbunden mit dem Bekenntnis zur Unabhängigkeit bzw. Überparteilichkeit. Üblich ist, dass die Medien den Anspruch der Parteimitglieder wiedergeben, als Bürgermeister(in) parteifern und unabhängig zu arbeiten – so z. B.:

---

44 Badische Zeitung vom 22.07.2017.
45 Badische Neueste Nachrichten vom 02.02.2018.
46 Pforzheimer Zeitung vom 08.03.2018.
47 Südwest Presse vom 15.11.2019.
48 Staatsanzeiger vom 23.03.2018.

- Der Bewerber „ist Mitglied der CDU, tritt [...] aber als parteiübergreifender, unabhängiger Kandidat an."[49]
- Er „ist Mitglied der CDU, tritt aber als unabhängiger Kandidat an."[50]
- Er „ist CDU-Parteimitglied, wird aber [...] als parteiloser Kandidat ins Rennen gehen."[51]
- Er, „der seit 17 Jahren FDP-Mitglied ist, aber als unabhängiger Kandidat antritt."[52]
- Er „ist Mitglied im Vorstand der CDU [...], doch die Arbeit zum Wohl der Kommune und ihrer Bürger erfordere politische Neutralität und Aufgeschlossenheit. Unabhängigkeit sei ihm wichtig. Parteipolitik habe im Rathaus nichts verloren."[53]
- Er ist „CDU-Mitglied, tritt aber als parteiunabhängiger Kandidat an."[54]

Bei einer Wahl wurde öffentlich bei der Kandidatenvorstellung der Anspruch der Unabhängigkeit eines Parteimitglieds hinterfragt: „warum er als parteiloser Kandidat antrete, obwohl [er] im Gemeinderat der SPD angehöre".[55] Im Kommentar nach der Wahl wurde dies als ein Punkt gesehen, der zur Niederlage beitrug: „Die Tatsache, dass er sich als unabhängigen Kandidaten bezeichnete, gleichzeitig aber SPD-Mitglied ist, dürfte ihn aber Stimmen gekostet haben."[56]

Wege zum Erfolg

Wahlen, bei denen Verwaltungskompetenz nicht entscheidend ist, zeigen, dass es nicht ausreicht, sich beim Wahlkampf darauf zu verlassen. Welche Faktoren tragen bei den in den Blick genommenen Wahlen unter welchen Umständen zum Erfolg bei? Ein Faktor ist die – zufällige oder bewusste – *Wahl des ‚richtigen' Orts*, in dem ein Sieg aufgrund der örtlichen Umstände – wie Bewerberkonstellation und Stimmung – möglich ist. Nicht zu übertreffen dabei ist, allein oder als einzige(r) seriöse(r) Kandidat(in) neben nicht ernst ge-

---

49 Offenburger Tageblatt/baden online vom 21.06.2017.
50 Schwarzwälder Bote vom 28.06.2017.
51 Schwäbische vom 05.01.2018.
52 Badische Neueste Nachrichten vom 02.02.2018.
53 Badische Zeitung vom 20.09.2018.
54 Singener Wochenblatt vom 07.01.2020.
55 Breisgauer Wochenbericht vom 20.09.2017.
56 Kommentar in der Badischen Zeitung vom 09.10.2017.

nommenen Kandidierenden auf dem Stimmzettel zu stehen, also keine oder keine von der Wählerschaft ernst genommene Konkurrenz zu haben. Entweder interessiert sich sonst niemand zu der Zeit für den Ort. Oder der oder die Bewerber(in) hat sich die Unterstützung der wesentlichen oder aller örtlichen politischen Kräfte gesichert, so dass weiteren möglichen Interessierten signalisiert wird, dass sie keine Unterstützung finden; Konkurrenz wird dann durch eindeutige örtliche Festlegung auf eine Person abgeschreckt.[57] Bei einem Teil der *Wahlen mit ernsthafter Konkurrenz* werden öffentlich Gründe für den Sieg genannt. Begründungen sind Auswärtigkeit, örtliche Verwurzelung, Persönlichkeit, Wahlkampf, Bedürfnis nach Machtkontrolle, Parteibindung und -unterstützung. Exklusiv besetzte Themen werden nirgendwo als wahlentscheidend gesehen.

Professionelle Beobachter(innen) liefern Begründungen, die für mehr als die angesprochenen Wahlen gelten:

- „Der einzige Bewerber, der von auswärts kommt."[58]
- „Acht Wochen lang habe er nun von morgens bis abends Gespräche geführt."[59]
- „Der Wind hat sich gedreht. [...] Viele haben sich gefreut, dass jemand von außen kommt" (zuvor waren in der Gemeinde immer Einheimische erfolgreich).[60]
- „Damit wird erstmals seit 1948 tatsächlich ein [Einheimischer] Rathauschef seiner Heimatstadt. Gerade dies scheint ihn in der Gunst der Wähler – in der Stadt wie in den Ortsteilen – ganz weit nach vorne gebracht zu haben."[61]
- „Der [siegreiche] Betriebswirt [...] war der einzige Kandidat, der nicht aus [dem Wahlort] kam."[62]
- Der Sieger hat „mit der Verwurzelung in der Region bestens gepunktet [...], [er] ist mit seiner Combo schließlich auch auf Festen hier bestens bekannt und wurde gleich als Mitsänger im Chor aufgenommen."[63]

---

57 Öffentlich dokumentiert wurde die politische Unterstützung für Alleinbewerbung in Zell i. W., das Nichternstnehmen der Konkurrenz in Balgheim und Steinach.
58 Stuttgarter Zeitung vom 17.12.2017.
59 Stuttgarter Zeitung vom 14.01.2018.
60 Badische Zeitung vom 09.10.2018.
61 Badische Zeitung vom 21.10.2018.
62 Rhein-Neckar-Zeitung vom 11.11.2019.
63 Singener Wochenblatt vom 3.2.2020.

Es gibt Sieger(innen), die im – teilweise großen, mitunter unübersichtlichen – Bewerberfeld ein *Alleinstellungsmerkmal* aufweisen. Sie stehen mit ihrem Profil für eine Botschaft, die aufgrund der Bewerberlage und der örtlichen Umstände (Machtstruktur, aktuelle Stimmung) im Kontrast zur Konkurrenz zum Erfolgsfaktor wird: auswärtig gegen einheimisch, einheimisch (und gut vernetzt) gegen auswärtig,[64] unabhängig gegen unterstützt von Parteien und/oder Wählervereinigungen, ein Mann gegen mehrere Frauen,[65] eine Frau gegen mehrere Männer. Zu fragen ist also nicht nur nach den Faktoren an sich, sondern auch danach, ob die Eigenschaft ein Alleinstellungsmerkmal im konkreten Bewerberfeld ist und zu einem erfolgversprechenden *Image* beiträgt. Die Alleinstellung für eine Botschaft, die seriöse Profilierung im Bewerberfeld erleichtert das Bekanntwerden im Wahlkampf. Die Positionierung innerhalb der Bewerberkonstellation kann Teil der Strategie oder Zufall sein. Im Erfolgsfall ist das Profil verbunden mit Botschaften, die zu den Erwartungen an die oder den künftige(n) Amtsinhaber(in) zu dieser Zeit in dieser Kommune passen.

- „Einmal mehr hat sich bewahrheitet, dass es bei Bürgermeisterwahlen keinen Heimvorteil gibt – eher ein Heim-Handicap. [...] Offenbar konnte [der Sieger] mit seiner zurückhaltenden Art viele Sympathien gewinnen. In seine Waagschale dürften aber auch ganz handfeste Argumente gefallen sein: [Er] kennt sich aus im Politikbetrieb von der Bundes- bis zur kommunalen Ebene. Er ist Stadtrat in Lörrach, hat wichtige Posten in der regionalen CDU sowie diverse (Ehren-)Ämter in den Bereichen Justiz, Sport und Kultur."[66]
- Dem Sieger „ist es gelungen, aus dem ‚anderen Lager' Stimmen für sich zu gewinnen. Kein Wunder, ist doch ein Unterstützungsbündnis von Freien Wählern (FW) und Grünen [für die Zweitplatzierte] eher überraschend."[67]
- „Schwarze Macht im Hintergrund war entscheidend."[68]

CDU-Mitglieder siegten überproportional häufig in Südbaden. Dort ist auch der Sieger beheimatet, dessen Verwurzelung in der CDU im obigen Zitat als

---

64 Siehe etwa Schopfheim, Nürtingen.
65 In einer Gemeinde siegte ein Mann nach dem Amtsende einer Bürgermeisterin gegen drei Frauen.
66 Kommentar in der Badischen Zeitung vom 15.01.2018.
67 Rheinneckarblog vom 03.02.2019.
68 Ein Ortskundiger erklärte mir so das Ergebnis.

Erfolgsfaktor gewertet wird. Wer Mitglied einer politischen Organisation ist, kann auf Erfahrungen bei anderen Wahlkämpfen zurückgreifen – dies stärkt die Wahlkampfkompetenz. *Politische Unterstützung* durch Parteien und Wählervereinigung sind Ressourcen für den Wahlkampf. Funktionierende politische Organisationen bieten infrastrukturelle und finanzielle Unterstützung sowie Zugang zu an ihnen politisch orientierten Wahlberechtigten, ehrenamtlichen Helfer(inne)n, unterstützenden Netzwerken und Multiplikator(inn)en. Die Gewinnung der örtlichen politischen Kräfte kann ein erheblicher Beitrag oder gar entscheidend für den Erfolg sein. So war das Unterstützungsbündnis des Siegers, der ‚aus dem anderen Lager' Stimmen gewann, homogener als das der schärfsten Konkurrenz, das nicht im gleichen Maße mobilisieren konnte. Die mit dem stärksten politischen Lager, der stärksten politischen Kraft Verbundenen tragen zur Machtsicherung bei. Die politische Bindung wird dabei z. T. verschwiegen, worauf das Zitat zur „schwarzen Macht im Hintergrund" hinweist.[69]

– „Der 33 Jahre junge Mann gegen die 49-jährige Frau mit langer Rathauserfahrung […]. [E]s gab Menschen in der Stadt, die an dem Geschehen im Rathaus mehr als Kleinigkeiten auszusetzen hatten. […] Und die dafür die Kandidatin aus dem Rathaus in Haftung nehmen […]. Für so denkende Menschen war die Wahl eine gute Möglichkeit zur Abrechnung mit ‚dem Rathaus' – indem sie die Stimme dem 33-Jährigen gaben."[70]

Bereits bei den von mir untersuchten Oberbürgermeisterwahlen wurde deutlich, dass *Machtkontrolle* ein Motiv der Wahlentscheidung sein kann. Mit einer Wahl verbunden sein kann der Wunsch nach Machtkontrolle, also Neuanfang oder Wechsel.[71] Ein Beispiel dafür ist die im Zitat genannte Konstellation, als ernstzunehmender Auswärtiger aus Protest gegen eine Einheimische aus der örtlichen Verwaltung gewählt zu werden. Der Erfolg hängt bei einer solchen Konstellation davon ab, ob die politische Stimmung eher auf Wechsel oder Kontinuität gerichtet ist.

---

69 Erkennbar politisch unterstützt bzw. erfahren waren die Siegenden in Ehningen, Hilzingen, Bräunlingen, Balgheim, Großrinderfeld, Aichwald, Dossenheim, Endingen, Wannweil, Riegel, Herbolzheim, Bad Bellingen, Stühlingen, Steinach, Mühlenbach, St. Blasien, Laudenbach, Schönau, Badenweiler, Wertheim, Reutlingen, Mühlenbach, Allmendingen, Gemmrigheim, Engelsbrand, Magstadt, Hambrücken, Lauda-Königshofen, Calw.
70 Stuttgarter Zeitung vom 02.12.2019.
71 So in Nürtingen (wie sein sozialdemokratischer Vorgänger gegen das politisch dominierende konservative Lager), Herbolzheim, Schopfheim, Lauda-Königshofen, Gerlingen, Laudenbach, Bad Herrenalb, Calw, Wertheim, Willstätt, Crailsheim.

- „Der kurze Wahlkampf war dabei weniger ein Wettbewerb der Themen, als eher einer der Generationen. Der künftige OB [...] kam offen und sympathisch rüber und galt den Menschen als sehr zugewandt."[72]
- Der Sieger „ist rhetorisch ausgesprochen versiert. Ihm ist es offensichtlich gelungen, mit seiner frischen Art die Mehrheit der Bürgerinnen und Bürger für seine Ideen zu gewinnen und zu begeistern. An mangelnder Kompetenz ist [der zweitplatzierte Bürgermeister einer Nachbargemeinde] jedenfalls nicht gescheitert. [...] Wie schon zuvor in anderen Städten setzt sich [...] ein Trend fort, wonach die Bürger gerne jenen ihr Vertrauen schenken, die nicht Teil des Establishments sind. Neue Gesichter punkten."[73]
- Der Sieger sammelte „durch seine Eloquenz und sein sicheres Auftreten Punkte" bei den beiden großen Wahlveranstaltungen.[74]
- „Damals hatte der Mann [der Sieger, d. Verf.], der als Letzter und völlig unerwartet ins Kandidatenboot gesprungen war, allzu hartnäckige Fragen zur Sache immer mal wieder mit der Antwort pariert, er werde bei Bedarf ‚den Publikumsjoker ziehen'. Was an dem Abend wie ein koketter Running Gag wirkte, sollte sich im Laufe der Wochen als Erfolgsrezept herausstellen: [Er] tischte dem Wahlvolk keine vermeintlich fertigen Antworten auf, sondern präsentierte sich mit wachsender Glaubwürdigkeit als Mann des Zuhörens, als Moderator, der bereit ist, die Bürger mitzunehmen, vom Wissen des Publikums zu profitieren. Während seine Mitbewerber sich mit wachsender Verzweiflung mühten, ihre Erfahrenheit in Politik und Verwaltung herauszukehren, glänzte der Novize auf diesem Feld immer wieder mit spürbarer sozialer Kompetenz und als eindeutig bester Kommunikator."[75]
- Die Zweitplatzierte, die sich selbst zu wehren hat, greift den späteren Sieger an. Über sie wird berichtet: „Die Diplom-Verwaltungswirtin hat bereits viel Berufs- und Führungserfahrung gesammelt. [...] Mit Blick auf die Gegenkandidaten findet sie es schade, dass ‚so wenig Fachkompetenz' vorhanden sei. Den Begriff Karrierefrau weist sie von sich".[76]

---

72 Bayrischer Rundfunk vom 03.02.2019.
73 StuttgarterZeitung.de vom 05.05.2019.
74 Kommentar in der Badischen Zeitung vom 14.10.2019.
75 Kommentar in der Hohenzollerischen Zeitung (Südwest Presse) vom 12.01.2020.
76 Südwest Presse vom 23.01.2018.

- Zweitplatzierter sagt über sich selbst: „Große Chancen rechnet [er] sich [...] bei den Bürgermeisterwahlen zwar nicht aus."[77]
- Zweitplatzierter sagt: „Ich möchte mit der Wahl keine Autoritätsperson werden."[78]

Persönlichkeit rückt in den Fokus, wenn das Bewerberfeld in fachlicher oder thematischer Hinsicht öffentlich ‚gleichgemacht' wird, wenn es um Machtkontrolle geht[79] oder wenn ein Gegenbild zur unbeliebten, nicht gewollten, sozial inkompetenten oder nicht ernstzunehmenden Konkurrenz gesucht wird. Manche sorgen selbst dafür, dass sie nicht ernst genommen werden, wenn sie keine Autorität sein, nicht führen wollen oder sich jegliche Siegchance und damit die Ernsthaftigkeit der Bewerbung absprechen. Wer andere etwa wegen fehlender Fachkompetenz angreift, muss mit Kritik an der eigenen Person rechnen. Klarheit, Eloquenz, sicheres Auftreten, Seriosität, soziale Kompetenzen wie Zuhören und Höflichkeit sind Aspekte des Profils der Sieger(innen).

- So „schimpft ein Insider, es fehlen Bewerber mit Visionen und Verwaltungserfahrung. [...] Fachmann Brugger [ist] entschieden anderer Meinung: ‚Es kann sehr nützlich sein, über Fachkenntnisse zu verfügen. Es kann aber auch sehr nützlich sein, eine gewisse Distanz zu den Verwaltungsgeschäften zu haben', sagt er, ‚wie so oft im Leben: Es kommt letztlich nicht darauf an, was man ist, sondern was man draus macht'".[80]
- Es ist „bei der öffentlichen Kandidatenvorstellung eine Tendenz spürbar gewesen".[81]
- Erst wird das Bewerberfeld generell als ungenügend bewertet: „unter den anfangs acht Bewerbern [ist] keine ausgewiesene Fachkraft für Verwaltung" (obwohl u. a. die Vorsitzende eines städtischen Personalrats kandidiert)[82] – danach wird der Erfolg damit erklärt, dass der Sieger „einen überaus engagierten Wahlkampf geführt" hat. „Unter anderem war er von Haustür zu Haustür gegangen, um sich die Wünsche der Bürger anzuhören. [...] ‚Die Hälfte meiner Vorschläge habe ich bei den Hausbesuchen gewonnen'."[83]

---

77 Schwäbische vom 13.02.2018.
78 Schwäbische vom 19.03.2018.
79 So etwa in Gerlingen, Jungingen, Wertheim, Calw, Nürtingen, Feldberg.
80 Stuttgarter Zeitung vom 10.11.2017.
81 Schwäbische vom 19.02.2018.
82 Stuttgarter Nachrichten vom 08.12.2017.
83 Stuttgarter Zeitung vom 17.12.2017.

- „Ein Arbeitssieg [...], denn im Gegensatz zu den anderen Bewerbern hat er wohl im Vorfeld der Entscheidung den größten Aufwand betrieben, um sich und seine Ziele bekannt zu machen. So hat er sich nicht gescheut, bis kurz vor der Wahl noch einmal im Rahmen von Wirtshausterminen Wählerinnen und Wähler zu mobilisieren. Und die beiden Kandidaten, die [beim ersten Wahlgang] noch vor ihm lagen, müssen sich wohl den Schuh anziehen, mit der Wahlwerbung nachgelassen zu haben [...] – Verwaltungserfahrung bringt der diplomierte Forstwirt und Referent für Betriebswirtschaft mit, ebenso wie Erfahrung im Finanzwesen als Steuerfachwirt."[84]
- Er lag im ersten Wahlgang zehn Prozentpunkte zurück und siegte im zweiten durch einen „arbeitsreichen Schlussspurt im Wahlkampf", „dank seines extrem engagierten Wahlkampfes".[85]
- „Schmutzkampagne in der ersten Phase der Wahl" (gegen den Zweitplatzierten).[86]
- „Der [Sieger] hatte einen intensiven Wahlkampf geführt. Etwa 500 Hausbesuche hatte er gemacht. Er warf in jeden Briefkasten sein Wahlprogramm und plakatierte in allen fünf Teilorten der Gemeinde."[87]
- Sieg im zweiten Wahlgang nach einem Rückstand von zehn Prozentpunkten, denn: „Am Ende hätten viele Bürger mobilisiert werden können, wählen zu gehen."[88]
- Sieger: „Dass ich heute Abend hier stehe, liegt auch daran, dass ich im letzten Jahr eine Niederlage erlebt habe"[89] (er meint die dabei gewonnene Wahlkampferfahrung).

Wahlkampf macht einen Unterschied. Örtliche Konstellationen bieten Chancen, die durch einen guten Auftritt, siegorientierten und zielgerichteten Wahlkampf zu realisieren sind. Zur Wahlkampfkompetenz gehören Strategie (inklusive der Profilierung im Bewerberfeld), Intensität, klares Auftreten und erfolgversprechende Aktivitäten. Ein im Vergleich mit der Konkurrenz professionellerer und intensiverer Wahlkampf trägt zum Erfolg bei.[90] Wahlkampf

---

84 Kommentar in der Badischen Zeitung vom 30.04.2018.
85 Schwarzwälder Bote vom 28.05.2018.
86 Badische Zeitung vom 03.12.2018.
87 StuttgarterZeitung.de vom 17.03.2019.
88 Schwarzwälder Bote vom 12.11.2019.
89 StuttgarterZeitung.de vom 08.03.2020.
90 So etwa in Calw, Wertheim, Lauda-Königshofen, Ehingen, Erdmannhausen.

zielt auf Überzeugung der Unentschlossenen und Mobilisierung des aufgrund etwa der Parteiorientierung, Bewerberlage oder örtlichen Stimmung zugänglichen Wählerpotenzials. Wenn es viele (gar ‚gleichwertige' bzw. vergleichbare) Bewerbungen gibt, das Bewerberfeld ‚gleichgemacht' wird (Vorteile etwa bei Verwaltungskompetenz öffentlich nicht erscheinen[91]), werden Persönlichkeit und Wahlkampf zu entscheidenden Faktoren. Der Eindruck vom Wahlkampf ist subjektiv. Er wird als Erfolgsfaktor öffentlich nicht immer genannt. Wenn es mehrere Bewerbungen mit ähnlichem Profil gibt und gleich im ersten Wahlgang entschieden wird, ist anzunehmen, dass der Wahlkampf relevant war. Mitunter ist nicht entscheidend, was jemand ist, sondern was jemand daraus macht. Unterschiedliche Erfolgswege weisen auf Chancen hin.

Was folgt aus der Analyse der Wahlen? Einerseits: Verwaltungsleute können sich nicht darauf verlassen, dass Verwaltungskompetenz automatisch zum Erfolg führt. Andererseits: Wer keinen Verwaltungshintergrund hat, kann trotzdem eine Bürgermeisterwahl gewinnen, sogar gegen Konkurrenz mit formalem Verwaltungskompetenzvorteil.

Teil 3: Die Wahl gewinnen – Aspekte einer erfolgversprechenden Bewerbung

Die (Ober-)Bürgermeisterlandschaft ist bunt. Ein sozialstrukturell definiertes Bewerbungsprofil ist kein Erfolgsgarant, der eine Wahlkampfstrategie überflüssig macht. Wählerverhalten ist im Nachhinein erklärbar, nicht im Voraus exakt berechenbar. Aber „jeder positiv wirkende Faktor ist wichtig für den erfolgreichen Ausgang einer Wahl"[92] – er kann entscheidend sein. Untersuchungen von Wahlen, Wahlkampfratgeber und Wahlkampferfahrungen liefern Hinweise auf positiv wirkende Faktoren, ohne die mit Wahlen verbundenen Unwägbarkeiten bannen zu können. Faktoren sind unter unterschiedlichen Rahmenbedingungen unterschiedlich bedeutend. Im Folgenden werden Faktoren erörtert, die nicht nur für Baden-Württemberg gelten, sondern für Direktwahlen bundesweit – wobei unterschiedliche politische Traditionen und rechtliche Rahmenbedingungen zu bedenken sind.

---

91 Etwa in Nufringen.
92 Christian Dolle: Die Bedeutung des Wahlkampfmottos im Bürgermeisterwahlkampf in Baden-Württemberg. Untersuchung der Bürgermeisterwahlen 2007–2009 im Regierungsbezirk Stuttgart, Diplomarbeit an der Hochschule für öffentliche Verwaltung und Finanzen Ludwigsburg, Studienjahr 2009/2010, S. 45.

Analyse

Wer sich nicht auf einen Ort für die Bewerbung festgelegt hat, hält in der Zeit vor der öffentlichen Kampagne Ausschau nach einer Kommune, in der ein Wahlerfolg möglich erscheint. Die erste Frage ist, ob eine Bewerbung aufgrund der individuellen Lebenslage und persönlichen Planung zu der Zeit möglich ist, in der gewählt wird. Daten werden gesammelt und analysiert. Die Kommune kann kennengelernt werden. Zu den Umständen, unter denen die Wahl stattfindet, gehören die politische Tradition, langfristige politische (oder andere, etwa religiöse) Bindungen ebenso wie die aktuelle Stimmung. Wie ist die aktuelle Bewerbungslage (und ggf. die künftige bis zum Bewerbungsschluss)? Welches Profil fehlt, welches passt? Wie ist wer im Bewerberfeld positioniert? Wer hat welche Schwächen und Stärken? Wo ist ein Punkt defensiv oder aktiv (als Herausforderung für andere) zu besetzen? Mit welchen Attributen kann überzeugt werden? Eine Alleinstellung wird erst spät gewiss. Dennoch sollte versucht werden, zu vermeiden, in eine Konstellation mit mehreren Bewerbungen mit ähnlichem Profil zu geraten.

Benchmarking

Jede Wahl ist einerseits einzigartig, d. h. Erfolgsmuster sind nicht 1 : 1 zu übertragen. Andererseits ist es für die Strategiefindung und Wahlkampfplanung wichtig, Faktoren zu kennen, die bei mehr als einer Wahl zum Erfolg beitragen. ‚Benchmarking' bedeutet, sich an anderen zu orientieren, ohne deren Konzept 1 : 1 zu übernehmen.[93] Was kann von anderen Fällen übernommen werden zur Optimierung der eigenen Chancen?[94] Gesucht sind „Hebel, durch deren Bewegung eine möglichst große Verbesserung erreicht werden

---

[93] Oder abzuschreiben bzw. Texte mehrfach zu verwenden wie bei den Oberbürgermeisterwahlen in Aalen und Singen im Jahr 2005. Nicht nur die Überschrift über ein jeweils zwölf Punkte umfassendes Programm wurde minimal von „12 Punkte für ein starkes Aalen" zu „12 Punkte für ein ‚bärenstarkes' Singen" verändert, sondern auch der Text war in beiden Städten weitgehend identisch.

[94] Siehe Thomas Rausch: Benchmarking, in: Mathias Bucksteeg und Josef Schmid (Hrsg.), Politikberatung und Politisches Management. Beiträge zwischen Seminar und Wirklichkeiten, Tübingen 2005, S. 66–79, hier v. a. S. 69.

kann".[95] So sind etwa in Teil 2 dieses Beitrags Beispiele für Erfolgswege und Argumentationen zu finden, die ggf. abgewandelt übertragbar sind. Um Methoden sachgerecht anzuwenden, sind die gesammelten Daten auszuwerten und die Umstände der Wahl zu klären.

Unterstützung

Frühzeitig – vor dem ersten öffentlichen Auftritt – ist die Unterstützung zu klären. Es geht um externe Beratung, politische und infrastrukturelle Hilfe vor Ort durch politische Organisationen, Netzwerke (Gruppen) anderer Art und Einzelpersonen. Feedback kann organisiert, Unterstützung erarbeitet werden. Der Kontakt zu ausgewählten oder allen Ratsfraktionen, örtlichen Wählervereinigungen und Parteien ist aufzunehmen. Es geht nicht nur um vorhandene Netzwerke, sondern ggf. auch darum, neue aufzubauen, um Verbündete und Vertrauenspersonen als Ratgeber(innen) und Multiplikator(inn)en zu haben. Gut ist, wenn vor dem Wahlkampfstart die Belastbarkeit der Netzwerke geprüft werden kann – ob etwa eine freundliche Ermunterung zur Bewerbung auch mit greifbarer Unterstützung im Wahlkampf verbunden ist. Wird mit Unterstützung von Parteien bzw. Wählervereinigungen agiert oder unabhängig von ihnen? Es geht um die Positionierung im politischen Gefüge: Kontinuität bzw. Machtsicherung oder Machtkontrolle. Wird der Erfolg gesucht mit Unterstützung von Parteien bzw. Wählervereinigungen oder gegen sie?

Die Unterstützungszusicherung politischer Kräfte, insbesondere dort, wo feste Parteibindungen oder funktionierende politische Netzwerke vorhanden sind, ist ggf. wichtiger als regionale Herkunft, Verwaltungskompetenz oder andere Eigenschaften. Aber es kann passieren, dass sich die Stimmung gegen politisch unterstützte Bewerber(innen) wendet – etwa wenn Unterstützung als Einschränkung anderer empfunden wird, wenn Diskreditierung aufgedeckt wird und auf die Diskreditierenden zurückfällt. Entscheidend ist dann, welche Bevölkerungsgruppe größer ist.

Zu unterscheiden ist die interne Hilfe vom öffentlichen Auftritt. Öffentlich unterstützende Prominente tragen wenig bei zur Wählergewinnung, am ehesten noch zur Mobilisierung. Wenn mit der Unterstützung persönliche

---

95 Ebenda, S. 69.

oder politische Interessen verbunden werden, kann sie sogar schaden. Die *Stuttgarter Zeitung* schreibt dazu anlässlich der Stuttgarter Oberbürgermeisterwahl 2020:

> „Laut Studien soll der Einfluss prominenter Unterstützer übrigens eher gering sein, meist profitiert der Unterstützende von der Medienkampagne mehr als der Kandidat. Dass Prominente als Markenbotschafter oder politische Unterstützer nicht immer zielführend für das eigene Image sind, zeigen auch aktuelle Beispiele aus der Werbung."[96]

Dass örtliche Multiplikator(inn)en einen erheblichen Beitrag zum Erfolg leisten können, zeigt eine Umfrage vor dem ersten Wahlgang der Stuttgarter Oberbürgermeisterwahl 2020. Demnach sind „Gespräche mit Freunden und Bekannten"[97] für 66 Prozent der Befragten die wichtigste Quelle, um sich über das örtliche Geschehen zu informieren. Damit wurden sie häufiger genannt als die einzeln abgefragten örtlichen Zeitungen, als der Rundfunk und andere Medien.[98]

Strategie

Nach der Analyse und der Klärung der Unterstützung gilt es vor dem öffentlichen Wahlkampfbeginn, eine Wahlkampfstrategie zu entwickeln. Zur Strategie als Richtschnur für den Wahlkampf gehören die Positionierung innerhalb des Bewerberfeldes, grundlegende Botschaften (persönliche Eigenschaften verknüpft mit Grundwerten, Kompetenzen und anstehenden Aufgaben/Themen) sowie die Frage, wer im Wahlkampf wie erreicht werden soll. Eine Strategie ist unerlässlich, aber:

> „Die Wahlkampfstrategie nach Art eines Rezeptbuches kann es nicht geben. [...] [D]er Erfolg einer Kampagne [ist] auch abhängig [...] von externen Faktoren, die sich dem Einfluß der Strategen entziehen."[99]

---

96 Stuttgarter Zeitung vom 20.10.2020.
97 Frank Brettschneider, Marko Bachl: Umfrage zur Oberbürgermeisterwahl in Stuttgart. Stimmungsbild im Oktober 2020 (Stand 29.10.2020), https://komm.uni-hohenheim.de/uploads/media/2020-11_OB-Wahl_Stuttgart_Welle_1.pdf (zuletzt abgerufen am 19.10.2022).
98 Ebenda; als wichtigste Quellen nennen 61 Prozent die *Stuttgarter Zeitung*, 54 Prozent *SWR*-Angebote, 46 Prozent die *Stuttgarter Nachrichten*, 18 Prozent das *Amtsblatt*, 13 Prozent das *Wochenblatt*, 3 Prozent die *BILD*-Zeitung.
99 Frank Wippermann: Gut geplant ist halb gewonnen. Kampagnen: Die schönste Herausforderung, seit es Politik gibt, Bonn 2005, S. 27.

Im Rahmen der grundsätzlich festgelegten Strategie sind mitunter flexible Reaktionen auf Ereignisse und aktuelle, bedeutend werdende Themen notwendig.

Erwartungshaltung

Bürgermeisterwahlkampf zielt nicht auf Einstellungsänderung, sondern auf Präferenzentscheidung. Er knüpft an vorhandenen Haltungen und Erwartungen an. Daher sind die Einstellungen und Erwartungen der Bevölkerung wahrzunehmen:

- Politische Präferenzen und die damit verbundenen Werte.
- Erwartungen an die oder den (Ober-)Bürgermeister(in).

Welche Attribute werden mit der Bürgermeisterrolle verbunden?[100] Als Chef(in) einer Verwaltung soll sie oder er verwalten und führen können. Es gibt den Wunsch nach einer gemeinwohlorientierten, von örtlichen Verstrickungen (Einzelinteressen) unabhängigen Amtsführung. Dazu passt eine seriöse Persönlichkeit, die respektvoll auftritt, über höfliche Umgangsformen und soziale Kompetenz verfügt. Als mit Autorität verbundene Repräsentant(inn)en des Gemeinwesens kaum vorstellbar sind ‚Spaßkandidat(innen)‘, die nicht ernsthaft das Amt anstreben oder wegen ihres Auftretens nicht ernst genommen werden.

Botschaften können in den ‚Bürgermeister(innen)-Frame‘ gestellt werden, um das Auswahlverhalten der Wahlberechtigten positiv anzusprechen. Was mit ‚Frame‘ gemeint ist und welche Bedeutung er hat, erläutert Rosemarie Wehling, die grundlegend dazu geforscht hat:

> „Frame heißt [...] Rahmen. [...] Deutungsrahmen, die in unseren Köpfen verankert sind, die sich ganz, ganz stark aus alltäglichen Erfahrungen mit der Welt, mit Gerechtigkeitsempfinden, mit direkten Eindrücken speisen [...][,] die [...] über Sprache, aber natürlich auch über Bildsprache im Kopf [...] aktiviert werden und sofort und ganz oft, ohne dass wir es merken, uns in die eine oder andere Richtung denken lassen und dann eben politische Botschaften so richtig gut verdaubar machen oder eher holprig daherkommen lassen."[101]

---

[100] Siehe dazu z. B. Wehling, Kommunalpolitik in Baden-Württemberg, oder Tabor, Bürgermeister in Baden-Württemberg.
[101] Rosemarie Wehling im Deutschlandfunk am 15.05.2017.

Auch wenn Verwaltungserfahrung und Auswärtigkeit keine Voraussetzungen sind, um gewählt zu werden, ist bei der Wahlkampfargumentation zu berücksichtigen, dass diese Faktoren als wichtig gewertet werden, von einem Teil der Wählenden also gewissermaßen erwartet werden. Verwaltungskompetenz ist also ein Argument im Wahlkampf, Auswärtigkeit kann Unabhängigkeit von örtlichen Einzelinteressen begründen. Wenn das Bewerberprofil dem Muster verwaltungskompetent und auswärtig entspricht, kann dies reichen für den Sieg, nicht jedoch für den Erfolg gegen Konkurrenz mit vergleichbarem Profil. Und es ist keine Erfolgsgarantie im Wettstreit mit denen, die nicht das postulierte Erfolgsmuster aufweisen. Wenig erfolgversprechend ist, sich nur auf ein Merkmal zu verlassen – etwa Verwaltungskompetenz – und einen Aspekt wie die Verstrickung in das örtliche Interessengeflecht außer Acht zu lassen. Zur Erwartungshaltung gehört auch die Frage, ob sich der Wählerwunsch auf Übereinstimmung mit der politischen Mehrheit im Ort bzw. mit der Mehrheit im Gemeinderat oder auf ein Gegengewicht dazu richtet. Wird ein Gegenbild zur oder zum Amtsinhaber(in) gesucht oder ein ähnlicher Typ?

Amtsinhaber(innen) können nicht allein auf ihren Amtsbonus vertrauen. Auch sie haben die Situation in der Kommune und die Stimmung in der Bevölkerung zu klären.

Image – Positionierung

Bewerber(innen) tragen zum eigenen Image bei, dazu, wie sie wahrgenommen werden. Sie senden Botschaften – daher gilt es, nicht widersprüchlich zu kommunizieren, alles zur eigenen Person selbst zu besetzen. Zu überlegen ist, welche Elemente zum gewollten Bild in der Öffentlichkeit beitragen, wie sich jemand präsentiert und welche Botschaften mit der Person verbunden werden. Pressemitteilungen und weitere Texte, persönlicher Auftritt, Fotos sowie Filme transportieren das Image. Profilierungsmöglichkeiten sind z. B.:

- Verbunden mit oder unabhängig von (gegen) Parteien (ggf. auch von der eigenen Partei)
- Einheimisch – auswärtig (in beide Richtungen)
- Seriös – unseriös
- ‚David gegen Goliath'.

Und über Bewerber(innen) wird geredet sowie geschrieben; Fotos werden verbreitet. Das Image entsteht aus über sie bekannten Daten und daraus, wie darüber kommuniziert wird. Die Person wird von den sie Wahrnehmenden innerhalb der Bewerbungslage positioniert.

Klares Profil ist im digitalen Wahlkampf genauso notwendig wie im analogen, um Interesse zu wecken, wahrgenommen zu werden, um etwa in Nachrichten oder im Netz gesucht zu werden. Daher ist Neugier zu wecken, ein Profil zu entwickeln mit Argumenten, die für den oder die Bewerber(in) sprechen, mit Stärken (Kompetenz, Persönlichkeit) sowie vermeintlichen Schwächen, die zu ‚re-framen' (umzuformulieren) und in den Bürgermeister(innen)-Frame einzupassen sind.[102] Seriöse Profilierung oder Alleinstellung sorgt für Aufmerksamkeit im Wahlkampf. Unterscheidung von Konkurrenz trägt zum Bekanntwerden bei. Seriös gegen Spaßkandidat(in) genügt manchmal. In die Positionierung sind auch zu erwartende Profile der anderen Kandidierenden einzubeziehen.

Botschaften der Kandidierenden wirken bei politisch nicht Festgelegten ‚politisch ungefiltert' in Richtung Wahlentscheidung. Politisch orientierte oder gebundene Wähler(innen) wollen psychischen Konflikt bei der Entscheidung über das Kandidatenangebot vermeiden oder zumindest reduzieren. Also ist es gut, wenn das Profil zu keiner Differenz zwischen Grundhaltung und Erwartungen an Person führt. So kann ein Oberbürgermeisterimage aussehen:

> „Die große Zufriedenheit mit Maly in Nürnberg beruht [...] nicht in erster Linie darauf, dass die SPD-Anhänger ihn extrem gut bewerten, sondern vor allem darauf, dass auch die Anhänger aller anderen Parteien (mit Ausnahme der AfD-Anhänger) mit seiner Arbeit zufrieden sind. Maly erfüllt somit in geradezu idealer Weise das, was an sich einen guten Oberbürgermeister ausmacht, nämlich ein Bürgermeister nicht nur für eine Gruppe der Bevölkerung, sondern für alle Bürger zu sein. Je eher ein Stadtoberhaupt dieser Erwartung entspricht und nicht als Vertreter seiner Partei, sondern als Repräsentant der gesamten Bürgerschaft gesehen wird, umso größer ist auch die Zufriedenheit mit seiner Arbeit."[103]

---

102 Ein Profilierungsbeispiel ist das Außenseiterimage von Marian Schreier im Stuttgarter Oberbürgermeisterwahlkampf 2020, als er sich als ‚Junger' gegen die anderen, auch gegen die eigene Partei positionierte und dies mit seriöser Kompetenz fürs Amt kombinierte. Beispiele in der Bundespolitik sind die Außenseiterimages etwa von Rita Süssmuth oder Norbert Blüm.
103 tagesschau.de vom 22.06.2019.

Mitunter ist ein(e) Mediator(in) zur Befriedung der Gemeinde gefragt. So beantwortete 2009 ein Bürgermeister die Frage: „Wo lagen die Gründe für Ihren Wahlsieg?", mit:

> „Ich wurde als Hoffnungsträger wahrgenommen, der es schaffen sollte, die tiefen Gräben in der Stadt zuzuschütten und das Verhältnis zwischen Bürgermeister, Verwaltung und Gemeinderat wieder neu zu beleben. Die Bürgerinnen und Bürger wollten einen Neuanfang und wollten einen Wechsel. Teilweise schämten sich die Bürger für ihre Stadt, da es andauernd Ärger gab. Die Bürger wollten einfach wieder Ruhe in der Stadt."[104]

Dieser Wahlsieger hat sich als Versöhner positioniert:

> „Als der neue Istanbuler Bürgermeister Ekrem Imamoglu nach seinem Wahlerfolg [...] seine Siegesrede [...] begann, hatte er eine Bitte [...]: ‚Fasst bitte alle den Mitbürger neben euch bei der Hand. Alle zusammen, Hand in Hand', rief er. ‚Wir sind angetreten, um zu versöhnen, um uns zu begegnen, um uns zu verstehen, um uns zu lieben. [...] Die Liebe hat gewonnen, die Liebe!' [...] [Sein] Auftritt brachte eine bahnbrechende Wahlstrategie auf den Punkt: ‚Radikale Liebe' [...]. Mit einer Polarisierung der Wähler – wer nicht für mich ist, ist gegen mich – und heftigen Angriffen auf die politischen Gegner hatte Erdogan [...] fast jeden Wahlkampf in der Türkei gewonnen. ‚Aber nur, weil die CHP mitgespielt hat'. [...] In 14 Punkten erläutert Bassoy [...], wie die CHP-Wahlkämpfer auftreten sollten. Einige seiner Tipps: keine Beleidigungen; keine Unterstellungen; kein erhobener Zeigefinger; keine Besserwisserei; kein Hochmut; kein Sarkasmus; weniger reden, mehr zuhören; immer lächeln. [...] Niemand hat sich das Konzept so zu Herzen genommen wie Imamoglu. Als frommer Muslim auch für konservative Türken wählbar, ist er ein politisches Ausnahmetalent mit einem feinen Gespür für Stimmungen und Erwartungen in der Wählerschaft."[105]

Wählen ist mit Emotionen verbunden. Es gilt, die emotionale Logik der Menschen zu verstehen. Franz Müntefering hatte dies als Wahlkampfmanager im Blick:

> „Man gewinnt Wahlen nicht, indem man Gesetzestexte hinlegt und dicke Romane schreibt. Die Menschen finden Vertrauen über die Emotion und über die Inhalte als politische Himmelsrichtung."[106]

---

104 Dolle, Die Bedeutung des Wahlkampfmottos, Anlage 2, S. XVIII.
105 Forsa-Chef Manfred Güllner zum Oberbürgermeister-Ranking im Oktober 2018, https://kommunal.de/stadtoberhaeupter-im-buerger-urteil (zuletzt abgerufen am 10.11.2022).
106 Der zu der Zeit als SPD-Bundesgeschäftsführer und Bundestagswahlkampfmanager tätige Franz Müntefering im Interview im FOCUS Magazin Nr. 28/1998.

Dies ist kein Plädoyer für mehr ‚home stories' u. ä. im Wahlkampf, sondern für die Beachtung der Beziehungsebene, für die Herstellung einer positiven Beziehung mit den Adressat(inn)en, um Themen und Inhalte vermitteln zu können. Dies ist beim persönlichen Auftritt, bei Bildern und Texten zu bedenken, mit denen in Verbindung mit der Person Themenkompetenz und Botschaften vermittelt werden.

Abb. 10: Persönlicher Kontakt ist im Wahlkampf auch mit Maske möglich.

Persönlichkeit – Charisma

Persönlichkeit wird durch persönliches Auftreten und Fotos transportiert. Es geht darum, Menschen mit dem Auftritt und Bildern innerlich zu berühren, Resonanz auszulösen, etwas in ihnen zum Schwingen zu bringen. Es geht um Empathie. Das bedeutet für persönliche Kontakte und Auftritte, für das Aufeinandertreffen bei Haustürbesuchen sowie Veranstaltungen, bei der offiziellen Kandidatenvorstellung, sympathisch, seriös, kompetent, gewinnend rüberzukommen und Autorität auszustrahlen Wird der Person vertraut? Wird ihr zugetraut, die anstehenden Aufgaben zu bewältigen und die Zukunft zu gestalten? Da Themen oft wenig zur Unterscheidung zwischen Kandidierenden beitragen, geht es um Aufgaben- und Lösungskompetenz. Wer freundlich und kompetent wahrgenommen wird, wird positiv bewertet.

Sascha Kynast sieht mit Alltagssituationen vergleichbare Muster der Bewertung von Bewerber(inne)n bei Wahlen:

„[Die] Urteilsbildung [ist] in alltäglichen Situationen sehr ähnlich, da man eine solche Beurteilung auch bei sehr persönlichen Kontakten vornimmt. Den Wählern steht hier ein häufig praktiziertes Beurteilungsraster zur Verfügung."[107]

Frank Wippermann beschreibt im Hinblick auf die Wahlentscheidung die für die Person wichtigsten Aspekte:

„Vertrauen, Ausstrahlung, Sympathie. Ein Sympathiewert ist zwar ein weicher Faktor, aber ein wichtiger. Sympathie ist [...] die Basis von Kontaktfindung und Kommunikation. Der positive Reiz ist dabei entscheidend. Der wird erstens durch Personenmerkmale wie Frisur, Kleidung, Blickkontakt, Gestik und Mimik ausgelöst. Zweitens sind für die Auslösung eines positiven Reizes kommunikative Kompetenzen (aktives Zuhören, Stimmigkeit von verbalen und nonverbalen Signalen) und Interaktionskompetenzen (Lob, Erfolgserlebnisse) ursächlich. Alles Dinge, die beeinflussbar und trainierbar sind, wenn auch nicht unbeschränkt."[108]

Höfliche Zuwendung, die in Zeiten einer Pandemie anders stattzufinden hat, sieht der damalige Fellbacher Oberbürgermeister im Jahr 2010 als entscheidend:

„Ein ehemaliger Ministerpräsident unseres Landes sagte einmal: ‚Wer die meisten Hände schüttelt, gewinnt die Wahl'."[109]

---

107 Sascha Kynast: Medien-Kanzler gegen Kompetenz-Herausforderer? Die mediale Auseinandersetzung zwischen Gerhard Schröder und Edmund Stoiber unter besonderer Berücksichtigung der TV-Duelle, Dissertation, Universität Gießen 2006, S. 39.
108 Wippermann, Gut geplant ist halb gewonnen, S. 81.
109 Dolle, Die Bedeutung des Wahlkampfmottos, Anhang: Interview mit Oberbürgermeister Christoph Palm, S. XX f.

Ein Beispiel, wie durch Lob doppelt gepunktet werden kann, liefert ein Bewerber beim Wahlkampf in Grosselfingen 2020:

> „Den Dank an die HZ [die Lokalzeitung] sprach Bürgermeisterkandidat […] in seinem Schlusswort aus: ‚Beispielhaft sei, ein solches Podium zu organisieren.'"[110]

Er zeigt den Wahlberechtigen so, dass er ein höflicher Mensch ist, und sorgt mit der Äußerung dafür, dass ihn das Medium an erster Stelle vor allen anderen Kandidierenden nennt.

Nach der Bürgermeisterwahl in Buggingen 2006 fragte die *Badische Zeitung* Bürger(innen), warum der Sieger gewählt wurde – einige Antworten:

> „Er hat mir im persönlichen Gespräch imponiert, weil er nicht schwafelt, sondern kurz und bündig, prägnant und sympathisch ist."
>
> „[Er] hat mich im persönlichen Gespräch überzeugt. Der kann reden, ist nett und erscheint mir als sehr kompetent."
>
> „[…] weil er eine persönliche Ausstrahlung hat und auch das notwendige Fachwissen."[111]

Vor dem ersten und zweiten Wahlgang der Stuttgarter Oberbürgermeisterwahl im Jahr 2020 fragten Forscher(innen) der Universität Hohenheim, welche Eigenschaften für die Befragten wichtig sind bei einer oder einem idealen Oberbürgermeister(in) (Werte vor dem ersten bzw. zweiten Wahlgang):

Ist vertrauenswürdig ....81 bzw. 82 Prozent
Hat ein gutes Konzept für die Zukunft Stuttgarts ....78 bzw. 80 Prozent
Ist tatkräftig .... 66 Prozent (gleiche Werte)
Ist bürgernah ....57 bzw. 58 Prozent
Kennt Stuttgart gut ....53 bzw. 54 Prozent
Ist mir menschlich sympathisch...35 bzw. 34 Prozent
Ist unabhängig .... 32 Prozent (gleiche Werte)
Tritt für eine Partei oder Organisation ....7 Prozent (gleiche Werte)[112]

---

110 Südwest Presse vom 20.07.2020.
111 Badische Zeitung vom 21.02.2006.
112 Brettschneider/Bachl, Umfrage zur Oberbürgermeisterwahl (Stand 29.10.2020) sowie Frank Brettschneider, Marko Bachl: Umfrage zur Oberbürgermeisterwahl in Stuttgart. Stimmungsbild eine Woche vor der Neuwahl am 29. November 2020 (Stand 24.11.2020), https://komm.uni-hohenheim.de/uploads/media/2020-11_OB-Wahl_Stuttgart_Welle_2.pdf (zuletzt abgerufen am 19.10.2022).

Vertrauen ist der Schlüssel für den Zugang zu den Menschen – durch Vertrauen wird die oder der Bewerber(in) wählbar. Bei der Wahl geht es darum, wem zugetraut wird, die Aufgaben zu bewältigen, die sich allen Kandierenden stellen, sollten sie gewählt werden.
Charisma ist eine besondere Qualität der Person, die sie aus dem Bewerbungsfeld heraushebt. Für Max Weber ist Charisma eine als

„außeralltäglich […] geltende Qualität einer Persönlichkeit […], um derentwillen sie als mit übernatürlichen oder übermenschlichen oder mindestens spezifisch außeralltäglichen, nicht jedem andern zugänglichen Kräften oder Eigenschaften oder als gottgesandt oder als vorbildlich und deshalb als Führer gewertet wird."[113]

Wer von historisch überholten Begriffen im Zitat absieht, fühlt die Bedeutung charismatischer Ausstrahlung für die Wahlentscheidung, bei der eine Autorität zu wählen ist. Nicht jede(r) hat die gleichen Talente und bringt Ausstrahlung mit, aber manches kann gelernt werden. Hier helfen Beratung und Training, denn niemand kommt „als charismatischer Typ oder als graue Maus auf die Welt. Wir haben alle die gleichen Anlagen, wirkungsvoll, charismatisch oder emphatisch zu sein."[114]

Wahlkampf

Unabhängig vom Bewerberprofil ist ein auf Sieg gerichteter Wahlkampf nötig, damit die Bewerbung ernst genommen wird.[115] Wer glaubt oder ausstrahlt, sowieso nicht gewählt zu werden, wird nicht gewählt. Optimismus gehört zur Siegorientierung.

Die Kampagne muss im Vorfeld sorgfältig geplant und vorbereitet werden. Zu klären ist, wie jemand präsentiert wird, welche Kommunikationskanäle wie genutzt werden, welche Werbemittel wo eingesetzt werden (Bilder, Texte). Zentrale Kampagnen-Fotos sowie ein Großteil der Texte werden vor dem ersten öffentlichen Auftritt hergestellt. Etat-, Aktivitäten- und Zeitplanung werden gemacht. Bei der Aktivitätenplanung ist zu klären, welches Ziel mit

---

113 Max Weber: Wirtschaft und Gesellschaft. Grundriss der verstehenden Soziologie, Tübingen ⁵1980, S. 140.
114 Wettermoderatorin Claudia Kleinert im Interview mit Jürgen Löhle, Stuttgarter Zeitung vom 26.09.2019.
115 Daher also z. B. nicht „Kandidat(in)", sondern „Ihr(e) Bürgermeister(in)".

welcher Maßnahme erreicht werden soll. Zu unterscheiden sind das persönliche Aufeinandertreffen und die über Medien vermittelte Kommunikation (wobei die Interaktion in sozialen Medien mehr ist als einseitige Kommunikation):

- Persönlicher Kontakt von Mensch zu Mensch direkt und indirekt (andere reden darüber): Veranstaltungen, Stände, Verteilaktionen, Haustürbesuche etc.
- Vermittelt über gedruckte oder digitale Medien: Fotos, Plakate, Flyer, Posts etc. im öffentlichen Raum, in Briefkästen, auf der Homepage, in den sozialen Medien etc.

Für die Wahlkampfplanung und -führung gibt es diverse Vorlagen zur Kampagnenplanung, für die Struktur und den Ablauf von Wahlkämpfe. Sie sind zu finden in der Literatur,[116] bei Seminaren und durch externe Beratung. Zu unterscheiden sind:

- Allgemeiner Wahlkampf (richtet sich an alle, um zu überzeugen).
- Mobilisierung von (Ziel-)Gruppen (besonders wichtig am Ende des Wahlkampfs).

Ein guter erster Auftritt mit zentralen Botschaften ist der beste Start in den Wahlkampf. Wie etwa beim Flirten oder Verkaufen trägt der erste Eindruck von dem oder der Bewerber(in) maßgeblich zur Bewertung bei: „Der erste Eindruck zählt – und er bestimmt die weitere Beziehung."[117]

Es geht beim Wahlkampfauftakt darum, seriös Neugier zu wecken, bekannt zu werden – wie es z. B. bei diesem Bürgermeisterwahlkampf gelang:

> „Seinen ersten Wahlkampfauftritt hat [der Bewerber] heute Abend absolviert. Der Auftakt geriet zur Überraschung. Sagen wir mal fünf Minuten vor Veranstaltungsbeginn ankommend bot sich mir ein seltsames Bild. Eine Menschenmenge quoll aus dem ‚Teem One' heraus. Ich hatte die entgegengesetzte Richtung erwartet. Die Aufklärung kam sofort: ‚Die erschd Sensation hasch scho vabassd!' tönte es mir lautstark entgegen. So viele Interessierte wollten [den Bewerber] sehen und hören, dass sie nicht mehr Platz fanden im ‚Teem One'. Spontan wurde eine Ausweichmöglichkeit improvisiert."[118]

---

[116] Beispiele: Wippermann, Gut geplant ist halb gewonnen, oder Marco Althaus (Hrsg.): Kampagne. Neue Strategien für Wahlkampf, PR und Lobbying, Münster u. a. 2001.
[117] So der Kommunikations- und Verkaufstrainer Ingo Vogel im Artikel „Beim ersten Kontakt zählt der ganze Mensch", Stuttgarter Zeitung vom 13.07.2020.
[118] Arnd Waidelich, in: Neues aus der Region (NADR) vom 06.06.2019.

Bürgermeisterwahlen gewinnen

In den 1970er Jahren schrieb Albrecht Müller (Wahlkampfmanager der „Willy wählen"-Kampagne 1972) zur Relevanz von Wahlkampf:

> „Ein guter Wahlkampf kann 3 % bringen, ein schlechter 3 % kosten. Diese Spanne von 6 % lohnt in jedem Fall die Mühe und das Geld, die es kostet, einen guten Wahlkampf zu machen. Diese Spanne ist in der Regel der Unterschied zwischen Sieg und Niederlage. [...] Bei alledem wird sichtbar: Scheinbare Kleinigkeiten sind wichtig, und sie sind planbar, sie tragen in der Summe ihren beachtlichen Teil zum Erfolg bei."[119]

Wie bei einer großen Zahl der in Teil 2 ausgewerteten Wahlen stellt eine Studie zu unerwarteten Siegen bei Bürgermeisterwahlen im zweiten Wahlgang fest, dass häufig der Wahlkampf zum Erfolg (oder Misserfolg) beitrug. Genannt werden als Aspekte: Strategie beibehalten, zu viel öffentlich gezeigte Siegeszuversicht der im ersten Wahlgang vorne Liegenden bei gleichzeitigem intensiven Wahlkampf der letztlich Erfolgreichen.[120] Bei Siegen nach Rückstand im ersten Wahlgang und Überholen der Konkurrenz im zweiten Wahlgang wird noch deutlicher als bei anderen Konstellationen, dass Mobilisierung wirkt.

Frank Brettschneiders Annahme: „Erfahrungsgemäß sei die Wahlbeteiligung bei der zweiten Abstimmung höher als beim ersten Durchgang",[121] wird durch Untersuchungen nicht bestätigt. Thomas Schwarz stellt vielmehr fest, dass bei beinahe zwei Drittel der im zweiten Wahlgang entschiedenen Wahlen die Beteiligung in der zweiten Runde sinkt.[122] Eine im Vergleich zum ersten Wahlgang steigende Beteiligung ist also nicht zu erwarten. Wenn es sie gibt, ist sie in der Regel verbunden mit besonderen Mobilisierungsanstrengungen oder neuen, für die Wahl relevanten Aspekten.

Einige Besonderheiten hat die Situation während der Corona-Pandemie mit sich gebracht. Wie sonst waren gewinnende Bilder und prägnante Texte wichtig. Der Wahlkampf fand aber unter anderen Bedingungen mit z. T.

---

119 Zit. nach Wippermann, Gut geplant ist halb gewonnen, S. 100.
120 Christian Erhardt: Studie: Wie Außenseiter Bürgermeisterwahlen gewinnen, in: Kommunal vom 05.06.2020, https://kommunal.de/studie-stichwahlen (zuletzt abgerufen am 19.10.2022). Vgl. auch den Beitrag von Jenninger und Huzel in diesem Buch.
121 Pforzheimer Zeitung vom 09.11.2020.
122 Thomas Schwarz: Bürgermeisterwahlen in Baden-Württemberg. Eine Analyse auf der Basis der Wahlen von 2010 bis 2015, in: Statistik und Informationsmanagement 8/2016, S. 198–227, hier: S. 223. Siehe dazu auch Stefan Jenninger: Einflussfaktoren bei Bürgermeisterwahlen in Baden-Württemberg. Auswirkungen auf Bewerberzahl und Wahlbeteiligung, Masterarbeit, Hochschule für öffentliche Verwaltung und Finanzen Ludwigsburg, Studienjahr 2015/16, S. 61.

verändertem Ressourceneinsatz statt. Mit mehr Abstand zu den Menschen waren zwar weniger, aber doch weiter persönliche Kontakte möglich. Vermehrt fand digitaler Wahlkampf, u. a. in sozialen Netzwerken, statt. Plakate und gedruckte Medien wurden wieder und bleiben wichtig für die Wahrnehmung der Kandidierenden. Es gab und gibt weiter mehr Briefwähler(innen), so dass Werbemittel früher einzusetzen sind, um vor der Stimmabgabe die Wahlberechtigten zu erreichen.

Wie Kandidierende während des pandemiebedingten Lockdowns die Wahlberechtigten erreichten, gibt auch Hinweise für künftige Wahlen. Vor der Oberbürgermeisterwahl in Stuttgart 2020 wurde gefragt, wodurch sich für die Befragten ein Kontakt mit den OB-Kandidat(inn)en ergab. Genannt wurden:

- Plakate: 87 %
- Kandidatenprospekt, Postsendungen sowie weiteres gedrucktes Informationsmaterial wie Visitenkarte und Postkarte – insgesamt: 55 %
- Internetauftritt: Homepage: 44 %, Social Media: 34 %, gezielte Ansprache (Werbeanzeigen im Netz wie etwa Google-Ads): 26 %
- Anzeigen in Zeitungen, Anzeigenblättern, Wochenblatt etc.: 38 %
- Öffentliche Auftritte (Veranstaltungen, Kundgebungen): 8 %
- Direkte Ansprache: 6 %, Stände: 5 %
- Wählerbriefe, Telefonketten, E-Mails, SMS etc.: 5 %[123]

Abb. 11: An die Briefwahl denken und z. B. mit einem Plakataufkleber erinnern.

---

123 Brettschneider/Bachl, Umfrage zur Oberbürgermeisterwahl (Stand 29.10.2020); die Homepage ist offensichtlich die ‚Basisstation' für die digitale Welt, die reichweitenstärksten Social-Media-Kanäle waren YouTube und Facebook.

Bilder

Welche Erwartung mit dem Hinschauen verbunden ist, welche Wirkung die Erwiderung des Blicks auslösen kann, schildert Walter Benjamin im Hinblick auf die Fotografie:

„Dem Blick wohnt [...] die Erwartung inne, von dem erwidert zu werden, dem er sich schenkt. Wo diese Erwartung erwidert wird [...], da fällt ihm die Erfahrung der Aura in ihrer Fülle zu."[124]

Gelungener Blickkontakt der Bewerber(innen) – auch und gerade bei Fotos – mit den Betrachtenden legt den Grund für eine positive Wahrnehmung. Für den Wahlkampf sind aussagekräftige, gewinnende Fotos unerlässlich.

Für Ulrich Rosar und Marcus Klein gilt als „gut abgesicherter Befund", dass die physische Attraktivität, „die äußere Anmutung von Kandidaten den Wahlerfolg beeinflusst".[125] Den als attraktiv beurteilten Kandidierenden wird von den Betrachter(inne)n allgemein eine höhere politische Leistungsfähigkeit und Leistungsbereitschaft zugeschrieben. Studien zu diesem Thema zusammenfassend, meint Rosar: „Physische Attraktivität wirkt – auch in der Politik".[126] Es geht nicht um einen Schönheitswettbewerb, sondern darum, dass ein ansprechendes Äußeres und professionelle Fotos, mit denen das Äußere vermittelt wird, zum Wahlerfolg beitragen.

Zum gewinnenden Äußeren kann die Kleidung beitragen – wie es Tomo Pavlovic unter der Überschrift *Mit Gespür für Farben – Kleider machen Leute – oder auch nicht* beschreibt:

„Das Aussehen ist wichtig, auch und gerade in der Politik. Das Erscheinungsbild hat Studien zufolge einen immens großen Einfluss auf die Wahlentscheidungen. Und wenn die Grünen die Bundestagswahl auch mit den Stimmen der konservativeren Wähler gewinnen wollen, müssen sie alle Faktoren der Chancenoptimierung berücksichtigen. Da geht es längst nicht nur um Kompetenzen und die Kommasetzung in Wahlprogrammen. Mit

---

[124] Walter Benjamin: Über einige Motive bei Baudelaire, in: Das Passagen-Werk, Frankfurt a. M. 1983, S. 605–653, hier: S. 646 f.

[125] Ulrich Rosar, Markus Klein: Die physische Attraktivität von Spitzenkandidaten, ihr Einfluss bei Wahlen und die These der Personalisierung des Wahlverhaltens. Papier zur Jahrestagung des Arbeitskreises „Wahlen und politische Einstellungen" der DVPW am 07./08.05.2009 in Frankfurt a. M., S. 2.

[126] Ulrich Rosar: Fabulous Front-Runners. Eine empirische Untersuchung zur Bedeutung der physischen Attraktivität von Spitzenkandidaten für den Wahlerfolg ihrer Parteien, in: Politische Vierteljahresschrift 50 (2009), S. 754–773, hier: S. 755.

Erich Holzwarth

Annalena Baerbock küren die Grünen nun eine Kanzlerkandidatin, die unter anderem zwei Vorzüge hat: ihr Geschlecht sowie ihre Stilsicherheit. Die 40-Jährige weiß, was ihr steht, doch seit einiger Zeit präferiert sie eher einen dezenten Auftritt. Als sie zur Co-Vorsitzenden ihrer Partei gewählt wurde, schritt sie noch in einer lässigen Lederjacke zum Rednerpult [...]. Ihre oft getragene Bikerjacke lässt Baerbock bei ihren ersten öffentlichen Auftritten nach der Bekanntgabe ihrer Kanzlerkandidatur nun im Schrank. Dafür schlüpft sie in Kleider mit einem kräftigen Blauton: die Farbe der Demokratie. Diese Mode hat Methode: Sowohl Jill Biden, die Ehefrau des US-Präsidenten, als auch die Vizepräsidentin Kamala Harris wählten letztens ein dunkles Blau für die Vereidigungsfeier. Baerbocks Gegner sollten diesen Stilwechsel ernstnehmen und vorsichtshalber eine Stilberatung in Erwägung ziehen."[127]

Sprache – Texte

Auch mit gesprochener und geschriebener Sprache sind die Menschen so anzusprechen, dass die Botschaften ihre Empfänger(innen) erreichen. Wer an Werte und Vorstellungen der Menschen anknüpft, erreicht sie mit der eigenen Botschaft leichter als jemand, die oder der mit Begriffen argumentiert, die für die Angesprochenen unbekannt oder negativ belegt sind. Wer so in Resonanz geht, kommt eher in die engere Auswahl bei der Wahlentscheidung als jemand, die oder der nicht Werte und Schlüsselbegriffe anspricht. Texte mit persönlichem Sprachduktus (Begriffe, Grammatik), den die oder der Bewerber(in) auch sonst verwendet (keine Sprachhülsen) stehen für Authentizität – im Gegensatz zu auswendig gelernten Reden und nur von anderen formulierten Texten. Bei Texten hat sich nach meiner Erfahrung eine aus Bewerberentwurf und Textberatung entstehende Mischung bewährt, die sich in der gesprochenen Sprache wiederfindet. Positive Sprache (nicht in Negationen verfallen) ist ein Hinweis auf die für das Amt erwartete Autorität: Nicht sagen, was nicht geht, sondern die Richtung zeigen, in die es gehen soll. Mit Pressemitteilungen, Texten im Netz und auf gedruckten Medien werden Botschaften transportiert. Die Pressemitteilung für den Erstauftritt etwa enthält bereits zentrale Botschaften: Wer? Warum Bürgermeister(in)? Warum dieser Ort?

---

127 Tomo Pavlovic, in: Stuttgarter Zeitung vom 24.04.2021.

Eine Feststellung des Journalisten Thomas Leif zeigt, dass ‚populäre' – dem Wortsinne nach also beim Volk beliebte – Botschaften nicht nur an die direkten Empfänger(innen), sondern auch an Multiplikator(inn)en zu richten sind: „Unter den Journalisten finden sich mehr Populisten als unter den Politikern."[128] Reden kann gelernt werden:

> „Cicero sagte, Dichter werden geboren, und Redner werden gemacht. Zu reden und Menschen zu begeistern ist eine Fertigkeit wie jede andere auch, und deshalb kann man die auch lernen."[129]

Da für die Entscheidung bei (Ober-)Bürgermeisterwahlen selten (kontrovers vertretene) Themen relevant sind, geht es nicht darum, ein politisches Wahlprogramm zu präsentieren. Es geht um die Wahrnehmung dessen, was in der Kommune ansteht und von den Menschen als relevant wahrgenommen wird. Der Wahlerfolg des Rostocker Oberbürgermeisters z. B. wird so erklärt:

> „Während viele seiner [...] Mitbewerber in Rostock auf diese großen Themen setzten – auf den dringend benötigten Bau neuer Wohnungen in der prosperierenden Hansestadt etwa oder auf den Ausbau des Nahverkehrs – setzte [er] auf das Zuhören. ‚Eine Bekannte, die für die SPD im Bundestag sitzt, hat mir gesagt: Claus, Du brauchst kein Wahlprogramm. Das liest eh keiner.' Und so blieb er bei den Inhalten vage. Statt den Rostockern neue Visionen zu präsentieren, tingelte [er] [...] durch Vereine und Verbände, durch Stadtteile, arbeitete tageweise in Kitas, Schulen und Betrieben mit. ‚Dann merkst Du ganz schnell, dass die Menschen ganz andere Sorgen haben als die Politiker.' Um Hundekot auf den Straßen sei es immer wieder gegangen, um kaputte Gehwege, fehlende Straßenbeleuchtung. ‚Wenn ein Bürger sich jeden Tag über die wilde Müllkippe vor seiner Haustür ärgert, dann interessiert er sich (nicht) für ein neues Theater'."[130]

---

128 Roger de Weck, zit. nach Thomas Leif: Gesteuerte Exklusivität. Medienjournalismus und das Spannungsverhältnis von Politik und Medien, in: Michael Beuthner, Stephan Alexander Weichert (Hrsg.), Die Selbstbeobachtungsfalle. Grenzen und Grenzgänge des Medienjournalismus, Wiesbaden 2005, S. 157–169, hier: S. 168.
129 René Borbonus im Interview mit Sybille Neth, in: Stuttgarter Zeitung vom 17.05.2021.
130 Ostsee-Zeitung vom 18.06.2019.

Erich Holzwarth

Mein Fazit zur Wahlkampfberatung

Wenn Sie (Ober-)Bürgermeister(in) werden möchten, hinterfragen Sie vermeintlich einfache Erfolgsrezepte – zumal, wenn sie sich nur auf eine Wahl beziehen. Prüfen Sie auch vielfach wiederholte Aussagen. Finden Sie Ihren Weg. Holen Sie sich vor der Entscheidung für eine Bewerbung Rückmeldungen zu Ihrer Person. Persönlichkeitsbildung, Analyse, Strategieentwicklung und Planung sind wichtige Bausteine der Vorbereitung eines Wahlkampfs. Lassen Sie sich bei der Vorbereitung beratend begleiten, damit eigene Überlegungen hinterfragt und ergänzt werden können.

Da es kein Erfolgsrezept für alle Fälle gibt, da unterschiedliche Wege zum Sieg führen und Scheitern und Erfolg nahe beieinander liegen, bilden wissenschaftliche Analyse und Wahlkampferfahrung für mich die Grundlage für die Beratung bei (Ober-)Bürgermeisterwahlen. Externe Beratung sehe ich als Teil umfassender Beratung, bei der drei Komponenten zusammenzubringen sind:

- Strategisches Denken (Image, Profil, Positionierung, Botschaften),
- Kommunikationsdenken (wen wie erreichen?),
- Fachdenken (örtliches Wissen unterstützender Personen und politischer Gruppen).[131]

Ziel ist ein Konzept, das zu der Person und dem Wahlort passt, eine Synthese aus Ortskenntnis, Strategie- und Kommunikationswissen sowie den Fähigkeiten des oder der Kandidierenden.

---

[131] Ein von Leif zitierter kritischer Berater sieht diese drei Punkte als Teil einer umfassenden Beratung – im Gegensatz zur einseitigen Beratung, die nicht alle Aspekte berücksichtigt – siehe Thomas Leif: Beraten und verkauft. McKinsey & Co. – der große Bluff der Unternehmensberater, München 2006, S. 65.

Sensation im zweiten Wahlgang: Unerwartete Siege bei der Neuwahl

Stefan Jenninger und Vinzenz Huzel

Der zweite Sieger ist der erste Verlierer, heißt es eigentlich. Bei Bürgermeisterwahlen in Baden-Württemberg muss das jedoch nicht immer der Fall sein. Wenn eine Wahl im ersten Wahlgang nicht entschieden wird und es zu einem zweiten Wahlgang kommt, dann kann sich das Blatt durchaus zugunsten des oder der Zweitplatzierten – in ganz seltenen Fällen sogar des Drittplatzierten oder einem erst nach dem ersten Wahlgang neu eingestiegenen Kandidaten – wenden. Diese seltenen Fälle wollen wir im Weiteren genauer betrachten: Wie kann es gelingen, dass vermeintliche ‚Verlierer' aus der Hauptwahl einen Sieg bei der Neuwahl erringen?[132]

Hauptwahl und Neuwahl in Baden-Württemberg

Bürgermeisterwahlen in Baden-Württemberg werden meistens im ersten Wahlgang, der sogenannten Hauptwahl, entschieden. Gewonnen hat, wer mehr als die Hälfte der abgegebenen Stimmen auf sich vereint (§ 45 Abs. 1 GemO). Wenn das jedoch keinem der Kandidierenden gelingt, findet ein zweiter Wahlgang, die sogenannte Neuwahl, statt. Zu dieser treten automatisch die Bewerber der Hauptwahl wieder an, sofern sie ihre Bewerbung nicht aktiv zurückziehen. Eine Besonderheit im baden-württembergischen Kommunal-

---

[132] Einige hier zitierte Erkenntnisse bauen auf den Ergebnissen eines Fachprojekts an der Hochschule für öffentliche Verwaltung und Finanzen in Ludwigsburg auf, das von den Autoren in den Jahren 2019 und 2020 betreut wurde. Den Studierenden gilt unser herzlicher Dank. Als Quellen sind zu nennen: Die Letzten werden die Ersten sein! Wie gelingt es Bürgermeisterkandidaten, die im ersten Wahlgang nicht Erstplatzierte waren, die Neuwahl zu gewinnen? (unveröffentlichter Fachprojektbericht, Hochschule für öffentliche Verwaltung und Finanzen Ludwigsburg, 2020); Manuel Hoke: Bürgermeisterwahlen – Bedingungen, unter denen ein im 1. Wahlgang Nicht-Erstplatzierter die Neuwahl gewinnen kann (unveröffentlichte Bachelorarbeit, Ludwigsburg, 2019).

wahlrecht ist, dass sich zur Neuwahl auch neue, zusätzliche Kandidierende aufstellen lassen können. Sieger einer Neuwahl ist, wer eine einfache Mehrheit erringt (§ 45 Abs. 2 GemO). Stichwahlen zwischen den beiden Höchstplatzierten kennt die GemO in Baden-Württemberg bislang – vor der im Jahr 2022 auf den Weg gebrachten Neuregelung – nicht.[133]

In den Jahren zwischen 2008 und 2019 fanden insgesamt 1.645 Bürgermeisterwahlen in Baden-Württemberg statt. Davon führten 181 (11 Prozent) zu Neuwahlen. Demnach wurden etwa 89 Prozent der Wahlen in der Hauptwahl entschieden. Aus den 181 Neuwahlen gingen 38 Bürgermeister hervor, die bei der Hauptwahl die zweit- oder gar drittmeisten Stimmen erhielten bzw. erst zur Neuwahl angetreten sind. 19 dieser Bürgermeister wurden interviewt, um zu erfahren, wie sie sich ihren Wahlsieg im zweiten Anlauf erklären und welche Lehren daraus gezogen werden können.

Realistische Chancen

Eine Grundvoraussetzung, um als Zweitplatzierter in der Hauptwahl realistische Chancen bei der Neuwahl zu haben, ist, dass der Abstand zum Erstplatzierten nicht allzu groß sein sollte.[134] Je nach Anzahl der Kandidierenden kann dies recht unterschiedliche Ausmaße annehmen. Nur wenn die Wählerschaft einem Bewerber aufgrund des Hauptwahlergebnisses realistische Chancen einräumt, ist sie dazu bereit, ihre Wahlentscheidung aus dem ersten Wahlgang zu bestätigen oder – wenn Bewerber zur Neuwahl nicht mehr antreten – eine andere Kandidatur zu unterstützen.

---

133 Die Landesregierung beabsichtigt, beim zweiten Wahlgang von Bürgermeisterwahlen die bisherige Neuwahl durch eine Stichwahl zu ersetzen. Bis zum Redaktionsschluss dieses Beitrags war der Gesetzgebungsprozess noch nicht abgeschlossen.
134 Keine Regel ohne Ausnahme: Auch Rückstände von mehr als 20 Prozent können noch aufgeholt werden, wie das Beispiel des Wahlsiegs von Marcus Oliver Schafft (20,5 Prozent im ersten Wahlgang) in Riedlingen (Landkreis Biberach) am 17.11.2013 beweist. Dies ist der größte bisher aufgeholte Rückstand, den wir in unserer Auswertung ermitteln konnten.

Sensation im zweiten Wahlgang

Aus der Praxis

Je geringer der Abstand zum Erstplatzierten, desto realistischer sind die Chancen bei der Neuwahl. Besonders eindrücklich war dies bei der Wahl in Schömberg (Landkreis Calw) im Jahr 2015 zu verfolgen. Matthias Leyn lag mit einem Ergebnis von 48,25 Prozent zunächst 0,24 Prozentpunkte (bzw. acht Stimmen) hinter der Erstplatzierten Bettina Mettler zurück und verwandelte diesen Rückstand im zweiten Wahlgang in einen Vorsprung von 7,12 Prozentpunkten.

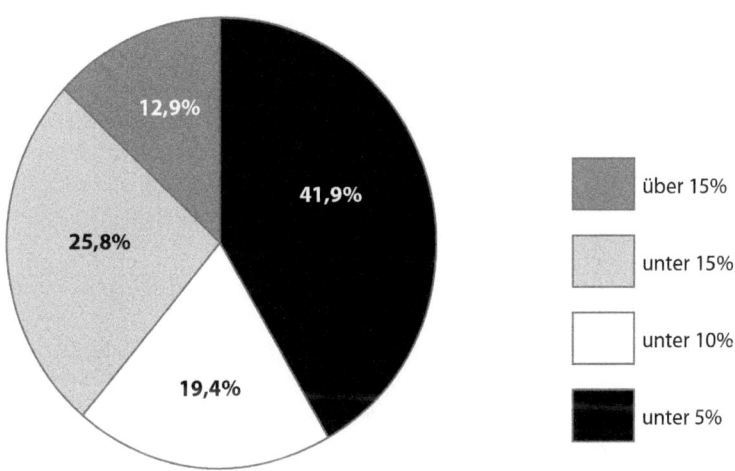

Abb. 12: Abstand zwischen Erst- und Zweitplatziertem im Ersten Wahlgang, bei dem ein zunächst nicht Erstplatzierter noch gewonnen hat, in Prozentpunkten.

Aber auch der Sprung vom dritten auf den ersten Platz ist noch möglich, wenn die Rahmenbedingungen stimmen. So lag Petra Müller-Vogel bei der Wahl in der 2.300-Einwohner-Gemeinde Gaiberg (Rhein-Neckar-Kreis) im Jahr 2018 mit 17,1 Prozent zunächst nur auf dem ‚Bronze-Rang'. Ralph Steffen, in führender Position, kam indes mit 22,8 Prozent ‚nur' auf knapp sechs Prozentpunkte mehr. Der Zweitplatzierte Alexander Wenning erreichte 19,4 Prozent. Beim zweiten Urnengang schaffte Petra Müller-Vogel 31,6 Prozent, was zu einem knappen Sieg vor Alexander Wenning (30,6 Prozent) und Ralph Steffen (24,9 Prozent) reichte.

Wahlbeteiligung

In über 60 Prozent der Fälle sinkt die Wahlbeteiligung bei der Neuwahl im Vergleich zur Hauptwahl. Deshalb ist die wichtigste Aufgabe, die eigenen Wähler aus der Hauptwahl wieder zur Stimmabgabe bei der Neuwahl zu motivieren. Der Versuch, Nichtwählergruppen zur Neuwahl zu aktivieren, ist aufwendig und nur selten erfolgreich. Wer zur Hauptwahl nicht gewählt hat, wird dies meist auch nicht zur Neuwahl tun. Lediglich in 38 Prozent der Fälle, in denen es bei der Neuwahl noch eine Wende beim Sieger gab, stieg die Wahlbeteiligung - und auch dann meist nur um unter 3 Prozentpunkte. Die Fälle wie in Albstadt (Zollernalbkreis), als bei der Neuwahl 2015 die Wahlbeteiligung zur Neuwahl um 12 Prozentpunkte gestiegen ist, sind die absolute Ausnahme und der besonderen Situation (Amtsinhaber erreicht als einziger Bewerber nicht die absolute Mehrheit) geschuldet. Wichtiger ist es daher, die Wähler zu erreichen, die bereits bei der Hauptwahl ihre Stimme abgegeben haben, und Wählerstimmen aus anderen Lagern hinzuzugewinnen.

Aus der Praxis

Eine große Überraschung war das Ergebnis des ersten Wahlgangs bei der Bürgermeisterwahl in der Schiller-Stadt Marbach (Landkreis Ludwigsburg) am 24.01.2021: Amtsinhaber Jan Trost lag mit 38,8 Prozent über drei Prozentpunkte hinter Herausforderer Timo Jung (42,3 Prozent). Der Drittplatzierte Tobias Möhle kam auf 13,4 Prozent. Bei der Neuwahl zwei Wochen später schaffte Trost die Wende. Zwar konnte sich Jung nochmals verbessern und erreichte 43,6 Prozent der abgegebenen Stimmen, dies reichte jedoch nicht, um vor Bürgermeister Trost zu landen. Dieser erzielte 47,4 Prozent und konnte sich damit um fast neun Prozentpunkte steigern, während der Drittplatzierte Möhle ‚nur noch' 8,4 Prozent der Stimmen erhielt. Die Wahlbeteiligung war mit 51,6 Prozent im Vergleich zu 50 Prozent im ersten Wahlgang weitgehend konstant geblieben.

Sensation im zweiten Wahlgang

Verändertes Kandidatenfeld und Wahlempfehlungen

In den meisten Fällen verändert sich das Kandidatenfeld von der Hauptwahl zur Neuwahl, da abgeschlagene Kandidaten ihre Bewerbungen zurückziehen. Hier werden Stimmenpotenziale frei, die es zu erschließen gilt. Immer wieder geben Bewerber, die ihre Kandidatur zurückziehen, eine Wahlempfehlung ab. Eine solche Wahlempfehlung kann nützlich sein, ist aber keine Garantie dafür, die entsprechenden Wählerstimmen auch tatsächlich zu bekommen. Auch diese Stimmen müssen in der verbleibenden Zeit zur Neuwahl ‚verdient' werden. Eine Mindestvoraussetzung dafür ist ein fairer Wahlkampf, der nicht auf persönlicher Ebene ausgetragen wurde – was eigentlich eine Selbstverständlichkeit sein sollte.

In manchen Fällen können Wahlempfehlungen ausscheidender Kandidierender auch schädlich sein, zum Beispiel, wenn polarisierende Themen die Wahl bestimmen oder bei zugespitzten Lagerwahlkämpfen. Hier können gutgemeinte Wahlempfehlungen von der falschen Seite kontraproduktiv sein. Im Idealfall ist es möglich, eine solche Wahlempfehlung im Vorfeld abzusprechen oder auch zu unterbinden. In manchen Fällen gibt es bereits zu Wahlkampfbeginn geheime Vereinbarungen zwischen Kandidaten, wer unter welchen Voraussetzungen zurückzieht und einen anderen Mitbewerber unterstützt.

Unter den befragten Bürgermeistern, welche Wahlen in der Neuwahl gewonnen hatten, waren zwei Drittel sicher, dass sie von dem veränderten Kandidatenfeld profitiert haben und ihnen dies die Voraussetzung für die Aufholjagd geschaffen habe.

Aus der Praxis

Wählerwanderungen bei Haupt- und Neuwahlen in Baden-Württemberg sind nur selten dokumentiert und kaum erforscht. Bei der Oberbürgermeisterwahl in der Landeshauptstadt Stuttgart 2020 konnten sie jedoch einigermaßen nachvollzogen werden. Dabei ging Frank Nopper mit 31,8 Prozent als Erstplatzierter aus der Hauptwahl hervor. Ihm folgten Veronika Kienzle mit 17,2 Prozent, Marian Schreier mit 15,0 Prozent und Hannes Rockenbauch mit 14,0 Prozent. Die zweitplatzierte Veronika Kienzle zog zurück und trat nicht zur Neuwahl an. Frank Nopper gewann die Neuwahl mit 42,3 Prozent. Bemerkenswert ist jedoch, dass der zuvor Drittplatzierte Marian Schreier auf

36,9 Prozent aufholen und damit seinen Anteil verdoppeln konnte. Schreier ist es gelungen, sich die Wählerschaft von Kienzle anzueignen, während Rockenbauch mit 17,8 Prozent weitgehend stagnierte. Vermutlich hätte Schreier eine realistische Wahlchance gehabt, wenn Rockenbauch ebenfalls zurückgezogen hätte. Da sich das öko-soziale Lager jedoch nicht auf einen gemeinsamen Kandidaten einigen konnte, hat die Aufholjagd Schreiers nur wenig gebracht, da der Stimmengewinn nicht ausreichte, um an Nopper vorbeizuziehen.

Bei der Wahl in Ebersbach an der Fils (Landkreis Göppingen) im Jahr 2017 erreichte Karl Roland Schmelzle im erst Wahlgang 18,5 Prozent der Stimmen. Nachdem er damit deutlich hinter dem zunächst erstplatzierten Oliver Knurr (39,5 Prozent) und Eberhard Keller (27,7 Prozent) lag, trat er zwei Wochen später nicht nochmal an. So setzte sich der zunächst zweitplatzierte Keller schließlich mit 52 Prozent der Stimmen durch.

In Mögglingen (Ostalbkreis) lag 2014 zunächst Alexander Groll mit 45,5 Prozent vor Adrian Schlenker (33,3 Prozent) und Matthias Ihden (18,9 Prozent). Im zweiten Wahlgang trat Ihden nicht mehr an und Schlenker zog mit 59 Prozent deutlich an Groll vorbei (39,7 Prozent).

Neue Kandidaten bei der Neuwahl

Eine echte Sensation ist es, wenn Kandidaten erst zur Neuwahl in den Wahlkampf einsteigen und diesen dann für sich entscheiden. Das kam bisher nur in sehr seltenen Fällen vor. Wenn sich die bisherigen Fälle überhaupt verallgemeinern lassen, so kann festgehalten werden, dass es eine Wechselstimmung im Ort geben muss, die durch ein limitiertes Kandidatenfeld nicht kanalisiert wird. Aus Unzufriedenheit über die offiziellen Kandidaten werden geeignete Bewerber gesucht, die im Ort meistens schon bekannt sind und von Honoratioren mit hoher Reichweite öffentlichkeitswirksam unterstützt werden. Ob sich eine Kandidatur zur Neuwahl planen lässt, ist bislang ein ungelüftetes Geheimnis.

Sensation im zweiten Wahlgang

Aus der Praxis

Einen überraschenden Wahlerfolg konnte Gemeinderat Klaus Konzelmann 2015 bei der Neuwahl in Albstadt (Zollernalbkreis) feiern. Obwohl er zur Hauptwahl nicht offiziell gegen den bisherigen Amtsinhaber kandidierte, wurden sein Name und seine Anschrift von Wählern so häufig auf den Stimmzettel geschrieben, dass er mit 43,4 Prozent nur knapp hinter Amtsinhaber Jürgen Gneveckow mit 44,7 Prozent lag. Bei der Neuwahl, zu der er dann offiziell kandidierte, erreichte er deutliche 60,2 Prozent der Stimmen und war damit zum neuen Oberbürgermeister gewählt.

Ganz anders gelagert war die Ausgangssituation in Lenzkirch (Landkreis Breisgau-Hochschwarzwald) bei der Bürgermeisterwahl im Jahr 2018. Nachdem der Amtsinhaber Reinhard Feser nicht mehr zur Wiederwahl antrat, lagen im ersten Wahlgang fünf Bewerber fast gleichauf (Caroline Waldvogel mit 22 Prozent, Roland Berr ebenfalls mit 22 Prozent, Raoul Mügge knapp dahinter mit 21,8 Prozent, Sascha Phlippen mit 16,5 Prozent und Leonhard Wißler mit 15,8 Prozent). Nach Kontroversen zogen Berr und Wißler ihre Kandidaturen zurück, dafür stieg Andreas Graf als neuer Bewerber ein. Bei der Neuwahl konnte er sich deutlich mit 73,3 Prozent vor Caroline Waldvogel mit 14,3 Prozent durchsetzen.

Unterschiede im Persönlichkeitsprofil zum Erstplatzierten

Als einen weiteren wichtigen Punkt für den Erfolg bei der Neuwahl sahen die im zweiten Wahlgang erfolgreichen Kandidierenden die grundlegenden Unterschiede zwischen ihrem eigenen Persönlichkeitsprofil und dem ihrer in der Hauptwahl erstplatzierten Mitbewerber hinsichtlich Alter, Geschlecht, Familienstand, Ausbildung oder Parteizugehörigkeit. Knapp zwei Drittel der befragten Bürgermeister gaben an, dass sie darin ausschlaggebende Gründe für den Stimmenzuwachs in der Neuwahl sehen. Gelingt es also, einen deutlichen Kontrast zum Mitbewerber herauszuarbeiten, so kann sich das positiv auf die Wahlentscheidung auswirken. Damit sind Kandidierende, die sich im persönlichen Profil vom Gegenkandidaten abheben, im Vorteil. Dies gilt insbesondere dann, wenn ein Mitbewerber mit einem ähnlichen Profil nicht mehr zur Neuwahl antritt und dessen Stimmenanteil beerbt werden kann.

Stefan Jenninger und Vinzenz Huzel

Aus der Praxis

Bei der Wahl in Untereisesheim (Landkreis Heilbronn) am 11.03.2012 kam der Amtsinhaber Jens Uwe Bock lediglich auf 15,1 Prozent der Stimmen und landete abgeschlagen auf Platz 4. Karl-Josef Greis lag mit 33,2 Prozent an der Spitze, knapp gefolgt von Bernd Bordon mit 31,5 Prozent. Der erstplatzierte Greis war ein erfahrener Kämmerer aus der Region, verheiratet und katholisch. Der Zweitplatzierte Bordon war hingegen unverheiratet, evangelisch, Anfang 30 und Sachgebietsleiter im Jobcenter des Landkreises Heilbronn. Beide brachten somit das fachliche Rüstzeug aus der Verwaltung mit und stammten aus der Region, unterschieden sich jedoch hinsichtlich Alter, Familienstand und Religionszugehörigkeit. Nach Kontroversen um den Amtsinhaber wünschten sich viele Wählerinnen und Wähler „frischen Wind" und einen „Neustart", was eher für den jungen, dynamischen Bewerber sprach. So schaffte Bordon bei einer um drei Prozentpunkte niedrigeren Wahlbeteiligung noch die Wende und übertraf mit 50 Prozent Greis, der 31,5 Prozent der Stimmen auf sich vereinigen konnte, letztendlich deutlich.

Abb. 13: Der Dank für die Stimmen im ersten Wahlgang ist der Auftakt für die zweite Runde.

Kurs halten und Wahlkampf intensivieren

Der Zeitraum zwischen Haupt- und Neuwahl ist vergleichsweise kurz. Laut GemO (§ 45 Abs. 2) müssen Neuwahlen frühestens am zweiten und spätestens am vierten Sonntag nach der Hauptwahl stattfinden. Das Datum der Neuwahl wird zeitgleich mit dem der Hauptwahl vom Gemeinderat festgelegt. Überwiegend wird die kürzeste Frist von zwei Wochen gewählt. Das bedeutet, dass sich Kandidaten bereits zu Beginn des Wahlkampfes Gedanken über die Neuwahl machen und dazu finanzielle und zeitliche Ressourcen einplanen sollten. Aufgrund des kurzen Zeitraums lohnt es meistens nicht, die eigene Wahlkampfstrategie zu verändern. Vielmehr sollte versucht werden, den eingeschlagenen Kurs zu halten und den Wahlkampf in der verbleibenden Zeit zu intensivieren. Knapp drei Viertel der in der Neuwahl erfolgreichen Bürgermeister gaben an, noch mehr Zeit in die Verteilung von Flyern, Besuche von Veranstaltungen und persönliche Gespräche investiert zu haben.

Aus der Praxis

Heiko Stieringer lag bei der Wahl in der 1.700-Einwohner-Gemeinde Höfen an der Enz (Landkreis Calw) im Jahr 2018 nach dem ersten Wahlgang bei 37,5 Prozent und damit knapp zehn Prozentpunkte hinter seinem Mitbewerber Thomas Braune. In einem wahren ‚Herzschlagfinale' hatte er bei der Neuwahl mit 47,38 zu 45,77 Prozent denkbar knapp – mit elf Stimmen Vorsprung – die Nase vorn. Als Schlüssel zu seinem Erfolg bezeichnete die Presse eine Intensivierung seines dreiwöchigen Wahlkampfs zwischen den beiden Wahlgängen. Stieringer erläuterte im Interview, dass er vor dem zweiten Wahlgang zu den Punkten in seinem Wahlprogramm konkrete Lösungsansätze aufgezeigt, weitere Hausbesuche gemacht und sich mit einem Stand vor den örtlichen Supermarkt präsentiert habe.

Stefan Jenninger und Vinzenz Huzel

Von Fehlern des Mitbewerbers profitieren

Immer wieder heißt es: „Bürgermeisterwahlen werden von denen gewonnen, die am wenigsten Fehler machen." – die fachliche und persönliche Eignung aus Sicht der Wählerschaft vorausgesetzt. Je länger ein Wahlkampf dauert – insbesondere wenn es zu einer Neuwahl kommt –, umso mehr Zeit gibt es auch, um Fehler zu begehen. Ein Glücksfall ist es, wenn die Mitbewerber in Fettnäpfchen treten und man es selbst schafft, diesen auszuweichen. Ein häufiger Fauxpas besteht darin, dass die Erstplatzierten aus der Hauptwahl zu siegessicher in die Neuwahl gehen. Wer bereits so tut, als habe er den Sieg in der Tasche, bietet Angriffsfläche und lässt die notwendige Wertschätzung für die Wählerschaft vermissen.

Von den befragten Bürgermeistern gaben knapp 70 Prozent an, dass der Erstplatzierte Fehler gemacht habe, von denen sie bei der Neuwahl profitierten. Dies kann sich darin äußern, dass Erstplatzierte weniger Wahlkampfveranstaltungen machen, aufgrund des Wahlergebnisses der Hauptwahl überheblich wirken und sich bereits als Wahlsieger gerieren. Seltener sind es grobe Fehltritte oder vermeintliche Skandale um eine Person, die in der kurzen Zeit zwischen Haupt- und Neuwahl von der Presse aufgedeckt werden. Meistens handelt es sich um persönliches Fehlverhalten, das von außen nicht beeinflussbar ist und auf das man sich als Gegenkandidat nicht verlassen kann.

Aus der Praxis

Ein Beispiel hierfür könnte die Bürgermeisterwahl in der Gemeinde Elztal (Neckar-Odenwald-Kreis) im Jahr 2012 sein. Im ersten Wahlgang hatte Achim Walter mit 46,1 Prozent einen knappen Vorsprung vor seinem Mitbewerber Marco Eckl (45,0 Prozent). In der Neuwahl erreicht hingegen Eckl mit 53,9 Prozent die absolute Mehrheit, während der zunächst Führende auf 44,3 Prozent zurückfiel. Ein Grund für den Wechsel an der Spitze mag der Inhalt einer Zeitungsanzeige nach dem ersten Wahlgang gewesen sein. Darin hatte der einheimische Erstplatzierte sein Unverständnis darüber geäußert, dass in anderen Ortsteilen sein auswärtiger Konkurrent die Mehrheit erreicht hatte.

Coaching

Um eigene Fehler im Wahlkampf zu vermeiden und den Wahlkampf samt Verlängerung zu planen, kann ein Coaching hilfreich sein. Jeder Fünfte der befragten Bürgermeister gab an, die Hilfe von Wahlkampfberatern in Anspruch genommen zu haben. Diese waren sich darüber einig, dass die Coaches dazu beigetragen haben, grobe Fauxpas im Wahlkampf zu verhindern, und wichtig für ihren Sieg gewesen seien.

Aus der Praxis

Petra Müller-Vogel, Bürgermeisterin von Gaiberg (Rhein-Neckar-Kreis), berichtete von ihrer Wahl im Juli 2018. Das Werbematerial habe sie gemeinsam mit ihrem Mann selbst erstellt. Für die öffentlichen Auftritte, wie z. B. die Kandidatenvorstellung, nahm sie hingegen die Beratung durch einen professionellen Coach in Anspruch. Ihr fehlerfreies Auftreten habe ihr dabei geholfen, ihr Ergebnis von 17,1 auf 31,6 Prozent zu steigern. Damit schaffte sie in der Neuwahl den überaus seltenen Sprung vom dritten Platz an die Spitze.

Abb. 14: Plakat mit einem Aufkleber für den zweiten Wahlgang.

Stefan Jenninger und Vinzenz Huzel

Zusammenfassung

Ob es zu einer Neuwahl kommt und wie diese ausgeht, lässt sich im Vorfeld nicht planen. Was sich jedoch planen lässt, ist die Verfügbarkeit von ausreichenden Ressourcen für diese Neuwahl. Kandidaten sollten einen möglichen zweiten Wahlgang von Beginn an in ihrer Wahlkampfplanung berücksichtigen. Sollte dann in der Hauptwahl ein anderer Kandidat die Nase vorn haben, so muss dies noch lange kein Grund sein, den Kopf in den Sand zu stecken. Zwar sind statistisch gesehen die Fälle selten, in denen es Zweit- oder gar Drittplatzierten gelungen ist, das Ergebnis zu drehen. Gerade diese seltenen Fälle zeigen jedoch, dass es funktionieren kann. Überwiegend handelte es sich dabei um eine glückliche Kombination aus eigenen Anstrengungen und Fehltritten der Konkurrenz. Um von Letzteren zu profitieren, gilt es, in den Bemühungen nicht nachzulassen, sondern vielmehr die eigenen Anstrengungen nochmals zu intensivieren. Das bedeutet, weiter präsent und ansprechbar im Ort zu sein, viele Hände zu schütteln, mit Menschen zu sprechen und sie somit an die Wahlurne zu bringen.

Ebenso wie Fehler der Mitbewerber lassen sich auch andere äußere Faktoren nicht unmittelbar beeinflussen. Dazu gehören die Wahlbeteiligung, Veränderungen im Kandidatenfeld und Wahlempfehlungen ausscheidender Kandidaten. Wichtig ist jedoch ein souveräner Umgang mit diesen Faktoren. Wenn sich beispielsweise das Kandidatenfeld lichtet und die Neuwahl zu einem Zweikampf wird, sollte versucht werden, der Wählerschaft die fachlichen und persönlichen Vorzüge im Vergleich zum Gegenkandidaten aufzuzeigen. Es gilt zu zeigen, wie man sich in der Amtsführung vom Mitbewerber unterscheiden würde. Ein Wahlkampfcoach ist nicht unbedingt notwendig, um Wahlen zu gewinnen. Dessen Unterstützung kann sich aber positiv auf die Wahlkampforganisation auswirken. Darüber hinaus geben Coaches Sicherheit bei der Vorbereitung von öffentlichen Veranstaltungen und helfen mit ihrer Erfahrung, Anfängerfehler zu vermeiden, ohne den Kandidaten dabei zu ‚verbiegen'.

Es mag zwar nicht in jedem Fall gelingen, dass ‚die Letzten die Ersten sein werden', aber ein Versuch unter den richtigen Voraussetzungen lohnt sich, wie die Beispiele aus der Praxis zeigen.

Wahlkampf legal finanzieren

Erich Holzwarth

Um die Ausgaben für einen (Ober-)Bürgermeisterwahlkampf zu ermitteln, empfehle ich eine Kostenkalkulation. Zusammenzustellen sind die Kosten für Leistungen, die nicht selbst oder ehrenamtlich von anderen erbracht werden. Dazu sind Angebote einzuholen. Die häufig zitierten Schätzungen mit so und so viel Euro pro Einwohner(in) sind mitunter nicht hilfreich, da manche Ausgaben nicht mit der Größe der Gemeinde zusammenhängen. Grundkosten etwa für gute Fotos fallen in Gemeinden jeder Größenordnung an, Werbekosten steigen andererseits, wenn mit wachsender Einwohnerzahl ein geringerer Anteil der Menschen direkt erreicht wird.

Wenn die voraussichtlichen Ausgaben ermittelt sind, ist deren Finanzierung zu klären. Auf der Homepage der Freien Wählervereinigung (FWV) Baden-Württemberg werden Möglichkeiten beschrieben:

> „Die anfallenden Kosten pro Kandidat/in werden in der Regel aus eigenen Mitteln beglichen. Natürlich kann es auch Spenden von Privatpersonen und Firmen sowie von Wählervereinigungen oder Parteien geben."[1]

Offen bleibt hier, an wen die Spenden von Privatpersonen und Firmen gehen. Unbestritten ist, dass Spenden an Parteien und Wählervereinigungen gezahlt werden können, die das Geld für den Wahlkampf einsetzen, aber nicht bedingungslos Geld an Einzelpersonen zahlen dürfen. Diese Vereinigungen sind zur Rechnungsprüfung, Parteien ab einer gewissen Spendenhöhe zur Veröffentlichung der Spendernamen verpflichtet. Im Stuttgarter Oberbürgermeisterwahlkampf 2020 war eine Variante der Spende für eine Einzelbewerbung die Überweisung an eine Wirtschaftsprüfungsgesellschaft, die Geld nur für Wahlkampfkosten auszahlen durfte.[2]

---

1 Kostenrahmen eines Wahlkampfes, in: Homepage Freie Wähler, Landesverband Baden-Württemberg e.V., https://landesverband.freiewaehler.de/buergermeister-in-werden/kosten-eines-bm-wahlkampfes (zuletzt abgerufen am 27.10.2021).
2 Stuttgarter Zeitung vom 04.11.2020.

Spenden an Privatpersonen sind steuerpflichtige Schenkungen, die das Finanzamt nur kennt, wenn Einnahmen bzw. für Kandidierende kostenlos erbrachte Dienstleistungen (wie etwa vom Autohaus zur Verfügung gestellte Autos) als Zuwendung deklariert werden. Namen von Großspender(inne)n werden nicht veröffentlicht. Für Zuwendungen an Private ist nicht nachzuweisen, dass das Geld nur für den Wahlkampf verwendet wird. Das Geld kann also auch anderweitig verwendet werden. Wie in Baden-Württemberg können für einen hauptamtlichen Bürgermeisterposten Kandidierende in der Regel in Deutschland ihre Ausgaben für den Bürgermeisterwahlkampf „steuerlich [...] in deren Steuererklärung als *Werbungskosten* geltend"[3] machen. Nicht alle Finanzämter sehen es so; daher ist das ggf. mit dem zuständigen Finanzamt zu klären.

Ein für viele fragwürdiger Weg der Finanzierung ist der über eigens für den Wahlkampf gegründete Vereine, die keiner gesetzlichen Rechenschaftspflicht unterliegen. Für die Stuttgarter CDU-Kandidaten wurden so Spenden für die Oberbürgermeisterwahlkämpfe 2012 und 2020 gesammelt. Im Jahr 2020 wurde die zunächst parallele Spendensammlung über die Partei im Laufe des Wahlkampfs eingestellt. Der Wahlkampf wurde danach nur noch über den von zwölf Unterstützer(inne)n gegründeten Verein organisiert und finanziert.[4] Selbst wenn eine Wirtschaftsprüfungsgesellschaft Einnahmen und Ausgaben kontrolliert, ist so „Diskretion"[5] möglich:

> „Der Verein Lobbycontrol monierte, mit der gewählten Konstruktion könnten die Transparenzregeln des Parteiengesetzes bei der Werbung von Spenden umgangen werden."[6]

Wegen der Wahlkampffinanzierung des CDU-Kandidaten wurde das Ergebnis der Stuttgarter Oberbürgermeisterwahl 2020 angefochten. Die Aufsichtsbehörde und danach das Verwaltungsgericht wiesen den Einspruch jedoch zurück.

Wahlkampffinanzierung ist einerseits rechtlich zu bewerten. Unumstritten sind Eigenmittel und Wahlkampfspenden an Parteien sowie etablierte Wählervereinigungen. Anderseits geht es um Glaubwürdigkeit hinsichtlich der Transparenz von Zuwendungen und deren Verwendung.

---

3 Kostenrahmen eines Wahlkampfes, in: Homepage Freie Wähler, Landesverband Baden-Württemberg e. V.
4 Stuttgarter Zeitung vom 30.10. und 04.11.2020.
5 Stuttgarter Zeitung vom 30.10.2020.
6 Stuttgarter Zeitung vom 04.11.2020.

Mit Bild und Text Wahlkampf gestalten – von Angreiferinnen und Verteidigern[1]

Regine Lieb

Für die Konzeption eines Bürgermeisterwahlkampfes macht es einen großen Unterschied, ob es um eine Wiederwahl für die Amtsinhaberin geht oder um einen Angriff auf den Amtsinhaber. Angreiferinnen haben es schwer, denn Verteidigerinnen können sich gründlich und lange im Voraus auf ihre Wiederwahl vorbereiten. Können sich während des Tagesgeschäfts um die Unterstützung durch ihre Fraktionen kümmern. Bekommen viele Gelegenheiten, vor großem Publikum zu sprechen. Halbseitige Zeitungsartikel über reparierte Schlaglöcher sind ganz normal. Angreiferinnen haben es leicht, denn Verteidigerinnen sitzen manchmal vor dem Wahltermin wie das Kaninchen vor der Schlange oder rechnen einfach nicht damit, dass ihnen jemand ernsthaft gefährlich werden kann. Schon gar nicht dann, wenn die vierte oder fünfte Amtszeit angestrebt wird.

Auf den nachfolgenden Seiten geht es um die inhaltliche und visuelle Gestaltung von zwei beispielhaften Wahlkämpfen, die zum Wahlsieg führten. Zunächst aus dem Blickwinkel eines Angreifers, im zweiten Beispiel aus der Sicht eines Verteidigers, eines Bewerbers für die zweite Amtszeit.

Angriff: Wertschätzung gegen ‚Mia san mia'

In dem kleinen Städtchen schienen die Machtstrukturen festgebacken, doch unter der Oberfläche brodelte es. Das Stadtoberhaupt war seit 24 Jahren im Amt und bewarb sich für eine vierte Amtszeit. Er warb mit dem Slogan „Man kennt mich". Sein Gegner, der 36-jährige Sachgebietsleiter Nick Schuppert,

---

[1] Um für eine geschlechtergerechte Sprache zu sensibilisieren, wird in diesem Beitrag verstärkt die weibliche Form verwendet. Männer und Diverse sind immer mit angesprochen. Damit nicht zu viel Verwirrung entsteht, wird bei Bildunterschriften, die sich auf die abgebildeten Personen beziehen, die jeweils der Person entsprechende Form eingesetzt.

setzte auf Sachlichkeit, Themen und vor allem wertschätzende Kommunikation. Der Amtsinhaber fühlte sich mit einer sehr umfangreichen Broschüre auf der sicheren Seite. Die PDF-Datei stellte auch den einzigen Webauftritt des Amtsinhabers dar, eine klassische Homepage hatte er nicht. Die Bilder und Texte wirkten professionell und waren ansprechend gestaltet, die Inhalte verwiesen auf das bislang Erreichte. In Texten und Auftritten wurde gedroht, den guten Standard in der Gemeinde zu verlieren, falls der junge, vermeintlich noch wenig erfahrene Bewerber gewählt würde. Eine klassische „Mia san mia"-Haltung eben.

Die wichtigsten Medien des Angreifers Schuppert waren die Homepage, Facebook, Plakate, Karten, ein Prospekt sowie eine Anzeige als Wahlaufruf. Gestaltet war alles in klaren Blau- und Naturtönen, es gab zwei professionell gemachte Portraits sowie einige Bilder, die zeigen sollten, wie der Bewerber arbeitet und sich für Projekte einsetzt. Ein betont seriöses und formal korrektes Auftreten sorgt für Vertrauen und zeigt, dass es Bewerberinnen ernst mit ihrer Bewerbung meinen. Leitfarbe dieses Wahlkampfs war ein kräftiges, dunkles Blau. Mit ihm sollte auch die parteiübergreifende Haltung signalisiert werden. Der Bewerber verheimlichte seine SPD-Mitgliedschaft nicht, wollte sie aber auch nicht betonen.

Abb. 15: Zeitungsanzeige des Herausforderers.

Mit Bild und Text Wahlkampf gestalten

Abb. 16: Der Herausforderer bei seinem Ehrenamt als Feuerwehrmann.

Abb. 17: Im Gespräch mit einer Bürgerin.

Regine Lieb

Wiederwahl: Es kann keinen schöneren Beruf geben als den des Oberbürgermeisters von Ettlingen ...

... war die Botschaft, die sich durch jedes Bild und jedes Medium des nachfolgend vorgestellten Oberbürgermeisterwahlkampfes zog. Johannes Arnold bewarb sich für eine zweite Amtszeit in Ettlingen und fing frühzeitig mit den Vorbereitungen für einen Wahlkampf im Frühsommer an. Indem er Vertreterinnen und Vertreter verschiedener Fraktionen und Gruppierungen zu einem Workshop einlud, vermittelte er zum einen Transparenz und Wertschätzung, zum andern sicherte er sich so frühzeitig die Loyalität der einzelnen Gremien. In diesem Strategieworkshop wurden die Themen identifiziert und die wichtigsten Inhalte für die Zwischenbilanz definiert.

Einige Monate vor dem eigentlichen Wahlkampfstart war die Homepage online. Die Botschaft war klar: „Ich sitze fest im Sattel, habe viel geleistet und bin für den kommenden Wahlkampf gut vorbereitet." Alle Header-Bilder der Homepage wurden durch eine Fotografenmeisterin gemacht. Die Bilder wurden auch für weitere Medien genutzt. Die wichtigsten Kanäle im Verlauf des Wahlkampfes waren Homepage, Postkarte, Plakate, Anzeigen, Instagram und Facebook. Die Strategie ging auf: Es gab nur eine Bewerberin, die nach zwei Wochen zurückzog.

Dieses meist sehr beliebte Bildmotiv „Über der Stadt" wurde in verschiedenen Varianten in Anzeigen, Facebook-Titelbild und Headern auf der Homepage eingesetzt:

Abb. 18: Freundlich und selbstbewusst, mit den wichtigsten Kirchtürmen Ettlingens im Hintergrund. Da zeigt einer: „Ich bin hier der Chef und habe den Überblick."

Texte sollten kurz und vor allen Dingen verständlich sein. Ausführliche Bildunterschriften lenken die Aufmerksamkeit auf die wichtigsten Inhalte.

Abb. 19: Das Wahlplakat: Direkter offener Blick in die Kamera, ein Lächeln, tadelloses Auftreten und ein freundlicher, ruhiger Hintergrund. Weißes Hemd, blauer Anzug, dezente, aber kräftige Krawatte. Der Claim ist sichtbar, wird aber nicht überbetont. Inhalte des Plakats: Name, Amt, Ort, Claim, Homepage. Mehr braucht es nicht, das Bild ist der Schlüssel.

Abb. 20: Bei den Familienbildern beschränkte man sich auf die Eheleute, Bilder mit den Kindern des Paares wurden bewusst sehr sparsam eingesetzt.

Abb. 21: Bilder aus der Arbeitswelt eines OB transportieren viel: Kompetenz, Erfahrung, Glaubwürdigkeit, Freude an der Arbeit, Umgänglichkeit. Die Aufnahmen sind in der Regel gestellt, weil man die Einwilligung der abgebildeten Personen braucht.

Mit Bild und Text Wahlkampf gestalten

Abb. 22: Bei Bildern auf dem Fahrrad muss ein Helm getragen werden – und es sollte wirklich so sein, dass der OB mit dem Rad zur Arbeit fährt.

Abb. 23: Leitfarbe der Kampagne war ein Petrolton, also eine Mischung zwischen Grün und Blau. Anzeigen übernehmen die wichtige Funktion der Online-Offline-Brücke und müssen nicht allzu viel Text enthalten.

Checkliste Kandidaten-Fotografie

Regine Lieb

Kleidung

☐ Fürs Portrait korrekt, für die restlichen Bilder lässig-elegant, aber gebügelt.

☐ Portrait: Weißes Oberteil, dunkelgrauer oder dunkelblauer Anzug, Blazer, Kleid oder Kostüm (nicht schwarz), ein paar Krawatten oder Tücher zur Auswahl. In kräftigen Farben, wenig bis nicht gemustert. Kein Rosa, Lindgrün etc., bei Krawatten keine Pudertöne.

☐ Ordentliche Jeans, Rock oder Chinos mit hellem Oberteil. Krawatte nicht nötig, mal mit, mal ohne Blazer/Cardigan/Sakko/Pulli.

☐ Visagistin meist nicht notwendig, gut ist aber eine Person, die pudert, Fältchen in der Keidung sieht und glättet sowie Strähnen im Haar bändigt.

Setting Plakat-/Portraitbild

☐ Querformat (für Homepage unerlässlich, fürs Plakat kann man ein Hochformat herausschneiden).

☐ Direkter, offener Blick, angedeutete Dynamik durch z. B. unscharfen Hintergrund.

☐ Außen-/Innenaufnahme mit Hintergrundunschärfe: Architektur (Spiegelungen), Natur. Keine direkte Sonne (harte Schatten stören). Wir brauchen Platz für den Text.

☐ Keine schrägen Schultern, Fotografierte sollen nicht verdreht rüberkommen.

☐ Auflösung DIN A0 geeignet. Bitte nicht beschneiden. Retusche erst nach Auswahl des Bildes.

Setting restliche Bilder

☐ Querformate werden häufiger benötigt als Hochformate, nicht beschneiden.

☐ Bilder in Bewegung: laufend, radfahrend, bei der Arbeit, …

☐ Bilder im Gespräch (auf die Einwilligung achten): Mit Bürgerinnen und Bürgern, mit Multiplikatorinnen, mit Beschäftigten der Gemeinde.

☐ Bilder mit der Familie, im Ehrenamt und bei der Ausübung von Hobbies.

Die offizielle Kandidatenvorstellung – zwischen Pflicht und Kür

Timo Jung

„Eine gute Rede soll das Thema erschöpfen und nicht die Zuhörerinnen und Zuhörer." Diese Weisheit ist zwar oft genug bestätigt, doch hat sie noch nicht jede und jeder verinnerlicht, wie die Praxis zeigt. Im Wettbewerb um das höchste Amt in einer Gemeinde werden sich die Bewerberinnen und Bewerber einer selbst gehaltenen Rede nicht entziehen können. Manchen wird dies erst vor der offiziellen Kandidatenvorstellung klar. In einigen Fällen überlegten es sich Kandidatinnen und Kandidaten deswegen noch einmal und zogen zurück. Andere wiederum ziehen nach der Kandidatenvorstellung ihre Konsequenzen und räumen das Feld, wie beispielsweise 2021 in Neuenstadt geschehen. Auf dem Wahlzettel steht man in beiden Fällen weiterhin. Deswegen darf nicht unerwähnt bleiben, dass wer Bürgermeisterin oder Bürgermeister werden will, sich einem Publikum stellen muss: dem Wahlvolk.

Dass Kandidatinnen und Kandidaten dies tun, hat eine lange Tradition und ist auch in Zeiten von anderen Vorstellungsformaten nach wie vor gesetzt. Die offizielle Kandidatenvorstellung ist insbesondere in kleineren Gemeinden von hoher Bedeutung. In manchen Wahlkämpfen ist gar die Kandidatenvorstellung der Gemeinde die einzige Plattform, auf der sich sämtliche Bewerberinnen und Bewerber präsentieren können. Je größer die Gemeinde, desto mehr andere Formate zur Vorstellung dürfte es geben – und sich damit die Bedeutung der Kandidatenvorstellung relativieren. Zwar ist eine offizielle Vorstellung für eine Gemeinde schon seit 1987 nicht mehr verpflichtend, jedoch findet sie nach wie vor in § 47 der baden-württembergischen Gemeindeordnung Erwähnung. Dort steht geschrieben:

> „Die Gemeinde kann den Bewerbern, deren Bewerbungen zugelassen worden sind, Gelegenheit geben, sich den Bürgern in einer öffentlichen Versammlung vorzustellen."

Dadurch erwächst wie oben beschrieben keine Verpflichtung mehr, jedoch ist es gute Übung, dass jede Gemeinde eine solche offizielle Veranstaltung organisiert. Sie gilt vielen als Hochamt des Wahlkampfs und findet deswegen auch nach wie vor diese Erwähnung in der Gemeindeordnung. Es liegt gleichwohl im Ermessen der Gemeinde, sie zu organisieren.

Grundsätzlich ist die organisierende Gemeinde dabei verpflichtet, die Chancengleichheit zu gewährleisten. Insofern wird allen Kandidatinnen und Kandidaten dieselbe Bühne geboten. Eine klare Regelung oder ein Verfahrensablauf, wie eine Vorstellung erfolgen soll, schreibt die Gemeindeordnung nicht vor. So sind auch andere Gesprächsformate als einzeln vorgetragene Reden denkbar, doch bringen andere Gesprächsformate auch höhere Anforderungen an Moderation und die Bewahrung der Chancengleichheit mit sich. Darum wird in den allermeisten Gemeinden auf die klassische Vorstellung zurückgegriffen. Meist in der Reihenfolge wie auf dem Wahlzettel und damit dem Eingang der Bewerbung dürfen die Bewerberinnen und Bewerber nacheinander eine Rede halten. Während der anderen Reden sind die Bewerberinnen und Bewerber oft gemeinsam in einem separaten Raum untergebracht und nicht etwa im Publikum sitzend. So wird sichergestellt, dass nicht auf die Rede der Anderen reagiert werden kann und sämtliche Bewerberinnen und Bewerber damit die gleichen Bedingungen vorfinden. Spätestens bei dieser Gelegenheit verbringen die Bewerberinnen und Bewerber zum ersten Mal zwangsweise gemeinsam Zeit, sofern sie nicht in Einzelräumen untergebracht sind. Manche Bürgerin oder mancher Bürger mag sich darüber wundern, dass sich die Kandidierenden untereinander duzen oder einen fairen Umgang pflegen – dies entsteht auch durch solche Situationen. Gemeinsam auf den eigenen Auftritt zu warten, die Stille des Wartens durch ein Gespräch aufzulockern – das entspannt die Atmosphäre und bringt die Bewerberinnen und Bewerber zueinander. Gleichwohl steht völlig außer Frage, dass auch schon gegenteilige Entwicklungen in Wahlkämpfen zu beobachten waren, in denen der Streit auf offener Bühne auch im geschlossenen Raum fortgeführt wurde. Maßgeblich hängt dies von der Gesamtatmosphäre im Wahlkampf ab.

Betreten die einzelnen Bewerberinnen und Bewerber die Bühne, so werden diese von der Versammlungsleitung begrüßt und eingeführt. Letztere ist verpflichtet, die Gleichbehandlung zu gewährleisten und damit beispielsweise darauf zu achten, dass die vorgegebene Zeit eingehalten wird. Überziehen Kandidierende, ist die Versammlungsleitung angehalten, sie zu ermahnen und gegebenenfalls die Rede zu beenden. Diese Informationen erhalten die Bewerberinnen und Bewerber in der Regel mitsamt der Einladung zur Veranstaltung.

In den meisten Fällen wird je nach Anzahl der Bewerberinnen und Bewerber die Möglichkeit zu einer Rede von 10 bis 20 Minuten gegeben. Längere

Zeitvorgaben sind eher selten, besteht doch die Gefahr, dass in solchen Fällen Ermüdungserscheinungen beim Publikum eintreten. Inhaltlich kann die Rede beliebig gestaltet werden, die veranstaltende Gemeinde kann nicht vorgeben, über was zu sprechen ist. Das führt in einigen Vorstellungen dazu, dass Kandidatinnen und Kandidaten in ihren Reden überhaupt keinen örtlichen Bezug herstellen. Der Umstand, dass weltpolitische Weisheiten verbreitet werden und das eigene persönliche Schicksal vor der Bürgerschaft ausgebreitet wird, ist deshalb keine Seltenheit. Diese Gegebenheit führte im Übrigen neben der Tatsache von zunehmenden Juxkandidaturen dazu, dass sich der Gesetzgeber 1987 nach kontroverser Diskussion dazu entschied, die Verpflichtung der Vorstellung aufzuheben.

Die Meinungsfreiheit gilt selbstverständlich auch bei einer Kandidatenvorstellung. Die Grenze wird jedoch dann überschritten, wenn Rechtsverstöße vorliegen oder drohen. Dann kann die gastgebende Gemeinde von ihrem Hausrecht Gebrauch machen. So geschehen beispielsweise bei der Kandidatenvorstellung in Weinsberg im Landkreis Heilbronn Anfang 2020. Ein mit derartigen Grenzüberschreitungen vertrauter Dauerkandidat ging in seinem Beitrag auf ein in Weinsberg ansässiges Klinikum ein und unterstellte, dass „in Weinsberg [...] jedes Jahr tausende Menschen wegen minderwertiger Gene gefoltert" würden. Das Publikum war sichtlich irritiert und nach anfänglichem Gelächter kippte die Stimmung. Den Bewerber stachelte das noch mehr an und ließ ihn in die Halle brüllen, dass ein hier unerwähnt bleiben sollender deutscher Diktator und Massenmörder „eher das Reich Gottes betreten würde als die anwesenden Heuchler". Der Provokateur musste seine Rede beenden und wurde des Saales verwiesen. Das gleiche Schicksal ereilte – wohlgemerkt aus völlig anders gelagerten Gründen – aufgrund ihrer ‚Vorstellung' bei der Kandidatenrunde in der Gemeinde Mauer im Rhein-Neckar-Kreis gleich drei der dortigen sieben Kandidaten von „Die PARTEI". Sie hatten sich nach Ansicht des Versammlungsleiters ungebührlich verhalten, so hatte sich unter anderem eine Bewerberin eine sehr unpassende Maske aufgesetzt.

Aufgrund der nicht vorhandenen Eingrenzung der Redeinhalte können sich Bewerberinnen und Bewerber auch darauf festlegen, die Kommunalpolitik der Gemeinde, in der sie sich bewerben, nicht einmal am Rande in ihre Rede einfließen zu lassen. Diese Vorgehensweise, über die sich der Autor an dieser Stelle kein Urteil erlaubt, die Wählerschaft aber sehr wohl, ist im Rahmen der Meinungsfreiheit möglich. Ausschweifende Monologe zur globalen Handelspolitik oder ein monothematischer Vortrag zur Einführung von musischen Elementen in die frühkindliche Bildung sind demnach genauso erlaubt wie historische Abrisse über mongolische Feldherrn. Die Beispiele wären im Übrigen nicht gewählt worden, wenn sie dem Autor nicht zu Ohren gekommen wären. Wenn man einen professionelleren Anspruch an sich selbst hat, so gilt für die eigene Rede das, was auch im übrigen Wahlkampf Geltung hat: die Vermeidung von Fehlern. Raunen im Publikum während der Rede erzeugt meist ein direkter Angriff auf Mitbewerberinnen und Mitbewerber. Die Beschäftigung mit der Vita der Konkurrenz und die Ableitung daraus, dass diese nicht für das Amt des Bürgermeisters geeignet sei, ist ein immer wiederkehrendes Phänomen von Vorstellungsrunden. Jedoch zeigt die Erfahrung, dass das Publikum hieran keinen Gefallen findet und sich regelmäßig Gemurmel als sofortige Reaktion breitmacht. So hatte beispielsweise unlängst bei der Kandidatenvorstellung in einer mittelgroßen Stadt der amtierende Beigeordnete seinem Mitbewerber mangelnde Erfahrung vorgeworfen und wörtlich gesagt, dass ein Bewerber für das Amt älter und reifer als 30 Jahre sein müsse. Er erhielt dafür im Nachgang in den sozialen Medien starke Kritik.

Gleichfalls als schwierig wird die reine Fokussierung auf die Vergangenheit empfunden. Gewählt wird für die nächsten acht Jahre und nicht etwa für die zurückliegenden acht, 16 oder gar 24 Jahre. Dies stellt vor allem Amtsinhaberinnen und Amtsinhaber, wie im gesamten Wahlkampf, vor die Herausforderung, das Geleistete nicht unerwähnt zu lassen, aber in gleicher Weise auch weitere Ideen für die Zukunft zu präsentieren – eine Gratwanderung.

Nicht allen ist die Präsentation vor Publikum in die Wiege gelegt. So sollte sich jede Bewerberin und jeder Bewerber im Vorhinein der Rede die Frage stellen, wie es auf sie und ihn wirken wird, wenn sie oder er vor mehreren hundert Menschen spricht. Die Erfahrung zeigt, dass die Zuhörenden keine rhetorischen Feuerwerke erwarten, sondern sich selbst in die Bewerberinnen und Bewerber hineinversetzen und dadurch kleinere rhetorische, der Aufregung geschuldete ‚Holperer' sogar positiv bewerten. Wichtiger als gekünstelte mimische, rhetorische oder gestische Verrenkungen sind deshalb ein sympathisches und ein zur Gemeinde passendes Auftreten sowie der spontane und souveräne Umgang mit Unsicherheiten. Dies bleibt mancher Besucherin und manchem Besucher zuletzt auch mehr in Erinnerung als der Inhalt der Rede, der sich bei professionellen Bewerberinnen und Bewerbern in vielen Gemeinden nicht wesentlich unterscheiden dürfte. Selbstverständliche Grundlage für das Gelingen der Rede sind deren Übung und frühzeitige Konzeption. Der Vortrag und die Übung vor der Familie, vor Freundinnen und Freunden sowie Bekannten mit der Bitte um ehrliche Rückmeldung geben nicht nur Sicherheit, sondern auch die Möglichkeit, an der einen oder anderen Stelle nochmals Verbesserungen einzuarbeiten.

Im Vorfeld bei der Planung muss feststehen, welche Botschaft gesetzt werden soll und ob ein Momentum im Wahlkampf genutzt werden kann. Demgegenüber kann eine unspektakuläre, solide Rede keinesfalls die falsche Option sein, wenn absehbar ist, dass es keine neue Dynamik im Wahlkampf braucht.

Dass die Kandidatenvorstellung eine Wende bringen oder vielmehr besiegeln kann, bewies beispielsweise die Wahl 2013 in Schriesheim. Ein bis dato von der CDU, den Freien Wählern und der FDP unterstützter Kandidat musste bei einer vorherigen Veranstaltung nach einer Frage zugeben, nach seiner Zeit in der CDU einst in einer weiteren Partei Mitglied gewesen zu sein. Schon Tage zuvor hatte es Gerüchte gegeben. Der Kandidat ging nun bei der Kandidatenvorstellung in die Offensive. Er bestätigte eine Mitgliedschaft in der AfD und legte überdies eine kurzzeitige Mitgliedschaft in der Partei „Die Freiheit" obendrauf. In dieser war er sogar stellvertretender Landesvorsitzender gewesen. Die Empörung unter den bisherigen Anhängern war groß. CDU, Freie Wähler und die FDP reagierten umgehend und entzogen dem Kandidaten noch am selben Abend ihre Unterstützung.

Zum Inhalt der Rede ist wiederholenswert, was oben schon angerissen wurde. Gelingt durch das sympathische und nahbare Auftreten die von Timm Kern[1] gut beschriebene Identifikation der Bürgerinnen und Bürger mit dem eigenen Ich, so muss die Rede daneben auch die sogenannte Projektion schaffen. Das bloße Referieren des Lebenslaufs und die dafür fast vollständige Inanspruchnahme der Redezeit ist genauso wenig zielführend wie die reine Konzentration auf harte Fakten oder Inhalte. Ein guter Ausgleich aus persönlichen und inhaltlichen Elementen, die Verbindung derselben und ein authentisches Auftreten wird dazu führen, dass die Rede zumindest kein Misserfolg wird. Wenn vorher geübt und sattelfest vorgetragen wird, kann sie zum Erfolg werden. Die Rede völlig frei vorzutragen, trauen sich nur wenige und ist mit einem Risiko verbunden. Verliert die Rednerin oder der Redner den Faden, so kann die Rückkehr zur im Vorhinein überlegten Struktur schwerfallen. Wer unsicher ist, sollte deshalb auf diese Option verzichten und eher während der Rede die gut geübten Abschnitte frei vortragen, ohne dabei so zu wirken, als ob ein Schulgedicht auswendig vorgetragen wird.

Die Schwerpunkte der Rede sind vom Wahlkampf und von den Mitbewerberinnen und Mitbewerbern abhängig. Wie bereits geschrieben, sind Angrif-

---

1 Timm Kern: Warum werden Bürgermeister abgewählt?, Stuttgart 2007.

fe auf die Konkurrenz nicht gern gesehen. Die Betonung der eigenen Stärken auch im Hinblick auf mögliche Schwächen der Konkurrenz ist deshalb der effektivere Weg. Hat die Mitbewerberin oder der Mitbewerber keine Verwaltungserfahrung, so kann diese bei der Wählerschaft in kleinen und mittleren Gemeinden immer noch sehr angesehene und wichtige Kompetenz womöglich nochmal besonders eingebaut werden. Hat die Mitbewerberin oder der Mitbewerber einen starken Verwaltungshintergrund, so kann womöglich der eigene Gestaltungswille verstärkt in den Vordergrund gerückt werden. Dies immer unter der Maßgabe, dass die Situation der Gemeinde Beachtung findet.

Mindestens einige inhaltliche Themenfelder sollten in der Rede Erwähnung finden und mit den eigenen Ideen verbunden werden. So setzen vor allem jüngere Bewerberinnen und Bewerber oftmals auf einen Ausblick oder ein Zukunftsbild für die Gemeinde für die nächsten 20 Jahre und betonen damit, dass sie langfristig gestalten wollen. Dies setzt ältere Mitbewerberinnen und Mitbewerber dahingehend unter Druck, dass sie diese vielen Jahre eventuell gar nicht mehr im Amt sein können. Gleichwohl können dem beispielhaft und konkret im Jetzt Ideen entgegengesetzt werden, für die sofortiges Handeln notwendig ist. Damit wird die eigene Tatkraft unterstrichen und ein Hinweis, dass die Gemeinde nicht als Sprungbrett genutzt werden soll, sondern als Krönung der eigenen Berufslaufbahn begriffen wird, schafft den nötigen Ausgleich zur Altersfrage.

Die Themenfelder sind anhand der Gemeinde zu wählen und entsprechen den klassischen kommunalen Politikfeldern wie Gemeindeentwicklung, Wirtschaft und Finanzen, Soziales, (frühkindliche) Bildung, Wohnraum, das Miteinander von Alt und Jung, die Förderung des Vereinslebens, Kultur, mittlerweile verstärkt Digitalisierung sowie der Umwelt- und Klimaschutz. Die Bürgerinnen und Bürger müssen überzeugt werden, dass vor ihnen eine Persönlichkeit spricht, die auch inhaltliche Kompetenzen und Ideen einbringen wird. Dabei hilft nicht die bloße Auflistung von Themen, sondern die Sichtbarmachung des Gestaltungswillens an einigen wenigen konkret ausgewählten Projekten. Mehr lässt die Zeit nicht zu.

Nicht zuletzt erwähnenswert und immer wieder unterschätzt, ist die Auswahl der Garderobe. War früher die Krawatte noch obligatorisch, so mögen sich die Zeiten zwar geändert haben – und die Auswahl der Kleidung bestimmt sicherlich nicht die Erfolgsaussicht einer guten Vorstellung. Doch gilt zusammengefasst jene Gottfried Keller zugeschriebene Weisheit: „Alles Große und Edle ist einfacher Art." In anderen Worten: Es ist zielführend, nicht durch die Kleidung aufzufallen, sondern besser durch einen souveränen Auftritt.

Die offizielle Kandidatenvorstellung

Mittlerweile hat die Wertigkeit des während der Rede beiwohnenden Publikums insofern etwas abgenommen, als einige Städte und Gemeinden dazu übergegangen sind, rein virtuelle Kandidatenvorstellungen abzuhalten. Ob diese durch die Pandemie hervorgerufene Entwicklung fortgeführt wird, bleibt abzuwarten. Zumindest dürfte aber die Aufzeichnung auch in Zukunft gewährleistet werden, so dass von einer noch höheren Reichweite der Veranstaltung auszugehen ist, und die Veranstaltung länger im Netz abrufbar bleibt.

Eingebürgert hat sich, dass oftmals noch eine Fragerunde stattfindet. Dabei haben sich unterschiedliche Vorgehensweisen etabliert. In den meisten Fällen folgt sie, nachdem alle Kandidatinnen und Kandidaten ihre Rede beendet haben und sich gemeinsam auf dem Podium einfinden. Nun können sich Bürgerinnen und Bürger melden und jene Fragen stellen, die sie bewegen. Gemeinhin wird den Bewerberinnen und Bewerbern vorgegeben, wie lange eine Antwort ausfallen darf. Wird hier zu großzügig verfahren, kann sich die Fragerunde hinziehen und langatmig werden. In den meisten Fällen honoriert es die Bürgerschaft, wenn sich Bewerberinnen und Bewerber kurzfassen und auch mal eine Prise Humor oder Selbstironie einstreuen. Ausufernde Antworten, bei denen am Ende nicht mehr klar ist, was die Frage überhaupt war, sorgen für Missfallen. Nach drei Stunden Kommunalpolitik wird es nicht mehr inhaltlich entscheidend sein, dass alle Bewerberinnen und Bewerber beteuern, die Verkehrsprobleme wirklich gleichermaßen ernst zu nehmen. Entscheidend ist es, als Bewerberin oder Bewerber bis zuletzt die Spannung zu halten und nach wie vor Fehler zu vermeiden. Betonte Lässigkeit oder gar Langeweile zu signalisieren, hat im Eifer des Gefechts schon manche Bewerberin und manchen Bewerber in die Nähe der Arroganz gerückt. Wird die Fragerunde gemeinsam mit den anderen Bewerberinnen und Bewerbern bewältigt, so ist es unvermeidbar, dass sich Antworten gleichen, sich Kandidatinnen und Kandidaten oft einig sind. Krampfhafte Abgrenzung zu den Mitbewerberinnen und Mitbewerbern ist nicht zielführend, das inhaltliche Profil ist insbesondere durch die vorherige Rede gesetzt. Vielmehr gilt es, auf manch unerwartete Frage mit Sachkenntnis sowie rhetorischem Geschick zu antworten und den durch die Rede hoffentlich positiv hervorgerufenen Eindruck zu bestätigen.

Die Inhalte der Fragen der Bürgerschaft gleichen sich in vielen Kandidatenvorstellungen. Sie werden entweder im Vorfeld der Versammlung eingereicht und von der Versammlungsleitung vorgelesen oder vor Ort direkt von Bürgerinnen und Bürgern gestellt. Es empfiehlt sich, diese vorauszuahnen und mögliche Antworten zu entwickeln. Falls noch offen und nicht in der Rede erwähnt, ist zum Beispiel die Frage nach dem zukünftigen Wohnort nach wie vor ein Paradebeispiel für die Fragerunde. Auch Unstimmigkeiten im Lebenslauf oder Fehltritte im bisherigen Wahlkampf werden in Fragerunden auf die Agenda gehoben und bieten, sofern möglich, die Chance in die Offensive zu gehen. In Veringenstadt brachte Anfang 2022 eine Bürgerin einen Kandidaten in arge Bedrängnis, als sie nach dessen unterschiedlichen zeitlichen Angaben bezüglich seiner Selbstständigkeit und der fehlenden Homepage seiner Firma fragte. Die Botschaft seiner im Wahlkampf veröffentlichten Bilder sei darüber hinaus für sie als Bürgerin nicht zu verstehen. So hatte sich der Kandidat mit Anzug und hochgezogener Hose in einem örtlichen Gewässer abgelichtet. Die überzeugende Antwort oder die Gegenoffensive des Kandidaten blieb in dieser Sache allerdings aus.

Noch immer werden in den Kandidatenvorstellungen Frauen andere Fragen gestellt als Männern. So müssen sich insbesondere junge Frauen gar für Kandidaturen zum Bürgermeisteramt verteidigen, während jungen Männern wie selbstverständlich der Wille zur kommunalpolitischen Gestaltungsmacht zugestanden wird. Fragen an Kandidatinnen zur möglichen Kinderbetreuung oder der Vereinbarkeit von Familie und Bürgermeisteramt sind deswegen nach wie vor keine Seltenheit. Gerade solche Fragen bieten einer Kandidatin eine gute Gelegenheit, in die Offensive zu gehen. So lässt sich hier das Beispiel einer Kandidatin nennen, die auf die Frage eines Bürgers nach ihrer eigenen Kinderbetreuung mit der Gegenfrage reagiert, ob diese Frage auch einem Mann gestellt worden wäre. Sie tat dies, ohne unhöflich zu werden, und verband es gekonnt mit der generellen Situation von Familien, in denen beide Elternteile einer Arbeit nachgehen. Das Publikum applaudierte, die Kandidatin landete einen Treffer.

Ein weiterer Schwank zu einer eher missglückten und entlarvenden offensiven Antwort führt uns an dieser Stelle ins saarländische Völklingen. Hier trat ein Kandidat der NPD zur Bürgermeisterwahl an. Einem Besucher der Podiumsdiskussion einer Lokalzeitung zur Bürgermeisterwahl – und damit zugegebenermaßen nicht einer offiziellen Kandidatenvorstellung – war „erschreckend aufgefallen, dass in Völklingen Hausnummern mit arabischen Zahlen gekennzeichnet" seien. Er wollte wissen, wie der Kandidat „gegen diese schleichende Überfremdung" vorgehen werde. Der Kandidat der NPD wollte die vermeintliche Steilvorlage in seinem Sinne gekonnt nutzen und antwortete: „Da warten Sie ab, [...] wenn ich Oberbürgermeister bin, dann werde ich das ändern und dann werden normale Zahlen drankommen".

Die offizielle Kandidatenvorstellung

Summa summarum löste dies zum Unverständnis des Kandidaten allgemeines Gelächter im Saale aus.

Es gilt also auf der Hut zu sein. Neben derartigen ausgefallenen Fragen bestimmen jedoch klassische Inhalte der Kommunalpolitik die Agenda. Ist die Kommune nicht mit finanziellem Reichtum gesegnet, so wird die Frage nach der Finanzierung der in der Rede dargestellten Ideen gestellt. In den meisten Fällen antworten die Kandidatinnen und Kandidaten erwartbar, dass man nur jenes Geld ausgeben könne, das man habe, und verweisen auf ihre Erfahrung in finanziellen Angelegenheiten. Die Erwähnung guter Kontakte, um die Fördertöpfe anzuzapfen, rundet dabei das Gesamtbild ab. Verkehrsprobleme wie auch andere Herausforderungen wie beispielsweise die Kinderbetreuung oder der Mangel an bezahlbarem Wohnraum sind weitere Klassiker. Oftmals artikulieren direkt Betroffene die Herausforderungen. Verständnis zu zeigen, ist dabei die eine Seite der Medaille, jedoch ist auch darauf zu achten, bei Partikularinteressen nicht das Allgemeinwohl aus den Augen zu verlieren, und damit darauf, nicht allen Fragestellerinnen und Fragestellern nach dem Mund zu reden. Eine Beschäftigung mit den in der Gemeinde relevanten Themen ist deshalb unerlässlich. Nur so kann die Rede gelingen und nur so kann die Bewerberin oder der Bewerber kompetent antworten.

Nicht selten nutzen Bürgerinnen und Bürger die Fragerunde auch, um eine Frage mit einer eigenen Antwort, einer Stellungnahme oder persönlichen Erklärung zu verbinden. Greift die Versammlungsleitung nicht beherzt ein, so kann dieses Vorgehen Frust auf beiden Seiten auslösen und die Bewerberinnen und Bewerber vor Herausforderungen stellen. Oftmals wird deswegen vor der Fragerunde ein klares Signal gesendet, dass nur Fragen und keine Aussagen erlaubt sind und die Fragen klar zu adressieren sind. Meldet sich keine Bürgerin oder kein Bürger mehr für eine Frage, wird die Veranstaltung beendet. Wenn man keine Frage erhielt, hilft es auch nicht, wie in Bad Wildbad Anfang 2022 geschehen, sich kurzerhand selbst eine stellen zu wollen. Die kreative Idee wurde sofort von der Versammlungsleitung kassiert, und der Kandidat musste die Bühne zu seinem Bedauern ohne weitere Redezeit verlassen.

Wer am Schluss die Wahl gewinnt, entscheidet nicht allein der Auftritt bei der Kandidatenvorstellung. So führt eine gute Rede nicht unmittelbar zum Erfolg, eher eine schlechte Rede zum Misserfolg. Die Rede bei der Kandidatenvorstellung ist damit ein Mosaikstein im Gesamtbild, das die Bürgerschaft gewinnt und das zum Erfolg führt. Kein Mensch wird als Bürgermeisterin oder Bürgermeister geboren. Diese Tatsache bringt uns am Schluss wieder zur wichtigsten Erkenntnis: Sich selbst treu zu bleiben und sich in der Vorstellung nicht zu verbiegen, wird positiv gewertet. Und gleichfalls gilt: Wer den Bumerang in der Vorstellung zu weit wirft, der wird merken, dass dieser Bumerang während der Amtszeit als Bürgermeisterin oder Bürgermeister wieder zurückkommt. Man muss ihn wieder einfangen – ob man will oder nicht.

Abb. 24: Im Wahlkampf sind viele Aufgaben zu bewältigen.

Mit charismatischer Ausstrahlung zum Erfolg

Leila Adjemi

Erfolgreiche Körpersprache beginnt im Kopf: Körpersprache in fünf Kategorien

Das Bewusstsein über die eigene Präsenz und Körpersprache bringt uns in unserer Persönlichkeitsentwicklung ein großes Stück weiter. Sie mögen eine Wahl für sich entscheiden oder nicht – in jedem Fall werden Sie an emotionaler Intelligenz gewonnen haben. Diese Erfahrung kann Ihnen niemand nehmen.

Sozialisierung und Körpersprache, oder: Charismatische Ausstrahlung ist verlernbar

Wir alle sind Meister(innen) in Sachen Körpersprache. Bereits präverbal üben wir uns in nonverbaler Kommunikation, denn für einen Säugling ist es überlebensnotwendig, sich körpersprachlich zu äußern sowie Körpersprache deuten und einordnen zu können. Bereits im frühkindlichen Entwicklungsstadium beginnt ein Kind, da es zu 100 Prozent auf seine Mitmenschen angewiesen ist, jede Form von Feedback in Bezug auf sein Verhalten wahrzunehmen. Es versucht sich so zu verhalten, dass es geliebt und versorgt wird sowie in optimaler Weise seinen Platz in der Familie einnehmen kann.

1. Der erste Eindruck

Bis ins hohe Alter bleibt das Lesen der Körpersprache im Alltag maßgeblich, insbesondere wenn es darum geht, Beziehungen einzuordnen: Handelt es sich um Freund(in) oder Feind(in)? Ist die Person mir sympathisch oder unsympathisch? Kann sie was oder auch nicht? Überzeugt mich das? Unsere ‚inneren Schubladen' sind von der persönlichen biografischen Landkarte geprägt und werden innerhalb einer Zehntelsekunde bis zu maximal drei Sekunden relevant für unsere Einschätzung der Situation. Dieser sogenannte erste Eindruck spielt gerade bei einem Wahlkampf eine wesentliche Rolle – ein Phänomen, das sich bei der Auftrittsvorbereitung zu berücksichtigen lohnt, da der erste Eindruck nur mit viel Aufwand revidiert werden kann. Wichtig: Ihr Auftritt beginnt bereits ab Sichtweite, nicht erst ab Beginn Ihrer Rede!

2. Authentizität

Es gibt von Geburt an zurückhaltende Kinder und sichtbarere Kinder. Diese fragen sich nicht von selbst, ob sie am richtigen Ort zur richtigen Zeit sind, ob das Outfit passt oder ob ihre Worte schlau und überzeugend sind. Solche Verhaltensmuster entstehen in Abhängigkeit von der Häufigkeit des Feedbacks, das sie bekommen haben. Ein kleines Kind wird je nach Familie und kulturellem Hintergrund sowie seinem persönlichen Reife- und Entwicklungsgrad in seinem Verhalten und Auftreten erst einmal ‚passend' gemacht. Dies geschieht meist in bester Absicht, denn damit sollen allgemeingültige Formeln zum Überleben weitergegeben werden. „Sei nicht so laut", „sei nicht ..." bedeutet so viel wie: Wenn du dich so oder so verhältst, dann funktioniert die Welt so und so. Die wenigsten von uns haben in ihrer Entwicklung erlebt, dass man sich für sie und ihr eigentliches Wesen interessiert hat und dass dieser Wesenskern gefördert wurde. Wenn das der Fall wäre, hätten Psychotherapeut(inn)en, Coaches sowie alternative Selbstfindungsangebote seit Jahrzehnten nicht solch einen Zulauf. Da wir in einer Gesellschaft leben, ist ein soziales Miteinander notwendig. Doch wie weit muss sich ein Mensch dabei von seinem eigentlichen Wesen und somit von seinem eigentlichen Ausdruck entfernen? Was ist hier die richtige Balance von Individualkraft und Anpassung?

Wir alle wollen authentisch auftreten. Aber was bedeutet das eigentlich? Authentizität hat etwas mit Selbstbewusstsein zu tun. Wenn ich mir meiner selbst nicht bewusst bin, kann das Selbstbild gerade unter Stress ins Wanken kommen. Unsicherheiten und Ängste, die vorher noch nie da waren, werden plötzlich zu einer großen Herausforderung. Unter akutem Stress ist ein Teil des Gehirns (die Amygdala) aktiv, in dem sämtliche Kindheitsmuster, aber auch prähistorische Verhaltens- und Überlebensmuster gespeichert sind.

Bei akuter subjektiver Überforderung können wir in eine temporäre Altersregression geraten, die uns daran hindert, vorhandene Leistungsfähigkeit abzurufen. Ein(e) Therapeut(in) oder Coach kann Ihnen in diesem Fall helfen, damit Sie sich wieder mit jenen ihrer Anteile verbinden können, die der Situation gewachsen sind.

Körpersprache in Symbolen und Kongruenz

Wir alle kommunizieren automatisch immer wieder in Symbolsprache. Dazu gehört das derzeit so weitverbreitete ‚Liken', aber auch solche Gesten wie beispielsweise ‚mit den Schultern zucken' oder ‚die Augen verdrehen', wenn wir etwas unangemessen oder unangenehm empfinden. Eine vereinbarte, festgelegte, sich wiederholende Symbolsprache kann verbindend wirken und Dynamiken auslösen. Um Zugehörigkeit oder eine bestimmte ‚Message' zu definieren, können Familien, Jugendliche oder Arbeitsteams eine spezifische Geste als Symbolsprache festlegen. Wird diese in bestimmten Situationen eingesetzt, ist allen Gruppenzugehörigen unmittelbar klar, was damit gemeint ist. Symbolsprache funktioniert auch unbewusst und kann ihre psychische Wirkung selbst dann entfalten, wenn wir sie im Alltag nicht bewusst wahrnehmen oder keine Erklärung dafür haben.

3. Kongruenz

Nach wie vor gibt es Redner(innen), die bestimmte Gesten einstudieren. Häufig wirkt das auf uns unecht und erzeugt das Gefühl, dass etwas vorgespielt wird. Gerade in den großen Vorstellungsrunden geben sich die Wähler(innen) meist alle Mühe, um herauszufinden, wem sie ihr persönliches Vertrauen schenken können und wem nicht. Dabei wird unbewusst ständig überprüft, wie der oder die Redner(in) selbst zu dem Gesprochenen steht, sprich: ob das Gesprochene mit dem, was der oder die Redner(in) eigentlich denkt, kongruent ist. Ein Klassiker ist bereits die Begrüßung: „Liebe Bürgerinnen und Bürger, ich freue mich …" Dies ist einer der ersten Sätze. Doch die Nervosität ist gerade am Anfang am höchsten. Die Ungeübten kompensieren dies gerne mit Vermeidungsgesten. Nur sehr wenigen gelingt in diesem Moment tatsächlich ein gelassenes Lächeln, ein milder Tonfall, strahlende Augen und eine großzügige, willkommen heißende, geöffnete Armbewegung.

Es gibt allerdings zahlreiche Übungen, um sich unter diesem Belastungsstress mental so einzustellen, dass Sie in dem Moment wirklich Freude empfinden, wodurch eine Kongruenz sofort hergestellt werden kann.

4. Kleidung als Teil der Symbolsprache

Nach wie vor gilt: lieber over- als underdressed. Schließlich ist das eine gute Gelegenheit, nonverbal Respekt vor den Mitmenschen und dem Anlass zu zeigen. Ich empfehle Schuhe mit Ledersohle. Damit können Sie einen akustischen Wert erzeugen, der impliziert: fester Schritt, klarer Gang, eindeutiges ‚Standing', gesehen und gehört werden wollen. Auch wenn dies von den meisten nur unbewusst wahrgenommen wird, wäre es schade, diese Pluspunkte durch Sneakers zu verschenken.

Für die Herren: Bitte überprüfen Sie bei Hemd und Sakko Ihre Armfreiheit nach oben sowie, ob Sie locker die Knöpfe des Sakkos öffnen und schließen können.

Für die Damen: Bitte ziehen Sie Rock, Kleid und Schuhe mit hohem Absatz nur an, wenn Sie sich sicher darin bewegen können! Bedenken Sie dabei, dass Sie vielleicht eine kleine Treppe vor sich haben und dass der Rock nur eine bestimmte Schrittlänge oder Stufenhöhe zulässt. Sie verlieren sofort an Souveränität, wenn man Ihnen beim Treppenlaufen behilflich sein muss. (Die Sache mit dem ‚ersten Eindruck' ...) Wenn alle Kandidat(inn)en gleichzeitig geladen sind, kann es sein, dass Sie auf einer Bühne und somit auf Augenhöhe des Publikums sitzen. Knielange Bleistiftröcke kommen daher nicht infrage.

Körpersprache der Psychomotorik

Gemeint ist die Körpersprache im unbewussten, vegetativ gesteuerten Affekt. Das kann ein Kopfkratzen, aber auch eine unwillkürliche Schutzbewegung sein, bei der sich beispielsweise Muskulatur im Nacken zusammenzieht und die Schultern dadurch nach oben gezogen werden. Es kann auch sein, dass wir uns abwenden oder die Augen zusammenkneifen oder einen Schritt nach hinten gehen, statt uns dem Publikum zuzuwenden.

5. Übersprunghandlungen

Wenn wir einer unangenehmen oder stressigen Situation nicht entkommen können oder eben nicht das tun dürfen, was uns in diesem Moment lieber wäre, dann gehen wir unbewusst in sogenannte Übersprunghandlungen. Vielleicht wird das Haar ständig aus dem Gesicht gestrichen, an der Kleidung gezupft oder hektisch mit dem Fuß gewippt. Möglicherweise wird auch laufend nach dem Wasserglas gegriffen. Auf Beobachter(innen) wirken diese Bewegungen unruhig und als nicht zielführend.

Was hilft: Auftritte inhaltlich und mental gut vorbereiten. Damit Sie sich sicherer fühlen, werden Ihnen die unten genannten Übungen sehr gut helfen können.

Vorbereitungen für Ihren perfekten Auftritt

Optimalerweise beginne ich mit dem Training etwa einen Monat, bevor die Kandidatur durchgesickert ist, also auch lange vor dem offiziellen Einreichen der Bewerbung. Somit bleibt genügend Zeit, sich ohne den Druck der Öffentlichkeit in Sachen Körpersprache auf Stärken und mögliche Schwächen zu konzentrieren. Das Geübte wird sich in die tieferen Bewusstseinsschichten absetzen und kann so Resilienz sowie Empowerment für den gesamten Wahlkampf aktivieren.

Fünf Feedbackgeber(innen)

Bitte suchen Sie sich in dieser Anfangszeit maximal fünf Personen, die Ihnen ehrlich Feedback geben dürfen. Darunter sollte wenigstens ein(e) alte(r) Freund(in) sein, der oder die Sie schon länger kennt und wo die gewachsene Freundschaft nicht von Ihrem Wahlerfolg abhängig ist. Wenn es um Körpersprache geht, gibt es nach einem Auftritt plötzlich so viele Auftrittsprofis, wie beim Fußball Fußballprofis auf dem Sofa vor dem heimischen Fernseher. Fakt ist: Viel hilft nicht immer viel und die ganzen Tipps bezüglich der „Ähms" oder der vermeintlich falschen Auswahl der Krawatte verunsichern und schwächen unnötig. In solchen Fällen habe ich – was das Coaching angeht – schon viele Stunden an Zeit verloren, um die resultierende Verunsicherung wieder aus dem Bewusstsein zu lösen. Gehen Sie lieber das Risiko ein, einen tollen Tipp zu verpassen, als dass Sie durch Überinformation nicht mehr bei sich sind und somit nicht mehr authentisch agieren können. ‚Außer sich' zu sein, stellt in Sachen Präsenz den absoluten ‚Worst Case' dar!

Lampenfieber

Sie haben Lampenfieber? Dann gratuliere ich Ihnen. Lampenfieber bedeutet, dass Ihr ganzes System Sie in die Lage versetzt, bestmögliche Leistung abzurufen. Darf man die Aufregung sehen? Ich bitte darum, denn dann wissen die Wähler(innen), dass Ihnen Ihr Auftritt und Ihre Bewerbung nicht egal sind. Lampenfieber ist ein natürlicher Vorgang. In den meisten Fällen haben wir nicht das Problem mit dem Lampenfieber selbst, sondern mit der Bewertung dessen, was da mit uns passiert. Dann machen Sie eben alles mit Aufregung. Es gibt sehr hilfreiche Achtsamkeitsübungen, um sich vor Auftritten entspannen zu können. Auch wenn immer wieder dazu geraten wird, sich das Publikum nackt oder auf dem Klo sitzend vorzustellen, rate ich davon ausdrücklich ab! Sie bringen sich selbst damit in einen vermeintlichen Hochstatus und degradieren Ihr Publikum. „Man kann nicht nicht kommunizieren" (Paul Watzlawick), und welches Publikum lässt sich schon gerne abwerten?

Wenn Sie allerdings über eine längere Strecke das Gefühl haben, dass Sie Ihre Leistung nicht mehr abrufen können, sich das Lampenfieber in Auftrittsangst gewandelt hat und Sie nicht mehr schlafen können, suchen Sie sich bitte Unterstützung bei einer oder einem Coach oder Therapeut(in).

Vitales Aussehen gewinnt

Die meisten Wahlentscheidungen fallen unbewusst und emotional gesteuert. Etwas Prähistorisches gilt nach wie vor: Der Leitwolf, die Leitwölfin muss fit und gesund sein – optimalerweise sogar fitter als man selbst. Vitalität, Gesundheit und Lebensenergie sehen wir einem Menschen sofort an. Leider nimmt niemand darauf Rücksicht, ob Ihnen während des Wahlkampfs die Puste ausgeht. Deshalb: Inseln und Tankstellen vorher organisieren und rechtzeitig ansteuern.

Wohin mit den Händen?

Je nach Temperament und Sozialisierung kommunizieren wir natürlich auch mit den Händen. Wenn wir uns auf die Bewegungen der Hände konzentrieren, fällt uns das deshalb so schwer, da diese Bewegungen in unserem sogenannten impliziten Gedächtnis verankert sind. Dieses Gedächtnis macht einen Großteil unseres unbewussten Denkens aus und ist wichtig, damit wir uns im Alltag zurechtfinden und frei bewegen können. Wenn wir unbewussten, automatisierten Bewegungen plötzlich unsere Aufmerksamkeit schenken, wie beispielsweise dem Gehen, Stehen oder dem, was die Hände bei einer Rede machen sollen, dann kann uns das aus oben genannten Gründen ziemlich aus dem Konzept bringen. Als Faustregel gilt, dass die Hand- und Armbewegungen immer oberhalb des Bauchnabels stattfinden sollen. Auch hier gilt: Think big! Auf der Bühne sind eher zu große als zu kleine Bewegungen gefragt. Und achten Sie beim Sprechen auf ‚geöffnete Hände'. Meiner Erfahrung nach ist der richtige Umgang mit den Händen dann kein Thema, wenn die unten genannten Übungen und Tipps befolgt werden.

‚Erden und verwurzeln' – was ich denke oder tue, manifestiert sich im Körper und wird so für andere sichtbar und spürbar

Erfahrungsgemäß sind wir mit unserem Bewusstsein nur im Körper präsent, wenn wir uns körperlich anstrengen oder uns etwas schmerzt. Ansonsten sind wir – mit etwa 60.000 Gedanken pro Tag – eher mit dem Denken identifiziert. Aber ob bewusst oder unbewusst, der Körper ist das Medium unserer Ausdruckskraft. Und die Welt antwortet uns auf das, was wir verbal- und nonverbal kommunizieren, nicht auf das, was wir denken oder eigentlich sagen wollten. Bereits C. G. Jung machte uns auf die tiefe Wirkung von Imaginationen aufmerksam. Heute wissen wir, dass wir mit inneren Bildern auf unser Unbewusstes – und somit auch auf unsere Körpersprache – Einfluss nehmen können.

Das ‚Erden' hilft uns, unser bewusstes Sein in den Körper zu lenken, um somit gezielt auf den Punkt wirken zu können. Nicht nur Profis aus den Bereichen Kampfsport, Gesang, Schauspiel und Logopädie lernen, sich gut zu erden. Meine Klient(inn)en ebenfalls. Lassen Sie sich zu Beginn des Trainings ruhig 20 Minuten Zeit, damit dieses Gefühl von Sicherheit und Verbundenheit in Ihr körperlich-organisches Gedächtnis abgespeichert werden kann. Wenn dies nach einiger Zeit der Übung der Fall ist, dann wird dieses neu gewonnene ‚Standing' innerhalb von Sekunden jederzeit abrufbar.

Abb. 25: Verwurzelte Figur.

Anleitung: Sie stehen im schulterbreiten Stand, die Knie und Schultern sind dabei locker. Vielleicht hilft es Ihnen, wenn Sie am Anfang die Augen dabei schließen. Sie lenken einen Augenblick lang den Fokus Ihrer Aufmerksamkeit auf Ihren Atem. Sie müssen nichts weiter tun, als einfach nur den Atem, der durch Ihren Körper strömt, zu beobachten. Dann lassen Sie das und lenken Ihre Aufmerksamkeit auf Ihre Fußsohlen und den Kontakt zum Boden. Wo genau fühlen Sie den Boden unter Ihren Füßen? Nun beginnen Sie in Ihrer Vorstellung, von den Füßen ausgehend Wurzeln in den Boden hineinwachsen zu lassen. Dabei stellen Sie sich die Verwurzelung nicht nur vor, sondern versuchen auch, ein Gefühl dabei zu erzeugen. Wie fühlt sich das an, wenn Sie so gut in die Erde hinein verbunden sind? Imaginieren Sie dicke, breite und feste Wurzeln. Wie ein Baum, dessen Wurzeln so tief gehen, wie auch seine Krone ausgebildet ist. Wie unten, so oben. Dann nehmen Sie ihre Handinnenflächen wahr und kreieren auch von hier ausgehend, in einer ganz entspannten Armhaltung, Wurzeln in die Erde hinein. Wenn Füße und Hände in die Erde hinein verbunden sind, erden Sie Körperpartie um Körperpartie, vom Kopf aus beginnend, selbstständig und in aller Ruhe nach unten weiter. Lassen Sie sich Zeit! Zum Schluss nehmen Sie Ihren Körper als eine Einheit wahr. Vielleicht war am Anfang Spannung und Energie beispielsweise in den Schultern oder im Brustkorb, so balancieren Sie jetzt die Energieverteilung im Körper bewusst aus, indem Sie sich selbst an den entsprechenden Stellen loslassen. Wenn Sie bis jetzt die Augen geschlossen haben, dann öffnen Sie die Augen wieder. Bitte stellen Sie sich jetzt Ihr Publikum vor, das erwartungsvoll auf Sie schaut, während Sie auf einer Bühne stehen. Frage: Können Sie, auch wenn der Blick nach außen geht, trotzdem dieses Gefühl der Erdung beibehalten oder zieht es Sie gedanklich und emotional wieder nach außen? Optimalerweise geht es hier nicht um ein Entweder-oder, sondern um eine Art Gleichzeitigkeit – gleichzeitig präsent sein im eigenen Körper *und* im Außen.

Ausstrahlungshilfe für „Kopfmenschen"

Abb. 26: Strahlen aus Brust.   **Abb. 27:** Bauchnabel-Strahl.

Diese Übung ist ein wunderbarer Trick für die eher rational orientierten Menschen unter uns und hilft Ihnen, Ihre Präsenz in den Raum zu lenken.

Anleitung: Sie erden sich, wie bereits in der vorigen Übung geschildert. Dann stellen Sie sich vor, dass Sie ein lächelndes Gesicht in der Mitte des Brustkorbs haben, das, während Sie reden, beständig durch das Publikum hindurch und in den Raum wärmend hineinstrahlt. Manche mögen dabei auch gern die Vorstellung einer kleinen Sonne, wieder andere visualisieren gerne einen kleinen Scheinwerfer. Nehmen Sie für sich einfach das Bild, das zu Ihnen am besten passt.

Sie haben gerade das Gefühl, dass Ihnen Kraft fehlt? Dann wählen Sie anstelle des Brustkorbs Ihre Körpermitte.

Raum mit der eigenen Präsenz füllen

In Sachen Ausstrahlung gibt es kein Vakuum. Entweder Sie nehmen sich den Raum oder er wird Ihnen genommen. Bis wohin geht Ihre Energie im Raum? Die genannten Übungen helfen Ihnen, ein Gefühl dafür zu bekommen. Stellen Sie sich nun außerdem vor, dass Sie durch die Zuschauer(innen) hindurch sprechen, und addieren Sie im Geiste noch eine Zuschauerreihe nach hinten dazu, damit Sie sicher gehen können, dass wirklich alle Menschen im Raum erreicht wurden.

Aktiv oder passiv in der Körpersprache macht den Unterschied

Minimale Veränderungen der Körperhaltung können maximale Effekte in Sachen Sympathiegewinnung bei den Wähler(inne)n bewirken. Wenn wir aufrecht stehen, haben wir – statisch gesehen – eine Mittelachse. Bei den meisten ist die Körperhaltung jedoch eher hinter, seitlich oder vor der eigentlichen Mittelachse, also nicht wirklich aufrecht. Dasselbe gilt beim Sitzen. Unbewusst wird von den Zuschauer*innen Folgendes wahrgenommen: Wer seitlich positioniert ist (mit Standbein, Spielbein und einer Hand womöglich noch in der Hosentasche), hat etwas zu verbergen und wirkt ausweichend. Wer zu weit nach vorne gelehnt ist, ist Einzelkämpfer, eilt gerne davon. Wer nach hinten gelehnt ist, wirkt passiv. In unserer westlichen Zivilisation sind wir mit der Progression identifiziert. Wir bekommen schnell ein ungutes Gefühl, wenn wir den Eindruck haben, dass wir ‚den Hund zum Jagen tragen müssen'. Versuchen Sie sich daher, so natürlich wie möglich, in Ihrer Mitte oder Aufrechten zu halten. Nicht ohne Grund sagen wir: „Das ist ein aufrichtiger Mensch!"

Bühnenaufgang üben

Bevor Sie den Saal betreten, ‚erden' Sie sich kurz nochmal und schalten ihre ‚Sonne' oder ‚Smiley' an. In fast allen Coachings laufen die Klient(inn)en die Treppe zur Bühne zu langsam hinauf. Nehmen Sie sich ein Vorbild an Joe Biden, der zu jedem Auftritt lächelnd und winkend auf die Bühne gejoggt gekommen ist. Klar, wir sind nicht in den USA, aber bedenken Sie den Abschnitt „Vitales Aussehen gewinnt": Versprühen Sie Vitalität! Gewinnen Sie Sympathie!

Vorbereitung einer Rede

Wilde Zahlen wissenschaftlicher Statistiken kursieren bezüglich der prozentualen Wichtigkeit von Körpersprache gegenüber dem gesprochenen Wort. Meiner Erfahrung nach kommt es immer auf die Situation an. Eine Rede teile ich grob in drei Teile ein:

1. Begrüßung und persönliche Vorstellung,
2. Inhaltliches mit herausgearbeiteten Themen,
3. Verabschiedung und Wahl-Appell an die Wähler(innen).

Der Anfang entscheidet darüber, ob und wie man Ihnen zuhört, und der Schluss darüber, wie man Sie im Gedächtnis behält. An diesen Stellen steht nicht allein das Wort, sondern auch die Beziehungsebene und somit die Körpersprache im Vordergrund. Deshalb empfehle ich, Anfang und Schluss der Rede unbedingt zu üben und auswendig zu lernen. Den mittleren Teil, bei dem es um Inhalte geht, können Sie gerne ablesen.

Tipp: Wir brauchen mindestens 40 Wiederholungen, bis wir etwas auswendig können: Sprechen Sie Ihre Texte, so oft es geht, z. B. beim Autofahren oder Kochen, und stellen Sie sich dabei jedes Mal Ihr Publikum vor. Üben Sie auch laut vor einem Spiegel und dann wieder ohne.

Subbotschaft

Bei jeder Rede haben wir eine explizite und eine implizite Botschaft. Die implizite wird unbewusst wahrgenommen und beeinflusst maßgeblich die Sympathie. Für Ihre körpersprachliche Ausrichtung und somit Ihre Wirkung überlegen Sie sich vorher, welche Subbotschaften Sie in Ihrer Rede transportieren möchten. Legen Sie sich auf maximal zwei der folgenden Überschriften fest: „Ich bin vertrauenswürdig." – „Ich bin bereit." – „Ich habe die Fähigkeit und Erfahrung." – „Ich habe Freude an dem, was ich tue." – Oder schlicht: „Ich liebe Menschen." Meiden Sie hingegen: „Ich bin der oder die Tollste." – „Hoffentlich schaffe ich das." – „Bitte wählt mich." – „Ich brauche den Erfolg." – „Euch werde ich es zeigen."

Merke: Alles, was ich denke, manifestiert sich im Körperlichen und wird für andere sichtbar und spürbar. Intonation und Körpersprache richten sich immer nach der inneren Einstellung. Die Wirkung unserer Handlung wird von der eigentlichen Intention bestimmt.

Rededauer

Sie benötigen im Publikum sitzend eine(n) ‚Time-Keeper(in)'. In der Vorbereitung trainieren Sie Ihre Rede unbedingt auf die vorgegebene Zeit. Der Schluss mit dem Wahl-Appell ist für die Wirkung Ihrer Rede der wichtigste Teil. Trainieren Sie vorher, wieviel Zeit Sie für den Schluss brauchen. Wenn die letzten, beispielsweise zwei von insgesamt zehn Minuten beginnen, bekommen Sie ein Zeichen, damit Sie ab diesem Zeitpunkt, egal wo Sie gerade in Ihrer Rede sind, sicher und souverän auf Ihre Landebahn kommen. Sie möchten nicht erleben, dass Ihnen die Pointe abschmiert, wenn Ihre Redezeit, beispielsweise durch Ausschalten des Mikrophons, einfach beendet wird. Tipp: Damit sich alles in tiefere Schichten Ihres Bewusstseins setzen kann, muss die Rede spätestens zwei Tage vor dem großen Auftritt fertig sein. Unterlassen Sie ab diesem Zeitpunkt sämtliche Textänderungen! Nur so können Sie sich auf Ihren körpersprachlichen Ausdruck konzentrieren.

Gruppenseele

Immer, wenn Menschen zusammenkommen und sich gemeinsam auf etwas konzentrieren, entsteht eine Art Verschmelzung der Individuen. Diese Gruppendynamik entsteht durch ein unbewusstes Aufeinander-Einschwingen, dem biochemische Prozesse zugrunde liegen. Profis nehmen diese ‚Gruppenseele' bewusst wahr und richten die Art und Weise des Auftretens nicht auf einzelne Menschen im Publikum, sondern darauf, was die Gruppenseele in dem Moment will oder braucht. Bei der Vorstellung, jedem einzelnen Menschen im Publikum gerecht werden zu müssen, können wir uns verzetteln. Das Bild der Gruppenseele hingegen bietet uns ein Gefühl von etwas lebendig Greifbarem. Was könnte so eine Gruppenseele brauchen? Das kann etwas Beruhigendes sein und somit mehr Präsenz verlangen. Oder etwas Aktivierendes. Oder mehr Entertainment. Oder was auch immer. Auch ein guter Lehrer z. B. merkt, wenn seine Klasse unruhig oder müde wird. Tipp: Um in der Vorbereitungszeit ein Gefühl für die Gruppenseele zu bekommen, können Sie vielleicht in ein Konzert gehen. Wenn Sie auf Ihrem Platz angekommen sind, schließen Sie für einen Moment die Augen, um die Stimmung und die Dynamik im Raum, die an einen Bienenschwarm erinnern kann, gefühlsmäßig greifen zu können. Lassen Sie sich dabei bitte nicht von einzelnen Stimmen ablenken, sondern nehmen Sie die Geräusche wie ein Sammelsurium oder eine Art Klangteppich wahr.

Kamera- oder Hybridveranstaltung

Für Ungeübte ist die Kamera ein kleines schwarzes Etwas, das penetrant auf sie gerichtet ist. Ihre Verunsicherung dadurch zeigt sich körpersprachlich. Jedoch bietet uns die Imagination hier ebenfalls Gestaltungsspielraum. Sie könnten sich in dem Fall vorstellen, wie Ihre Familie oder liebe Freund(inn)e(n) hinter der Linse sitzen und es sich auf einem schönen Sofa gemütlich gemacht haben, um Ihnen neugierig und voller Freude zuzuschauen. Dabei können Sie sich ein bestimmtes Wohnzimmer vorstellen, das Sie gut kennen. Und während Sie bei einer Hybridveranstaltung zum anwesenden Publikum sprechen, wenden Sie sich innerlich immer wieder auch an die Ihnen vertrauten, imaginierten Menschen, die ja auch unbedingt mit dabei sein wollen.

Mikrofon

Sind Sie eher ein Bewegungstyp oder mögen Sie Ihren Auftritt lieber etwas ruhiger gestalten? Denn wenn es die Technik hergibt, können Sie danach die Wahl des Mikrofons bestimmen. Für alle Sprinter empfehle ich, ein Headset oder Mikrofon zu nutzen und das Stehpult beiseite räumen zu lassen. Für Ihre Texte nehmen Sie einfach Karteikarten in DIN A5 Format. Für alle anderen empfiehlt sich das klassische Stehpult. Gesang oder Sprechmikro? Bitte erkundigen Sie sich vorher, welche Art Mikrofon Sie bekommen werden. Bei einem Gesangsmikro müssen Ihre Lippen den Tonabnehmer praktisch berühren, wohingegen bei einem Sprechmikrofon ein gewisser Abstand gehalten wird. Wenn Sie wenig Erfahrung im Umgang mit Mikrofonen haben, üben Sie im Vorfeld Ihre Reden mit irgendeinem Gegenstand als Mikrofon und achten darauf, dass Sie jeden Satz dort hineinsprechen.

Der Tag der großen Vorstellungsrunde

Für diesen Tag versuchen Sie, zumindest ab mittags, keine weiteren Termine mehr wahrzunehmen, denn jetzt ist Pause und Kraftsammeln angesagt, so wie es für Sie am besten ist.

Sie sind bereits am Veranstaltungsort, bevor offiziell die Türen geöffnet werden und positionieren sich – ggf. mit Ihrer oder Ihrem Partner(in) – strategisch so, dass Sie (beide) gut gesehen werden und die Bürger(innen) persönlich begrüßen können. Gelassen und souverän begrüßen Sie, abgesehen von allen anderen wichtigen Anwesenden, auch die Gegenkandidat(inn)en. Ihr(e) Time-Keeper(in) reserviert sich rechtzeitig einen für Sie gut sichtbaren Platz in den vordersten Sitzreihen und achtet optimalerweise darauf, dass Sie ein Wasser *ohne* Kohlensäure auf die Bühne bekommen.

Das Warten: Die Kandidat(inn)en werden, je nach Räumlichkeiten einzeln oder gemeinsam in einen Raum gebracht. Überlegen Sie sich vorher, wie Sie diese Zeit verbringen möchten. Um Ihre Energie und Konzentration gut halten zu können, lassen Sie sich nicht in unnötigen Smalltalk verstricken. Sie können Musik oder Entspannungsübungen hören. Wenn es Sie beruhigt, gehen Sie jetzt nur noch einmal die Rede durch, bevor Sie die Zeit dann aber wieder zum Fokussieren und ‚Erden' nutzen. Tipp zur Autosuggestion: „Ich kann, darf und will jetzt einen bestmöglichen Auftritt abliefern!" Mentale Ausrichtung, bevor Sie den Saal betreten:

1. Gruppenseele: Versuchen Sie, wahrzunehmen, wie die Stimmung ist und was sie jetzt brauchen könnte.
2. Subbotschaft ihres Auftritts: Machen Sie sich diese nochmal bewusst.
3. Gut ‚erden', ‚Sonne' oder ‚Smiley' anschalten, tief einatmen – und los!

Mit dieser inneren Ausrichtung gehen Sie durch den Raum, bis zu Ihrem Rednerpult hinauf.

Auf der Bühne richtig ankommen: Beim Zuwenden in Richtung Publikum auf keinen Fall, auch nicht aus Versehen, ein paar Schritte rückwärtsgehen. Sie weichen also nicht aus, gehen sogar eher auf Ihr Publikum nach vorne zu. An Ihrem Platz- oder Rednerpult angekommen, zählen Sie innerlich langsam drei Sekunden, lächeln den Zuschauer(inne)n entgegen. Bleiben Sie ‚geerdet' und lassen Sie Ihre ‚Sonne' durch alle Anwesenden hindurch bis zu den Wänden strahlen. Die Wähler(innen) wollen Sie in Ruhe scannen und wenn Sie zu schnell mit dem Reden beginnen, dann fehlt Ihnen dieser Pluspunkt in Sachen Ausstrahlung und Wirkung.

Fokus halten: Jetzt braucht es mentale Disziplin, damit Sie Ihre(n) innere(n) Beobachter(in) und Kritiker(in) im Zaum halten. Viele Kandidat(inn)en fangen nun an, sich selbst und die einzelnen Zuschauer(innen) zu beobachten sowie das Ganze auch noch zu bewerten. Lassen Sie das bitte in diesem Moment sein! Sobald Sie sich in Gedanken auf der Metaebene verlieren, verlieren Sie sichtbar und spürbar an Ausdruckskraft und Präsenz.

Mit charismatischer Ausstrahlung zum Erfolg

Eisernes Bühnengesetz: Denken Sie nach Ihrem Auftritt an die genannten Feedbackgeber(innen) und dass Sie erst mindestens eine Stunde danach mit einer ernst gemeinten Manöverkritik beginnen dürfen. Lob ist natürlich immer und jederzeit willkommen, aber jetzt wird erst einmal gefeiert!

Und zum Schluss – *Mentales Selbstmanagement*: „Wenn Du Angst hast, zu verlieren, kannst Du nicht gewinnen." (Björn Borg)

Ich muss die Wähler(innen) überzeugen

Bei jeder Bühnenveranstaltung gibt es immer zwei grundlegend unterschiedliche Wahrnehmungsebenen: die des oder der Redenden und die des Publikums. Die oder der Redner(in) hat den Drang, Bestmögliches aus sich herauszuholen, um dem Publikum mit aller Kraft zu beweisen, die oder der Richtige für das Amt zu sein. Durch zu viel Anstrengung und Überzeugungswillen entsteht allerdings Druck beim Publikum. Wenn wir die Perspektive der Bewerber(innen) einnehmen, ist das Stresslevel nachvollziehbar, doch alle anderen Anwesenden wollen im Grunde eine angenehme und unterhaltsame Zeit haben. „Jedem Anfang wohnt ein Zauber inne" (Hermann Hesse): Versuchen Sie, diesen Moment zu genießen, denn jetzt können Sie einen Grundstein für Ihre Zukunft und für die der Stadt legen. Menschen haben sich Zeit genommen, nehmen die Anfahrt auf sich, haben sich fein gemacht. Aufmerksamkeit wird gebündelt. Wahrscheinlich ist viel mehr Wohlwollen im Saal, als Sie vermuten. Immer wenn so viele Menschen sich auf eine Sache konzentrieren, kann etwas Wunderbares und Neues geschehen!

Ich empfehle daher meinen Klient(inn)en, nicht das Publikum überzeugen zu wollen. Machen Sie stattdessen Angebote. Dabei können Sie sich vorstellen, dass Sie Ihren ‚Bauchladen' mit einer ganz persönlichen Produktpalette dabeihaben. Im Angebot sind: Persönlichkeit, Berufs- und Lebenserfahrung, Freude am Tun, Fachliches Know-how, usw. Dabei überlassen Sie es den Wähler(innen), was Sie sich daraus nehmen möchten. Bei so einem reichhaltigen Angebot, wer möchte da nicht zugreifen? Somit werden Sie nicht als Bittsteller(in), sondern als souveräne Persönlichkeit wahrgenommen.

Leila Adjemi

Abb. 28: Sharepic.

Digitaler Bürgermeisterwahlkampf

Kilian Brauchle und Lars Schulmeister

Als Sebastian Kurz (gemeint ist hier nicht der ehemalige österreichische Bundeskanzler) am 15. Februar 2020 seine Kandidatur als Bürgermeisterkandidat in der kleinen Gemeinde Aichtal in Baden-Württemberg via Social-Media-Posting öffentlich machte, standen die Chancen für seine Wahl nicht gut. Schließlich traf er mit Lorenz Kruß nicht nur auf den Amtsinhaber, sondern gleichzeitig auch auf den Mann, dem er bereits bei der Bürgermeisterwahl im Jahr 2012 unterlegen war. Zusätzliche Hindernisse folgten: Zunächst musste die Bürgermeisterwahl aufgrund der Coronapandemie vom ursprünglichen Wahltermin im Mai 2020 auf Oktober 2020 verschoben werden, und dann erklärte mit Bettina Schmidt zwei Monate vor dem neuen Wahltermin noch eine weitere aussichtsreiche Bewerberin ihre Kandidatur. Im April 2022 hatte Kurz diese Hindernisse längst übersprungen. Nachdem er im ersten Wahlgang noch knapp hinter Amtsinhaber Kruß lag (36,52 zu 36,88 Prozent), erreichte er im zweiten Wahlgang, der ohne Schmidt stattfand, mit 53,5 Prozent der abgegebenen Stimmen die notwendige absolute Mehrheit. Und auch auf Social Media hatte sich bei Kurz, der zu Beginn seiner Kampagne ohne eine(n) einzige(n) Follower(in) gestartet war, einiges getan: 3.811 Follower(innen) zählt sein Bürgermeisteraccount auf Facebook, 2.205 sein Account auf Instagram (Stand: 04.04.2022). Das sind außergewöhnlich hohe Zahlen, wenn man bedenkt, dass Aichtal gerade einmal knapp 10.000 Einwohner(innen) zählt und man (diesem) Sebastian Kurz nicht unbedingt überregionale Bekanntheit zusprechen würde.

Die Beobachtungen aus diesem Wahlkampf sollen für die folgende Betrachtung als Aufhänger dienen und zu einer Frage führen, deren Relevanz in den vergangen Jahren stark zugenommen hat: Welchen Einfluss hat der Einsatz digitaler Medien auf Bürgermeisterwahlkämpfe? Zur Beantwortung dieser Frage stellen wir Ihnen die historische Entwicklung digitaler Wahlkampfstrategien vor und ordnen sie in den Gesamtkontext einer Bürgermeisterwahl ein. Dabei soll deutlich werden, dass der digitale Wahlkampf mittlerweile deutlich mehr Facetten als den Aufbau einer schicken Webseite und ein paar Postings auf Facebook umfasst. Um diese These zu untermauern, nehmen wir sowohl prägnante Einzelfälle (wie die Wahl von Bürgermeister Kurz) als auch aktuelle Studien zum Einsatz digitaler Medien in den Blick.

Im Anschluss erhalten Sie als Bürgermeisterkandidat(in) wichtige Hinweise zur richtigen Auswahl und dem effektiven Einsatz der digitalen Medien. Anhand einer Checkliste können Sie dabei schnell und zielgerichtet herausfinden, welchen Einfluss digitale Medien generell auf Ihren Wahlkampf haben und welche davon Sie in Ihrem konkreten Fall bespielen sollten. Für einen erfolgversprechenden Einsatz stellen wir Ihnen zudem die relevantesten Plattformen, Dienste und Webanwendungen vor und ordnen sie in Hinblick auf ihre technischen Möglichkeiten, die erreichbaren Zielgruppen sowie ihre professionellen Managementmöglichkeiten ein. Für die praktische Umsetzung in Ihrem eigenen Wahlkampf geben wir Ihnen zudem einen Leitfaden an die Hand, der neben einer Zusammenstellung der gängigsten Posting-Formate auch Hinweise zur Wirkung eigener Postings sowie dem Umgang mit kritischen Kommentaren enthält.

Der Einfluss digitaler Medien auf Bürgermeisterwahlkämpfe

Eine logische und doch gleichermaßen unbefriedigende Bemerkung vorweg: Der tatsächliche Einfluss digitaler Medien auf die Wahlentscheidung lässt sich selbstverständlich nicht genau messen, sondern bestenfalls anhand quantitativer und qualitativer Forschung erahnen. Schließlich erfolgt die Stimmenabgabe stets ohne die Angabe von Gründen („Ich wähle heute Bürgermeisterkandidatin Maier, weil mir ihr Facebook-Auftritt so gut gefällt.") – und selbst wenn dies so wäre, hieße dies mitnichten, dass stets der wahre oder gar entscheidende Grund genannt würde. Bleiben wir deshalb zunächst bei dem, was sich eindeutig beobachten lässt.

1. Der Einfluss digitaler Medien hat in den vergangenen 20 Jahren rasant zugenommen: Über 94 Prozent der Menschen über 14 Jahren nutzen

in Deutschland im Jahr 2022 das Internet.[1] 31,6 Millionen Menschen in Deutschland sind aktuell auf Facebook angemeldet[2] und über drei Stunden verbringen Menschen zwischen 14 und 49 Jahren durchschnittlich im Netz.[3] Da Wahlwerbung die Menschen dort erreichen muss, wo sie anzutreffen sind, stellt das Internet also generell einen äußerst lukrativen Ort dar, um für Ihre Kandidatur zu werben.

2. Genau so groß wie das Potenzial des Internets ist aber auch dessen Fragmentierung. Dabei lassen sich grob drei Bereiche unterscheiden. Erstens völlig frei zugängliche Areale (z. B. Ihre eigene Webseite), zweitens Bereiche mit eingeschränktem Zugang (z. B. Facebook oder Instagram) und drittens Bereiche für nicht-öffentliche Kommunikation (z. B. E-Mail oder WhatsApp). Diese Fragmentierung führt dazu, dass Sie als Wahlkämpfer(in) nicht alle Internetnutzer(innen) mit einer simplen Strategie erreichen. Denn mit der Konzentration auf Facebook schließen Sie beispielsweise alle Nicht-Nutzer(innen) des Netzwerkes aus, mit einer Konzentration auf die eigene Webseite verpassen Sie hingegen die wirkungsvollen Netzwerkeffekte, die von großen Plattformen ausgehen. Für Ihren Wahlkampf wird es deshalb entscheidend sein, eine Strategie zu entwickeln, die ausreichend auf alle für Sie relevanten Fragmente des Internets wirkt, ohne die Ihnen zur Verfügung stehenden Ressourcen übermäßig zu strapazieren. Mit der beigefügten Checkliste geben wir Ihnen die dazu notwendige Orientierung.

3. Eindrücke über die Persönlichkeit eines Menschen erlangen wir hauptsächlich über den direkten Kontakt mit diesem. Insbesondere der Siegeszug sozialer Netzwerke führt aber dazu, dass Menschen

---

1 Vgl. ARD/ZDF: Onlinestudie 2021 (erschienen am 09.11.2021), Anzahl der Internetnutzer in Deutschland in den Jahren 1997 bis 2021 (in Millionen), in: Statista, https://de.statista.com/statistik/daten/studie/36009/umfrage/anteil-der-internetnutzer-in-deutschland-seit-1997 (zuletzt abgerufen am 04.04.2022).

2 Vgl. Anzahl der Facebook-Nutzer in Deutschland in den Jahren 2017 und 2018 sowie eine Prognose bis 2023 (in Millionen) vom 18.02.2019, in: Statista, https://de.statista.com/statistik/daten/studie/550596/umfrage/anzahl-der-monatlich-aktiven-facebook-nutzer-in-deutschland (zuletzt abgerufen am 04.04.2022).

3 Vgl. ARD/ZDF, Onlinestudie 2021; Entwicklung der durchschnittlichen täglichen Nutzungsdauer des medialen Internets nach Altersgruppen in Deutschland in den Jahren 2018 bis 2021 (in Minuten), in: Statista, https://de.statista.com/statistik/daten/studie/1073613/umfrage/taegliche-nutzungsdauer-des-medialen-internets-nach-altersgruppen-in-deutschland (zuletzt abgerufen am 04.04.2022).

neben ihrer tatsächlichen Persönlichkeit auch eine digitale Persönlichkeit herausbilden, welche stark davon geprägt wird, welche Ausschnitte aus dem eigenen Leben sie in welcher Weise öffentlichkeitswirksam präsentieren. Da Bürgermeisterwahlen zu großen Teilen ‚Persönlichkeitswahlen' sind, Sie aber gleichzeitig zu nur verhältnismäßig wenigen Personen direkten Kontakt haben werden (abhängig von der Anzahl der Wahlberechtigten), kommt Ihrem Internetauftritt eine sehr wichtige Rolle bei der Wahrnehmung Ihrer Persönlichkeit durch die Öffentlichkeit zu.

Anhand der hier aufgeführten Beobachtungen können Sie bereits die zunehmende Relevanz des digital geführten Wahlkampfs sehen. Auch in der Wahlkampfpraxis lassen sich mittlerweile zahlreiche Belege für diese Entwicklung finden.

Als Startschuss für den systematischen Einsatz von digitalen Medien gilt der Präsidentschaftswahlkampf von Barack Obama im Jahr 2008, in welchem das erstmals erschienene iPhone und die damit verbundene völlig neuartige Produktkategorie ‚Smartphone' eine gewichtige Rolle spielten. Obama nutzte diese Möglichkeiten im Zusammenspiel mit sozialen Medien wie Facebook, YouTube, Twitter, Flickr oder MySpace, um ohne Umweg über die traditionellen Medien direkt mit seinen Anhänger(inne)n in Kontakt zu treten. Dies brachte ihm im Vergleich zur Konkurrenz den entscheidenden Vorteil, eigenständig über die wortgenaue Auslieferung seiner Botschaften entscheiden zu können und nicht von Gatekeepern wie den großen Zeitungsverlagen oder Fernsehanstalten abhängig zu sein.

In Deutschland schritt die Nutzung digitaler Werkzeuge deutlich langsamer voran, was neben der stärkeren Ausrichtung auf jahrzehntelang gefestigte Parteistrukturen auch auf die deutlich schärferen Datenschutzbestimmungen zurückzuführen ist, welche wirkungsvolle Möglichkeiten wie Microtargeting[4] erheblich erschweren.[5] Spätestens mit Beginn der Coronapandemie rückte der digital geführte Wahlkampf aber auch hier in den Mittelpunkt und drückte sich neben der verstärkt ausgespielten digitalen

---

4 Unter Microtargeting versteht man passgenaue Werbebotschaften, die eine bestimmte, sehr kleine und vorher genau bestimmte Zielgruppe ansprechen. Diese Möglichkeiten sind insbesondere in sozialen Netzwerken gegeben, da die Nutzer(innen) hier anhand ihrer Profile zahlreiche persönliche und wahlkampfrelevante Merkmale preisgeben.

5 Vgl. Andreas Jungherr: Einsatz digitaler Technologien im Wahlkampf, in: Harald Gapski, Monika Oberle, Walter Staufer (Hrsg.), Medienkompetenz. Herausforderung für Politik, politische Bildung und Medienbildung, Bonn 2017, S. 92–102, hier: S. 97.

Wahlwerbung und der Omnipräsenz von Live-Video-Formaten auch in einer deutlich stärkeren Investition in digitale Infrastruktur aus. Die Kampagnenbüros setzten dazu insbesondere auf eine Digitalisierung der Bürokommunikation, datengestützte Potenzialanalysen und Online-Crowdfunding-Aktionen[6].

Wie ein gelungener digitaler Wahlkampf heutzutage aussieht, zeigt anschaulich eine groß angelegte Analyse im Auftrag der Friedrich-Ebert-Stiftung, in der verschiedene Online-Wahlkampagnen in Deutschland und Österreich untersucht wurden. Die drei wichtigsten Erkenntnisse der Autor(inn)en sind:[7]

1. Besonders relevant für den Erfolg einer Online-Kampagne ist der Aufbau einer eigenen Community. Damit sich eine echte Unterstützerbasis bilden kann, sollte damit nicht erst im Wahlkampf oder kurz zuvor begonnen werden, sondern bereits weit im Vorlauf. Amtsinhaber(innen), die bereits aktiv auf Social Media setzen, haben also einen klaren Startvorteil im Wahlkampf.
2. Kommunikation in Sozialen Medien sollte sich maßgeblich auf eine geringe Anzahl an Kernbotschaften fokussieren, die Sie als Kandidat(in) unverwechselbar machen. Zusätzlich sollten Sie unbedingt sicherstellen, dass ihre Botschaften klar und leicht verständlich sind. Senden Sie zu viele unterschiedliche Signale oder sind Ihre Botschaften nicht verständlich genug, werden Sie schnell als diffus und damit unattraktiv wahrgenommen.[8]
3. Ihre Botschaften sollten emotional und unterhaltsam sein, um Menschen vom Interagieren mit den Inhalten zu überzeugen. Inhalte mit einer hohen Dichte an Fachbegriffen oder allzu förmlicher Sprache, sprechen weniger Menschen an. Achten Sie deshalb darauf, dass Ihre Postings an die Lebenswelt der Menschen anknüpfen und in einem natürlichen Sprachstil verfasst werden, der gerne auch mit Humor unterlegt werden darf. Als Schlüssel für erfolgreiche Postings gilt:

---

6 Unter Crowdfunding versteht man eine onlinegestützte Spendensammlung. Der Begriff setzt sich aus den englischen Worten für „Finanzierung" (*funding*) und „Menge" (*crowd*) zusammen. Durchgeführt werden kann eine Crowdfunding-Aktion entweder über eine persönliche Homepage oder darauf spezialisierte Plattformen.
7 Vgl. Ingrid Brodnig et al.: Wie funktioniert Social-Media-Wahlkampf? Eine Analyse der digitalen Wahlkampfstrategien zur Europawahl 2019 in Deutschland und Österreich, Berlin 2019, S. 4.
8 Dies gilt sowohl für Ihre potenzielle Wählerschaft als auch für Algorithmen, welche die Sichtbarkeit Ihrer Beiträge maßgeblich steuern (Näheres dazu im „Leitfaden").

Jede Botschaft in den Sozialen Medien sollte bei den Betrachter(inne)n emotional etwas auslösen – sei es Verärgerung oder Freude.

Mit Blick auf unseren Aufhänger Sebastian Kurz lassen sich die hier genannten Punkte auch in der erfolgreichen Wahlkampfpraxis beobachten. So erhielt Kurz durch die kurzfristige Verschiebung des Wahltermins um ein halbes Jahr wertvolle Zeit zum Ausbau seiner Social-Media-Präsenz. Der Bürgermeisterkandidat nutzte diese, um sein soziales Engagement im Rahmen der Corona-Pandemie zu dokumentieren und auf die Weise sowohl im echten Leben als auch online an Beliebtheit zu gewinnen. Auch in der heißen Wahlkampfphase blieb er diesem Motto treu und transportierte in Formaten wie #kurzunterwegs[9] oder #kurzwählengehen[10] hauptsächlich positive Emotionen. Kurz gelang es auf diese Weise deutlich besser als seiner Konkurrenz, ein sympathisches Ethos aufzubauen und so die Zustimmung der Wählerschaft zu gewinnen.

Der Einfluss des Mediums auf Botschaft und Zielgruppe

Im vorangegangen Abschnitt haben wir die Fragmentierung des Internets bereits angerissen. Wir wollen diese unterschiedlichen Bereiche nun genauer in den Blick nehmen und klären, wie stark sich die Auswahl des Mediums auf Ihre Botschaft und die angesprochene Zielgruppe auswirken. Dazu vorab ein paar Erkenntnisse der modernen Kommunikationsforschung.

Die rhetorische Medientheorie unterscheidet grundsätzlich zwischen dem inhaltlich hoch-informativen Text an sich und dem wenig-informativem Medium als Tragfläche dieses Textes. Dabei gilt die Ebene des Textes aus rhetorischer Perspektive als deutlich wichtiger für den Überzeugungsprozess, da sich die meisten mentalen Anschlussoperationen der Rezipient(inn)en darauf beziehen.[11] Etwas einfacher ausgedrückt heißt das: Wenn jemand beispielsweise sein Wahlkampfprogramm herausgibt, dann sollte weniger die Tatsache, ob dieses in Form einer hochwertigen Broschüre oder eines günstigen

---

9   Vgl. Sebastian Kurz: Facebook-Posting vom 29.09.2020, https://www.facebook.com/sebastiankurz.de/photos/196237005269630 (zuletzt abgerufen am 13.04.2022).
10 Vgl. Sebastian Kurz: Facebook-Posting vom 28.09.2020, https://www.facebook.com/sebastiankurz.de/photos/196405835252747 (zuletzt abgerufen am 13.04.2022).
11 Vgl. Joachim Knape: The Medium is the Message? Medientheoretische Anfragen und Antworten der Rhetorik, in: ders. (Hrsg.), Medienrhetorik, Tübingen 2005, S. 17–40, hier: S. 23.

Flyers gedruckt wurde, über den Erfolg bei den Wähler(inne)n entscheiden, als viel mehr das, was in dem Wahlprogramm geschrieben steht.

Auch wenn ein solches Vorgehen bei der Urteilsbildung durchaus vernünftig wäre, so wissen wir doch, dass es nicht in Gänze der Realität entspricht. Vielmehr nimmt die Wahl des Mediums (Broschüre oder Flyer) sehr wohl Einfluss auf die Wahrnehmung des darin gedruckten Textes. In diesem Fall haben wir es mit dem kognitiven Fehlschluss zu tun, dass eine hochwertige Broschüre auf einen ebenso hochwertigen Inhalt hinweist. Tatsächlich zeigen empirische Befunde der Medienwirkungsforschung deutlich, dass Faktoren wie das Medienimage, Zuschreibungen zum Grad der Ehrlichkeit, die emotionale Bindung, das Prestige und die zugesprochene Glaubwürdigkeit maßgeblichen Einfluss auf den tatsächlichen Umgang mit einem Medium nehmen.[12]

Besonderes Gewicht kommt zudem der eigenen Identitätsbildung zu, die sich über die bewusste Wahl von Medien vollzieht. Die Ablehnung des einen und Nutzung des anderen Mediums dient dabei zur Abgrenzung zwischen prestigeträchtigen und weniger prestigeträchtigen Formen der Lebensgestaltung und trägt in erheblichem Maße zur Einordnung in gesellschaftliche Gruppen bei.[13] Jochen Hörisch macht diesen Mechanismus deutlich:

„Hochkulturell ist, wer Journalisten verachtet, wer nicht ins proletarische Kino geht, wer mit schlechtem Gewissen fernsieht, wer Computerspiele für verderblich hält und wer sich entschuldigt, wenn er nur eine E-Mail und nicht einen handgeschriebenen Brief verfasst."[14]

Die Gegenstücke zu diesen als niedrigkulturell etikettierten Medien bilden solche mit einem hohen gesellschaftlichen Ansehen, wie etwa die Buchkultur, das Zeitunglesen und der Besuch des Theaters. Aufgrund der kulturellen wie sozialen Zuschreibungen können Medien unmöglich als neutrale und inhaltsleere Tragflächen von Texten angesehen werden, sondern werden in ihrer gezielten Auswahl selbst zum Teil des Überzeugungsprozesses. Die bereits genannten Kriterien zeigen dabei, dass die Zuschreibung eines bestimmten Medienwertes häufig weniger auf Grundlage objektiver Fakten als vielmehr aufgrund gesellschaftlicher gefestigter Vorurteilsstrukturen zustande kommt.

---

12 Hans-Dieter Kübler: Medienanalyse, in: Helmut Schanze (Hrsg.), Handbuch der Mediengeschichte, Stuttgart 2001, S. 41–71, hier: S. 42.
13 Vgl. Fabian Klotz: Zur Medienwertlehre, in: Joachim Knape (Hrsg.), Medienrhetorik, Tübingen 2005, S. 41–50, hier: S. 46.
14 Jochen Hörisch: Der Sinn und die Sinne. Eine Geschichte der Medien, Frankfurt a. M. 2001, S. 69.

Diese eilen dem Text in gewisser Weise voraus und versehen ihn vorab mit mehr oder weniger Gültigkeit.[15]

Ihren digitalen Wahlkampf betreffen diese Einsichten auf zwei Ebenen: Erstens auf einer globalen Ebene, auf welcher wir das Verhältnis zwischen klassischem und onlinegestütztem Wahlkampf in den Blick nehmen, und zweitens auf einer spezifischeren Ebene, auf welcher Sie später die Auswahl Ihrer konkreten Onlinemedien treffen.

Zunächst zur globalen Ebene: Als Autoren einer Anleitung zum Online-Wahlkampf sind wir selbstverständlich davon überzeugt, dass die Anreicherung eines Wahlkampfes um digitale Elemente einen entscheidenden Erfolgsfaktor darstellen kann. Mit Bezugnahme auf die Medienwerttheorie muss man jedoch ehrlich einräumen, dass dem Internet generell ein geringer Medienwert zugeschrieben wird.[16] Das Misstrauen, das diesem entgegengebracht wird, nimmt zwar mit jeder weiteren Generation ab, dennoch lassen sich einige Mechanismen herausarbeiten, die den Medienwert des Internets generell negativ beeinflussen. Zu diesen gehören erstens die einfache Reproduzierbarkeit von Inhalten, zweitens die unbegrenzte Reichweite, drittens die in vielen Fällen fehlende Redaktion und viertens die mangelnde Haptik. Alle diese Faktoren führen dazu, dass sich bei den Rezipient(inn)en kein Gefühl besonderer Wertschätzung einstellt: Sie haben eine E-Mail einer Kandidatin oder eines Kandidaten erhalten? – Schön, aber wahrscheinlich die gleiche, wie tausende weitere Personen.[17] Sie haben eine(n) Bewerber(in) bei einem Auftritt via Livestream beobachtet? – Dann haben Sie inhaltlich das Gleiche erfahren wie die Personen vor Ort, aber fühlt es sich nicht trotzdem weniger wertig an, als wären Sie selbst dort gewesen? Diese Beobachtungen sollen Sie natürlich nicht davon abhalten in den Online-Wahlkampf einzusteigen. Schließlich wiegen die geringen Kosten, hohe potenzielle Reichweiten und die einfache Skalierbarkeit die genannten Nachteile auf. Behalten Sie dennoch stets im Blick, dass Online-Formate zum aktuellen Zeitpunkt eine wichtige *Ergänzung* und keinen *Ersatz* Ihrer klassischen Wahlkampfaktivitäten darstellen.

---

15 Vgl. Klotz, Zur Medienwertlehre, S. 48.
16 Vgl. ebenda, S. 41.
17 Die gleiche Kritik könnten Sie natürlich auch bei einem Werbebrief anführen, aber hier skalieren immerhin die Kosten mit der Anzahl der verschickten Briefe. Die absendende Person wird sich also vorab genau überlegen, wie viele Briefe sie verschicken kann und an welche Personengruppe sie diese adressiert.

Auch das Internet selbst kann auf einer spezifischeren Ebene nochmals in verschiedene Formate unterteilt werden, denen wiederum ein unterschiedlicher Medienwert zugeschrieben wird. Deutlich wird dies beispielsweise bei einer Betrachtung der beliebten sozialen Netzwerke Facebook, Instagram und TikTok. Über diese erreichen Sie unterschiedliche Zielgruppen, weil ihnen aufgrund ihres Markenauftritts, der auf den Plattformen dominanten Posting-Formate, der Kommunikationskultur sowie ihrer Historie unterschiedliche Ernsthaftigkeitsgrade zugeschrieben werden.[18] Auf Facebook erreichen Sie insbesondere Menschen zwischen 25 und 55 Jahren, auf Instagram Menschen zwischen 14 und 35 Jahren, auf TikTok Menschen zwischen 12 und 25 Jahren.

Unterschiedliche Zuschreibungen in den Kategorien Ernsthaftigkeit und Engagement lassen sich aber nicht nur in den sozialen Netzwerken, sondern auch im nicht-öffentlichen Kontakt ausmachen. So wirkt der identische Text auf Briefpapier hochwertiger als in E-Mail und dort wiederum hochwertiger als in einer SMS oder WhatsApp-Nachricht. Machen Sie sich diese unterschiedlichen Zuschreibungen bewusst und achten Sie genau darauf, welches Medium der Ernsthaftigkeit Ihres Wahlkampfes am ehesten entspricht.[19]

Checkliste: Ihr digitaler Wahlkampf

Wie Sie in den vorangegangen Kapiteln bereits festgestellt haben, ist die Auswahl an digitalen Medien sehr groß – ganz im Gegensatz zu Ihren personellen, zeitlichen und monetären Ressourcen. Anhand der folgenden Checkliste können Sie nun feststellen, in welchem Umfang Sie Ihren persönlichen Wahlkampf im digitalen Raum führen sollten. Dabei gilt: Je häufiger Sie eine Frage mit „Ja" bzw. einem positiven Äquivalent („viel", „ausgeprägt" etc.) beantworten, desto mehr Wahlkampfmaßnahmen im digitalen Raum kommen für Sie in Betracht. Beantworten Sie nur wenige Fragen mit „Ja", konzentrieren

---

18 Während Sie auf Facebook vorrangig ‚Likes' vergeben, versenden Sie auf Instagram und TikTok direkt ‚Herzchen'. Auf diese Weise wird bereits ein unterschiedlicher Ernsthaftigkeitsgrad dokumentiert, der sich auch auf die Personen überträgt, die in diesem Netzwerk unterwegs sind.

19 Damit ist nicht gesagt, dass Sie sich stets für das ernsthafteste Medium entscheiden sollten. Wenn Sie einen erfrischenden und jugendlichen Wahlkampfstil verfolgen, müssen Sie kein tonnenschweres Briefpapier verwenden, um Ihre Botschaft zu vermitteln. Hier passt es sogar eher, auf weniger ernsthafte Medien auszuweichen.

Sie sich auf die Punkte, die im nächsten Abschnitt als „Pflichtelemente" benannt werden. Beantworten Sie hingegen viele Fragen mit „Ja", prüfen Sie auch die Kategorien „Empfohlene Elemente" und „Zusatzelemente". Ganz wichtig! Lassen Sie auch mindestens drei Bekannte aus Ihrem Umfeld den Fragebogen für Sie beantworten, um neben Ihrer Selbsteinschätzung auch valide Fremdeinschätzungen zu erhalten.

Tabelle: Persönlichkeit

Stehen Sie gerne in der Öffentlichkeit?	Ja	Manchmal	Nein
Haben Sie ein feines Gespür für die gesellschaftliche Stimmung?	Ja	Häufig	Nein
Sind Sie kreativ?	Ja	Ein bisschen	Nein
Ist es Ihnen wichtig, dass Ihre Worte von anderen Menschen nicht als verletzend wahrgenommen werden können?	Ja	Meistens	Nein
Bleiben Sie bei Kritik oder negativen Kommentaren gelassen?	Ja	Meistens	Nein

Ein gelungener Auftritt auf Social Media erfordert Mut, Kreativität und ein feines Gespür für taktvolle Kommunikation. Schließlich sollen Ihre Postings die Community weder langweilen noch kränken oder verärgern. Eines wird dennoch nicht ausbleiben, denn wie achtsam Sie auch sind, irgendwann einmal wird eines Ihrer Postings auf heftige Kritik stoßen. In diesen Situationen heißt es, einen kühlen Kopf zu bewahren und schnell auf effektive Krisenkommunikation umzustellen. Sie bringen die genannten Eigenschaften mit? Dann verfügen Sie in jedem Fall über eine gute Basis, um im Social-Media-Wahlkampf bestehen zu können.

Tabelle: Social-Media-Affinität

Nutzen Sie Facebook aktiv?	Ja, auch mit eigenen Postings	Ja, aber ohne eigene Postings	Nein
Nutzen Sie Instagram aktiv?	Ja, auch mit eigenen Postings	Ja, aber ohne eigene Postings	Nein
Betreiben Sie eine eigene Webseite oder einen eigenen Blog?	Ja	Nein, aber ich habe Erfahrung darin	Nein
Wie groß ist Ihre Medienkompetenz in Bezug auf Social Media?	Ausgeprägt	Mittelmäßig	Gering
Wie viel Freude bereitet Ihnen das Erstellen von Beiträgen für Social Media?	Viel	Wenig	Keine

Die private Nutzung von Social Media und die Pflege einer professionellen Seite sind zwei unterschiedliche Paar Schuhe. Dennoch ist klar: Wer über Vorerfahrungen in den sozialen Netzwerken und der Pflege eines persönlichen Blogs verfügt, tut sich auch im Wahlkampf leichter, den richtigen Content zu erstellen. Ganz wichtig ist dabei auch: Die Pflege Ihrer professionellen Accounts sollte Ihnen Freude bereiten und nicht etwa als Ballast angesehen werden. Sind weder Vorerfahrungen noch Freude vorhanden, ist dies jedoch kein Grund, auf eine Social-Media-Präsenz zu verzichten. Sie benötigen in diesem Fall aber dringend professionelle Unterstützung.

Tabelle: Programmatik

Treten Sie für Modernisierung an?	Ja	Teilweise	Nein
Wie wichtig ist Ihnen das Thema ‚Bürgerdialog' in ihrem Wahlkampf?	Sehr wichtig	Wichtig	Unwichtig
Wie wichtig ist es Ihnen, junge Menschen anzusprechen?	Sehr wichtig	Wichtig	Unwichtig
Als Amtsinhaber(in): Haben Sie während Ihrer Amtszeit einen aktiven Bürgerdialog gepflegt und dazu digitale Möglichkeiten genutzt?	Ja, häufig	Sporadisch	Nie

In einem homogenen Wahlkampf passen Programmatik und Wahlkampfstil gut zusammen. Wenn Sie also für Modernisierung und mehr Bürgerdialog eintreten, dann sollte sich dies auch in Ihrem Wahlkampf widerspiegeln. Digitale Formate bieten dazu ideale Gelegenheiten und Ihnen die Möglichkeit, deutlich an Sichtbarkeit und Erreichbarkeit zu gewinnen. Vorsicht ist jedoch geboten, wenn Sie als Amtsinhaber(in) erneut kandidieren. Hier droht ein Glaubwürdigkeitsverlust, wenn Sie die digitalen Möglichkeiten zum Bürgerdialog erst mit Beginn der heißen Wahlkampfphase entdecken.

Tabelle: Budget

Wie hoch ist Ihr Budget im Vergleich zu Ihren Mitbewerber(inne)n?	Höher	Gleich	Geringer
Haben Sie jemanden, die oder der Sie beim Erstellen Ihrer Inhalte unterstützt (Videodreh, Bildaufnahme, Grafikerstellung, Texte)?	Ja	Teilweise	Nein
Haben Sie jemanden, der oder die Sie beim Bearbeiten (Videoschnitt, Bildbearbeitung) und Hochladen Ihrer Inhalte unterstützt?	Ja	Teilweise	Nein
Haben Sie jemanden, die oder der Sie beim Community-Management unterstützt?	Ja	Teilweise	Nein
Wie groß ist Ihr Bedarf, weitere finanzielle Mittel einzuwerben?	Groß	Mittel	Klein

Mit einem hohen Budget geht vieles leichter: Das gilt selbstverständlich auch für Ihren digitalen Wahlkampf. Gleichwohl lassen sich auch mit einem kleinen Budget wirkungsvolle Kampagnen fahren. Abhängig ist dies von Ihren persönlichen Fähigkeiten beziehungsweise der ehrenamtlichen Unterstützung, die Sie erhalten. Machen Sie sich vorab ein realistisches Bild davon, wozu Sie selbst in der Lage sind und wo Sie Unterstützung benötigen.

Tabelle: Wählerschaft

Wie hoch ist die Anzahl an Wahlberechtigten?	> 50.000	< 50.0000	< 10.000
Wie hoch ist Ihre Bekanntheit innerhalb der Wählerschaft?	Gering	Mittel	Hoch
Wie häufig kommen relevante Teile der Bürgerschaft offline zusammen?	Häufig	Manchmal	Nie
Wie stark ist die Nutzung digitaler Dienste in der Wählerschaft verankert?	Stark	Mittel	Wenig

Ein digitaler Wahlkampf eröffnet Ihnen erstklassige Möglichkeiten, Menschen, mit denen Sie nicht persönlich in Kontakt treten können, für Ihre Kandidatur zu begeistern. Dabei gilt grundsätzlich: Je größer und diverser die Wählerschaft ist, desto weniger haben Sie die Möglichkeit, mit einem relevanten Anteil persönlich in Kontakt zu treten. Kandidieren Sie in einer größeren Stadt, sollten Sie Reichweite definitiv über den Einsatz von Social Media vergrößern. Treten Sie in einer kleinen Ortschaft mit aktivem Gemeindeleben an, sollten Sie hingegen den Fokus auf den persönlichen Kontakt legen.

Auswertung

Werfen Sie einen Blick auf Ihre Kreuze in den einzelnen Kategorien. Sie sollten nun die Antworten auf mindestens drei zentrale Fragen zu Ihrer digitalen Wahlkampfstrategie haben.

Erstens, wie gut passt ein digitaler Wahlkampf zu Ihnen persönlich und zu den Themen, die Sie besetzen möchten? Haben Sie viele Fragen in den Kategorien „Persönlichkeit", „Social-Media-Affinität" und „Programmatik" positiv beantwortet, so stehen Ihnen zahlreiche erfolgsversprechende und kreative Instrumente für Ihren Wahlkampf zur Verfügung. Haben Sie hingegen den Eindruck, dass ein digitaler Wahlkampf weniger zu Ihnen passt, haben Sie dennoch zwei Optionen: Entweder Sie konzentrieren sich auf den klassischen Wahlkampf und decken online lediglich die „Pflichtelemente" ab (siehe nächster Abschnitt) oder Sie suchen sich professionelle Unterstützung, die für Sie den Wahlkampf auf Social Media übernimmt.

Zweitens, welche Relevanz hat der digitale Wahlkampf in Ihrem konkreten Fall? Analysieren Sie genau die Potenziale, die Ihnen Social Media und Co. eröffnen, und nehmen Sie dabei insbesondere die Größe und Altersstruktur Ihrer potenziellen Wählerschaft in den Blick. Setzen Sie insbesondere dann auf digitale Medien, wenn es einen relevanten Anteil an jüngeren und digitalaffinen Menschen in Ihrer Wählerschaft gibt.

Und drittens, wie professionell möchten Sie Ihren digitalen Auftritt gestalten und welches Budget steht Ihnen dazu zur Verfügung? Die Erstellung einer Webseite und eines Social-Media-Auftritts lässt sich hervorragend skalieren, da Ihnen für alle Budgetklassen gute Lösungen zur Verfügung stehen. Haben Sie weniger Budget, setzen Sie beispielsweise auf eine Baukasten-Webseite und einfache Postings. Steht Ihnen ein größeres Budget zur Verfügung, können Sie auch eine Agentur zur Erstellung der Webseite beauftragen und Ihren Social-Media-Auftritt mit aufwendigen Videoproduktionen anreichern. Beide Varianten können zu hervorragenden Ergebnissen führen, insbesondere dann, wenn Sie fehlendes Budget durch kreative Eigenleistung wettmachen können.

Kilian Brauchle und Lars Schulmeister

Relevante Online-Medien

Nachdem Sie nun wissen, in welchem Umfang der Einsatz von Online-Elementen in Ihrem Wahlkampf zielführend ist, werden wir Ihnen zeigen, welche konkreten Maßnahmen Sie in Ihrem Fall umsetzen sollten. Dabei gilt: Jedes digitale Element (z. B. eine Webseite) muss eine bestimmte Zielsetzung erfüllen. Vordergründig werden im Wahlkampf Plattformen zur digitalen *Kommunikation und Mobilisierung* eingesetzt. Darüber hinaus gibt es auch eine Vielzahl an Anwendungen zur besseren *Organisation* Ihres Teams und Wahlkampfs. Auch *Fundraising* kann digital erfolgen.

In diesem Abschnitt möchten wir Ihnen passend zu Ihrer persönlichen Zielsetzung einen Überblick über die wichtigsten Elemente bieten. Diese teilen wir in die Bereiche „Pflichtelemente", „Empfohlene Elemente" und „Zusatzelemente" ein. Pflichtelemente sind Bausteine, die Sie auf jeden Fall nutzen müssen. Die zweite Kategorie bilden Bausteine, die Ihnen in vielen Fällen helfen werden und die wir Ihnen für die meisten Fälle empfehlen. Zusatzelemente schließlich sind Bausteine, die abhängig von Kapazitäten, Affinität und dem eigenen Ermessen Anwendung finden können.

Pflichtelemente

Die im Folgenden aufgeführten Elemente dürfen in Ihrem Online-Wahlkampf auf keinen Fall fehlen.
Domain: Kaufen Sie sich unbedingt ‚Ihre' Domain. Unter einer Domain verstehen wir vereinfacht gesagt den ‚Namen' ihrer Webseite. Darüber hinaus werden über die Domain auch E-Mail-Adressen angelegt. Der Kauf erfolgt über spezialisierte Anbieter und sollte nur wenige Euro im Jahr kosten. Ein guter Webseitenname ist kurz und prägnant und lautet beispielsweise „vornamenachname.de" oder „zukunft-stadt.de". Vermeiden sollten Sie nach Möglichkeit komplizierte Namen oder Begriff mit Umlauten.[20]
Webseite: Ihre Webseite ist Ihre digitale Visitenkarte. Diese ist für viele Wähler(innen) der erste Eindruck Ihrer Person und wichtigste Bezugsquelle,

---

20 Haben Sie beispielsweise einen komplizierten Nachnamen, sollten sie darüber nachdenken, ausschließlich Ihren Vornamen für die Domain zu verwenden oder auf einen komplett generischen Seitennamen zu setzen.

wenn es um Ihr Wahlkampfprogramm geht. Insbesondere die Presse wird sich intensiv mit Ihrer Seite auseinandersetzen. Entsprechend sollten Sie sich daher Zeit dafür nehmen. Investieren Sie gerne auch in ein Video, das Sie gelungen auf der Webseite platzieren können. Vergessen Sie dabei nie: Sie haben keine zweite Chance für einen ersten Eindruck. Ihr Webauftritt kann als Onepager oder als klassische Webseite aufgesetzt sein. Der Onepager vereint dabei alle relevanten Informationen auf einer einzelnen Seite (ähnlich eines Profils), was vor allem für die mobile Nutzung ideal ist. Eine klassische Webseite hat in der Regel verschiedene Unterseiten, die über ein Menü aufgerufen werden. Haben Sie einen höheren Bedarf, Informationen zu vermitteln, sollten Sie aus Gründen der Übersichtlichkeit eher auf ein klassisches Webseiten-Format setzen.

Exkurs: Der Weg zur Webseite

Es gibt eine Vielzahl an Möglichkeiten eine Webseite aufzusetzen. Je nach Budget und Vorkenntnissen können Sie aus folgenden Möglichkeiten wählen:

Webseiten-Baukasten: Webseiten-Baukästen (Website-Builder) liefern Ihnen ein Grundgerüst (Template), das Sie nur noch anpassen müssen. Bekannte Anbieter sind: Wix, Jimdo der Squarespace.

- Vorteil: Geringe Kosten und gutes technisches Niveau der Vorlagen (beispielsweise in Bezug auf die mobile Optimierung)
- Nachteil: Enge Bindung an den Webseite-Builder. Teilweise begrenzte Umsetzungsmöglichkeiten.

CMS-Webseite: Webseiten auf Grundlage eines Content-Management-Systems können auf vorentwickelten Themes (,Designvorlagen') und Plug-Ins (Funktionen) entwickelt und angepasst werden. Beispiele: WordPress, Typo3.

- Vorteil: Geringe Kosten bei fast unbegrenzten Gestaltungsmöglichkeiten.
- Nachteil: Technisches Verständnis notwendig.

Agentur Webseite: Die meisten Agenturen werden standardmäßig eine CMS-Webseite aufsetzen und Ihnen helfen, die technische Umsetzung vorzunehmen.

- Vorteil: Professionelle Gestaltung.
- Nachteil: Höhere Kosten.

Eine gelungene *Webseitenstruktur* spiegelt den Informationsbedarf Ihrer Besucher(innen) wider. Diese sind in der Regel:

Tabelle: Funktionen einer Webseite

Bereich	Zweck
Landingpage	Ihr erster Eindruck
Über mich	Informationen über Ihre Person
Meine Ziele	Ihr Wahlprogramm und Ihre Vision
Termine	Zeigen Sie, wo Sie unterwegs sind und angetroffen werden können.
Downloadbereich (Pressebilder/Flyer)	Service für Interessierte, z. B. lokale Presse
Kontakt	Möglichkeiten, Sie zu erreichen
Datenschutz	Ihre Datenschutzerklärung
Impressum	Angabe des oder der presserechtlich Verantwortlichen

Neben diesem Grundgerüst können Sie im begrenzten Umfang weitere Sektionen einfügen, etwa einen Blog. Diese drei Punkte sollten Sie jedoch unbedingt beherzigen:

- Selektiv & sinnvoll: Nutzen Sie nur wichtige Inhalte, die zu Ihrer Kandidatur gehören oder für die Entscheidungsfindung relevant sind.
- Informativ & innovativ: Halten Sie sich kurz, bleiben Sie bei den wichtigsten Punkten. Arbeiten Sie mit Bildern und, wenn möglich, mit professionellen Visualisierungen. Gestalten Sie die Inhalte so, dass Sie Freude bereiten und die Aufenthaltsdauer verlängern.
- Professionell: Achten Sie auf gute Texte (samt Rechtschreibung), Fotos und Videos.

E-Mail: Auf Grundlage der eigenen Domain können auch entsprechende E-Mail-Adressen angelegt werden. Diese dienen einem professionellen Auftritt und einem einheitlichen Kommunikationsdesign. Eine professionelle E-Mail-Adresse ist eine Voraussetzung für einen Wahlkampf.[21]

---

21 E-Mailadressen, die auf „@gmail.com" oder „@t-online.de" enden, sind keine professionellen E-Mailadressen, sondern ausschließlich für Privatanwender geeignet. Eine professionelle E-Mailadresse endet stets auf den Namen Ihrer Domain und muss von Ihnen käuflich erworben werden.

Facebook: Die 2004 gegründete Plattform Facebook ist mit ca. 31 Millionen Usern in Deutschland aktuell eines der reichweitenstärksten sozialen Netzwerke. Die Seite eignet sich ideal zur digitalen Kommunikation (Sichtbarkeit), auch wenn der größte Teil der User sich nicht aktiv an Beiträgen beteiligt („Schweigende Mitte"). Demografisch ist hier ein eher älteres Publikum anzutreffen. Ideal sind die Möglichkeiten zur bezahlten Wahlwerbung, da diese geografisch eingegrenzt werden kann und extrem kurze Vorlaufzeiten hat. Hierdurch kann im Wahlkreis subtil für Sichtbarkeit gesorgt werden, ohne dass die angesprochenen Personen aktiv ein Interesse bekundet haben. Es ist empfehlenswert, die ‚physischen' Aktivitäten (Wahlkreisbesuche, Vorstellungsvideo, ...) des Vor- und Wahlkampfs über diese Plattformen zu ‚verstärken', da diese Aktivitäten dann in der breiten Masse wahrgenommen werden können. Diese Werbung ist verhältnismäßig günstig (Richtwert: ca. 1 Cent pro Werbeeinblendung), wobei der Preis abhängig von der Targeting-Einstellung steigt und aufgrund des Bieterverfahrens schwanken kann. Beachten Sie, dass für Wahlwerbung innerhalb der EU gemäß der Meta-Werberichtlinien eine vorherige Verifizierung des Kontos sowie die Erstellung eines Disclaimers zu erfolgen hat.

Über den Facebook Business Manager können sie die Werbeanzeigen bei Facebook (und auch bei Instagram) zentral steuern. Zur besseren Planung der Inhalte empfiehlt sich das Creator Studio.

Empfohlene Elemente

Die im Folgenden aufgeführten Elemente stellen in einer Vielzahl von Online-Wahlkämpfen einen echten Mehrwert dar.

Suchmaschinenoptimierung: Unter Suchmaschinenoptimierung werden Maßnahmen verstanden, die eine bessere Auffindbarkeit von Inhalten in Suchmaschinen mit sich bringen. Primäres Ziel ist neben einer Steigerung von Webseitenbesuchen (Traffic) vor allem das Erzielen einer höheren Verweildauer auf Grundlage der besseren Inhalte. Grundsätzlich werden die Erfolge der Suchmaschinenoptimierung nur zeitverzögert sichtbar. Wegen der oftmals sehr geringen Vorlaufzeit von Wahlkämpfen ist ein Erfolg nur bedingt zu erwarten.

Mailings: Der Einsatz von (Werbe-)Mailings bietet Ihnen die Möglichkeit einer aktiven Ansprache eines vorab definierten E-Mail-Verteilers. Darüber hinaus können Sie durch den vorsichtigen Einsatz von E-Mail-Marketing-Software interessante Einblicke in die Klick-Statistiken erhalten. Beachten Sie aber bei jeglicher (werbender) E-Mail-Korrespondenz die Erfüllung des Datenschutzes. Vor allem im Wahlkampf ist das ein sensibles Thema.

Google Business: Google Business ermöglicht das Erstellen Ihres ‚Unternehmensprofils' und dazugehöriger Inhalte, die eine relativ hohe Sichtbarkeit in der Google-Welt erhalten. Um eine Unternehmensseite anlegen zu können, brauchen Sie eine physische Adresse. Ist dies gemacht, können Sie eine Vielzahl an Inhalten über diese Seite hochladen. Diese umfasst Textbeiträge, Bilder und Videos.

Google Ads: Mit Google Ads können Sie Werbeanzeigen im Alphabet-Universum schalten. Diese umfassen alle Google-Produkte wie etwa YouTube, die Google-Suchmaschine und das Display-Werbenetzwerk. Da die Werbeanzeigen eine Vielzahl an Einstellungsmöglichkeiten (und Fehlerquellen) bieten, empfehlen wir die Hilfe einer erfahrenen Person in diesem Zusammenhang. Beachten Sie, dass für Wahlwerbung innerhalb der EU gemäß der Google-Werberichtlinien eine vorherige Verifizierung des Kontos zu erfolgen hat.

Instagram: Die 2010 gegründete Plattform zählt in Deutschland ca. 28 Millionen User(innen) und gehört wie Facebook zu dem Unternehmen Meta. Das soziale Netzwerk hat sich auf Fotos und Kurzvideos (u. a. in sogenannten Stories) spezialisiert und bietet weniger Spielraum für Texte. Die Plattform ist ideal, um mit Bildern und Videos ‚Eindrücke' des Wahlkampfs zu vermitteln. Im Vergleich zu Facebook hat Instagram einen Fokus auf die einfache Erstellung attraktiver Inhalte anhand von Filtern und gestalterischen Elementen gesetzt. So können einfach und schnell unterhaltsame Inhalte erstellt werden, was sich positiv auf die Aufenthaltsdauer auswirkt. Beachten Sie auch hier wieder, dass für Wahlwerbung innerhalb der EU gemäß der Meta-Werberichtlinien eine vorherige Verifizierung des Kontos sowie die Erstellung eines Disclaimers zu erfolgen hat.

Zusatzelemente

Die im Folgenden aufgeführten Elemente heben Sie deutlich von Ihrer Konkurrenz ab. Aufgrund ihrer geringen Etablierung in der politischen Kommunikation sind sie als experimentell anzusehen.

WhatsApp: WhatsApp kann als Kommunikations- und Organisationstool verwendet werden. Besonders erwähnenswert ist die WhatsApp Business Applikation. Diese bietet Ihnen eine breite Anwendungspalette, wie etwa die Kopplung einer Festnetznummer mit Ihrem WhatsApp-Konto oder die Möglichkeit von automatisierten Nachrichten (z. B. Willkommensnachricht). WhatsApp hat in Deutschland eine enorme Nutzergemeinde. Im Jahr 2019 nutzen schätzungsweise über 60 Millionen Menschen in Deutschland die Anwendung.[22] Als größte Herausforderung im Wahlkampf dürfte die extrem schnelle Reaktionszeit gewertet werden, die die Nutzer(innen) von WhatsApp gewohnt sind.

TikTok: Das chinesische Videoportal TikTok ist das am schnellsten wachsende soziale Netzwerk in Deutschland. Die Plattform des Unternehmens ByteDance wurde 2018 veröffentlicht und hat nach eigenen Angaben bis zu 20 Millionen User(innen). Die kostenfreie Plattform eignet sich vor allem, um ein eher jüngeres Publikum zu erreichen. TikTok bietet ebenfalls die Möglichkeit bezahlter Werbung. Ungeachtet seines Erfolgs steht die Plattform aufgrund von Datenschutz- und Zensurvorwürfen in der Kritik. Inhaltlich arbeitet die Plattform fast ausschließlich mit Video-Formaten und ist für die zahlreichen ‚Musikvideos' bekannt. Die Plattform selbst bietet zahlreiche Produktionsmöglichkeiten, die spielerisch und einfach professionelle Videos entstehen lassen.

Leitfaden: Wie Sie wirkungsvolle Postings erstellen

Sie wissen nun, welche konkreten Dienste und Plattformen für Sie infrage kommen. Um Ihnen einen ganzheitlichen Überblick zu ermöglichen, erfahren Sie in diesem letzten Abschnitt die wichtigsten Regeln zum Verfassen einzelner Beiträge. Schließlich stellt der Entschluss zu einer Kandidatur für viele Menschen eine völlig neue Lebenserfahrung dar. In kürzester Zeit stehen Sie im Mittelpunkt einer Kommune, müssen Position beziehen und werden kritisch beobachtet. Da die wenigsten zuvor eine aktive Rolle in den sozialen Medien wahrgenommen haben, fällt dieser Schritt meist noch zusätzlich

---

22 Vgl. Matthias Mener: Nutzerzahlen Messenger-Apps Deutschland und weltweit, in: Messenger-people vom 02.03.2022, https://www.messengerpeople.com/de/whatsappnutzerzahlen-deutschland/#:~:text=T%C3%A4glich%20nutzen%20rund%2060%20Millionen,wovon%2063%20Millionen%20online%20sind (zuletzt abgerufen am 12.04.2022).

ins Gewicht. Die wesentliche Frage ist, wie ein digitaler Auftritt (möglichst) fehlerfrei ablaufen kann.

Ihr Mindset: Das Wichtigste zu Beginn: Social Media sollte Ihnen Freude machen. Sehen Sie es als sinnvolle Bühne an, auf der Sie die Chance haben, sich und Ihre Position einem weitläufigen Publikum zu präsentieren. Da es sich um eine große Bühne handelt, sollten Sie die Sache ernst nehmen und Ihre Beiträge vorab durchdenken. Lassen Sie doch eine zweite Person gegenlesen bzw. sichten, was sie posten wollen.

So ‚tickt' Social Media: Wenn Sie nichts für ein Produkt zahlen, sind Sie das Produkt. Genauer gesagt, Ihre Aufmerksamkeit. Entsprechend sind die Algorithmen aller Social-Media-Plattformen so ausgelegt, dass Sie sich möglichst lange auf einer Plattform aufhalten und dies auch gerne tun. Letzteres erfolgt durch eine Optimierung der angezeigten Inhalte. Gemessen wird die Qualität einer digitalen ‚Bindung' durch eine Vielzahl an Variablen, etwa durch Interaktionen und die Verweildauer. Entsprechend eignen sich oftmals kurze Formate, die auf positive Impulse setzen, besser als tiefgreifende, komplexe Texte. In anderen Worten: Sie werden für attraktive Inhalte durch Reichweite belohnt, die andere dazu bringt, sich länger auf der jeweiligen Plattform aufzuhalten. Weniger und unterhaltsam ist daher oftmals mehr als lang und komplex.

Einstieg und erfolgsversprechende Beitragskombinationen: Ihr Auftritt in einem sozialen Netzwerk sollte generell mit Ihrer (gewünschten) Außenwahrnehmung übereinstimmen. Darüber hinaus haben Sie die Möglichkeit, durch die von Ihnen verfassten Beiträge im Laufe des Wahlkampfs weitere Nuancen zu platzieren, um beispielsweise in bestimmten Zielgruppen Sympathien zu erzeugen und Ihr Image zu beeinflussen.

Persönlicher Kontakt vs. Social Media: Ein persönlicher Kontakt ist immer einprägsamer und nachhaltiger als jede digitale Begegnung. Sollten Sie aber nicht mit jeder Person in Ihrem Wahlkreis, Ihrer Stadt oder Ihrer Gemeinde persönlich sprechen können, ist der digitale Kontakt besser als kein Kontakt. Im Idealfall reichern Sie eine persönliche Begegnung durch ihre laufenden digitalen Beiträge an und erzeugen dadurch eine bessere persönliche Bindung. Nutzen Sie Ihren Auftritt, um auch einen persönlichen Eindruck zu hinterlassen, beispielsweise mit Bildern Ihrer Vergangenheit oder mit Dingen, die Ihnen wichtig sind. Social Media vermittelt den meisten Menschen ein Gefühl, sehr greifbar und nahbar zu sein, was den persönlichen Kontakt fördert und Sympathien erzeugen kann (denken Sie an die sympathischen Obama-Kampagnenbilder).

Informativ vs. unterhaltsam: Idealerweise setzen Sie einen Mix verschiedener Beitragsarten ein, die einerseits informativ, anderseits unterhaltsam sind. Da die Aufbereitung informativer Beiträge in der Regel komplexer ist und ohnehin bereits viele Informationen transportieren muss, empfiehlt sich manchmal die Zweiteilung solcher Inhalte. In einem ersten Schritt setzen Sie einen ‚Teaser', der den Beitrag anschneidet. Innerhalb dieses Beitrags verweisen Sie dann auf eine Veranstaltung oder eine detaillierte Aufbereitung des Themas, beispielsweise auf Ihre Webseite. Manchmal wird es Ihnen aber gelingen, informative Inhalte unterhaltsam darzustellen. Inspirationen dieser Beitragsart können Sie beispielsweise in den Kanälen der Tagesschau finden (u. a. bei TikTok).

Authentizität vs. Professionalität: Authentische Beiträge von Politiker(inne)n werden als besonders glaubhaft empfunden. Dies kann durch die Form oder durch den Inhalt selbst geprägt werden. Achten Sie jedoch darauf, dass selbst die authentischsten Beiträge in der Regel professionell aufbereitet sind. Ein professioneller Beitrag ist ein Beitrag, dessen Rahmenbedingungen optimiert wurden, etwa durch die Aufnahmequalität (Licht und eingesetzte Technik), die Tonqualität und das Setting. Achten Sie bitte auch auf diese Parameter, ihre Zuhörer(innen) werden es Ihnen danken.

Seriosität vs. Coolness: Für Politiker(innen) ist es in der Regel schwierig, als ‚cool' wahrgenommen zu werden. Dies liegt in erster Linie an der Selbstdefinition ‚der Politik', die vor allem durch Seriosität und Nüchternheit punkten möchte. Also die ‚Sache' im Vordergrund steht und nicht die Person. Dies ist sicher ein Kontrastpunkt zu vielen Influencer(inne)n, die vor allem sich selbst in Szene setzen. Für Kandidierende empfiehlt es sich in der Regel, dem Selbstverständnis der Politik zu folgen und auf eine übertriebene Selbstinszenierung zu verzichten.

Relevanz vs. Menge: Die Produktion von Beiträgen ist kein Selbstzweck. Achten Sie auf die Relevanz Ihrer Beiträge und erstellen lieber einen Beitrag weniger als einen zu viel. Abhängig von der Phase Ihres Wahlkampfs können Sie zum Ende der Kampagne durchaus wenige Male täglich einen Beitrag pro Plattform produzieren. Gerne können Sie auch externe, relevante Beiträge teilen. Zu Beginn ist ein Beitrag pro Tag aber sicher ausreichend. Das wichtigste: Bleiben Sie interessant!

Typische Formate: Funktionierende Formate gibt es viele. Sicher werden sich auch einige Beiträge und Formate im Laufe des Wahlkampfs ähneln, das ist aber kein Problem. Um weiter interessant zu bleiben, sollten sich die Formate jedoch stilistisch abwechseln. Hier einige mögliche Darstellungsformen und Beitragsarten im Überblick: Portrait, Foto im Einsatz, Impressionen, Outtake, Zeichnung, Zusendung aus der Wählerschaft, Behind-the-Scenes-Formate, Video, Kurzvideo, einzelne Szenen, Reels, Stories, Impressionsvideos, direkte Ansprache, Interview, Unterstützer-Posting, Testimonial, Kommentar, Repost, Dokumentation der Wahlkampfmaßnahmen …

Umgang mit Kommentaren, Feedback und Kritik: Soziale Medien leben von der Interaktion. Sprechen Sie mit den Menschen, liken Sie die Kommentare und antworten Sie darauf. Bedanken Sie sich für wohlwollende Beiträge und ergänzen Sie die Debatten in den Kommentarzeilen. Diese Interaktionen helfen Ihnen bei Ihrer Reichweite und in der Wahrnehmung der Menschen. Sie werden online auch auf Menschen treffen, die Ihnen nicht schmeichelhafte Sachen sagen. Das ist nicht schön, aber nicht schlimm. Nehmen Sie die Kritik sachlich auf und reagieren Sie auf das Gesagte (wie bei ‚normalen' Kommentaren). Sprechen Sie die Person direkt an und fragen gegebenenfalls nach, wie sie das verstehen dürfen. Fragen Sie nach, wie die Person die angemerkte Situation lösen würde. Wenn es unter die Gürtellinie geht, können Sie das benennen und bei strafbaren Inhalten auch die Justiz einschalten. Das Internet ist kein rechtsfreier Raum. Wenn notwendig, können Sie Ihnen vertraute und wohlgesonnene Menschen bitten, eine Gegenposition aufzubauen und diese zu posten. Das ist dann notwendig, wenn die Kritik prominent platziert, alleinstehend und für eine breite Mehrheit ohne Gegenposition sichtbar ist.

Shitstorm: Bedauerlicherweise benehmen sich einige Menschen im digitalen Raum unangemessen und mehr als unhöflich. Dies kann einzeln vorkommen oder in einer häufigen Ansammlung. Erfolgt dies lawinenartig, so sprechen wir von einem Shitstorm. Im Duden wird dieses Phänomen definiert als „Sturm der Entrüstung in einem Kommunikationsmedium des Internets, der zum Teil mit beleidigenden Äußerungen einhergeht". Da Ihnen eine solche Entrüstung schaden kann, sollten Sie sich folgende Punkte für den Ernstfall zu Herzen nehmen:

1. Informieren Sie unbedingt proaktiv Ihre Familie und Ihr Team. Diese können auf die Emotionen im Netz besser reagieren, wenn sie den Sachverhalt kennen.
2. Reagieren Sie zeitnah, aber durchdacht!

Digitaler Bürgermeisterwahlkampf

Abb. 29: Digitale Werbung für eine Veranstaltung.

3. Sprechen Sie auf Augenhöhe, reagieren Sie aber nicht auf alles.
4. Lassen Sie sich nicht provozieren.
5. Bei berechtigter Kritik dürfen Sie sich auch aufrichtig entschuldigen.
6. Jeder Sturm zieht vorbei!
7. Reflektieren Sie im Nachgang das Geschehene in einem separaten Beitrag (oder bei Interesse auch in der Zeitung), sofern die Kritik berechtigt war!

Kilian Brauchle und Lars Schulmeister

Zusammenfassung

Dieser Text hat Ihnen eine Synthese theoretischer und praktischer Elemente eines digitalen Wahlkampfs vermittelt. So sollten Sie nun die im Jahr 2022 wichtigsten Ansatzpunkte eines digitalen Wahlkampfs kennen und eine generelle, bessere Einschätzung derer Wirkungsmöglichkeiten erfahren haben.

Der Abschnitt „Der Einfluss digitaler Medien auf Bürgermeisterwahlkämpfe" hat Ihnen neben einem Überblick die digitale Vernetzung Deutschlands auch die drei wichtigsten Faktoren erfolgreicher Kampagnen vermittelt. Festzuhalten ist jedoch auch, dass viele Likes auf Social Media kein Garant für einen positiven Wahlverlauf sind. Die meisten Wähler(innen) gehören der schweigenden Mitte an und ‚konsumieren' entsprechend, ohne sich aktiv an Diskussionen zu beteiligen. Der Abschnitt „Der Einfluss des Mediums auf Botschaft und Zielgruppe" hat Ihnen ein tieferes, theoretisches Verständnis der Rhetorik vermittelt – und dass es einen Unterschied in der Wahrnehmung mit sich bringt, ob Sie auf TikTok präsent sind oder auf Facebook. Die „Checkliste: Ihr digitaler Wahlkampf" hatte das Ziel, aufzuzeigen, in welchem Umfang Sie Ihren persönlichen Wahlkampf im digitalen Raum führen sollten und welche Aspekte sich auf Ihre digitale Kampagne auswirken: in Ihrem Ort, in Ihrem Team und bei Ihnen selbst. Anhand unserer Übersicht über die wichtigsten Online-Medien können Sie Ihren Wahlkampf strukturieren, ohne Gefahr zu laufen, ein entscheidendes Element des Online-Wahlkampfes zu übersehen. Für einen besseren Überblick haben wir diese Elemente für Sie zudem nach Prioritäten aufgeteilt. Das wichtigste an dieser Stelle: Nutzen Sie das passende ‚Werkzeug' für ihr vorgegebenes Ziel. Abschließend soll der „Leitfaden: Wie Sie wirkungsvolle Postings erstellen" Ihnen als praktischer Ratgeber fungieren. Wichtig dabei: Haben Sie Freude an den Dingen, die Sie machen, und nutzen Sie die digitalen Möglichkeiten für Ihren Wahlerfolg!

Bleiben Sie außerdem nach dem (hoffentlich erfolgreichen!) Wahlabend am Ball und bauen Sie insbesondere Ihre Social-Media-Präsenz als Bürgermeister(in) weiter aus. Sie sehen an unserem Beispiel Sebastian Kurz, dass auch in kleineren Gemeinden stattliche Followerzahlen erreicht werden können, wenn Sie regelmäßig interessante Beiträge posten. Das von Ihnen während der Amtszeit aufgebaute Netzwerk wird Ihnen bei Ambitionen auf eine Wiederwahl eine große Stütze sein.

Sie haben unbeantwortete Fragen zum Thema Online-Wahlkampf? Dann melden Sie sich gerne bei uns!

… # „Ohne Social Media geht es nicht" – Direkte Kommunikation im Wahlkampf und im Amt

Jan Georg Plavec

Soziale Medien sind seit Jahren Teil fast aller Bürgermeister- und Oberbürgermeisterwahlkämpfe. Doch die Rolle und der Einsatz der jeweils relevanten Plattformen wandelt sich, wie Studien und Gespräche mit Amtsinhabern zeigen. Sie sind nicht mehr nur ein Mittel, um – vielfach auf die Zeit des Wahlkampfs beschränkt – verschiedene Wählergruppen anzusprechen und bei ihnen um Stimmen zu werben. Vielmehr nutzen mehr und mehr Amtsinhaber soziale Medien, um auch nach der Wahl mit der Bevölkerung in Kontakt zu bleiben – und sich im Falle einer erfolgreichen Präsenz auf den Plattformen zumindest teilweise gegenüber Herausforderern bei der nächsten Wahl zu immunisieren.

Soziale Medien sind für (Ober-)Bürgermeister damit nicht nur ein Mittel zum Machtgewinn, sondern auch zum Machterhalt. Dieses Vorgehen war von einschlägigen Beratern mit Claims wie „Social Media als Dialogmedium"[1] schon länger empfohlen worden, scheiterte aber vielfach an Zeitbudgets oder der Wahrnehmung, dass soziale Medien eher ‚nice to have' sind, d. h. eine bloße Ergänzung der Bürgermeisterkommunikation sein können, anstatt in deren Zentrum zu stehen. Facebook sowie Instagram sind die wichtigsten Plattformen für die direkte Kommunikation mit den Bürgern. Twitter nutzen in der Regel Kommunalpolitiker mit landes- oder bundespolitischen Ambitionen, die auf überregionale und Unterhaltungsthemen spezialisierten Videoplattformen Tiktok und YouTube eignen sich aktuell weniger für kommunalpolitische Beiträge.

Viele jüngere oder professionell beratene Bürgermeister haben diese Haltung mittlerweile internalisiert. Sie lässt sich aber auch mit einem geänderten Medienproduktions- und Nutzungsverhalten untermauern. Zwar wird die Lo-

---

1 Markus Kaiser: Medienwandel im Kommunalwahlkampf. Vom Wahlplakat zu Social Media, in: Politische Studien 489/2020, https://www.hss.de/download/publications/PS_489_KOMMUNALWAHLEN_neu_05.pdf (zuletzt abgerufen am 12.04.2022).

kalzeitung typischerweise weiterhin als zentrales Medium für kommunalpolitische Information und Diskussion wahrgenommen.[2] Gleichzeitig wird infolge reduzierter Umfänge und Redaktionen auch über Kommunalpolitik weniger berichtet, werden etwa reine Fototermine vielfach nicht mehr besetzt. Kommunen können das nur bedingt kompensieren und haben kaum Möglichkeiten, der Krise der Tageszeitung entgegenzutreten.[3] Ohnehin spielen die Zeitungen im Informationsverhalten jüngerer Menschen bestenfalls noch eine untergeordnete Rolle. Kommunalpolitische Themen gelten allgemein als eher unbeliebt bei der Online-Leserschaft und werden deshalb auf den Websites der Lokalzeitungen nur bedingt aufgegriffen. Für die Algorithmen der Social-Media-Plattformen spielen dagegen räumliche Nähe oder die Erwähnung von für die einzelnen Nutzer relevanten Gruppierungen oder Orten eine Rolle. Sie spielen entsprechende Beiträge dann passgenau einer für Bürgermeister nicht direkt steuerbaren, aber in aller Regel grundsätzlich interessierten Teilgruppe der Bevölkerung aus.

So können Kommunalpolitiker einer reduzierten medialen Sichtbarkeit aktiv entgegenwirken und den Informations- und Mitwirkungsgrad in der Stadtbevölkerung erhöhen. Auch aus den beschriebenen machtstrategischen Gründen wird jedem Bürgermeister daran gelegen sein, die Zahl der Kontakte mit den Bürgern möglichst hoch zu halten. Dazu zählen zunehmend Inhalte, die über soziale Medien bei der Bevölkerung ankommen.

Dabei macht es keinen Unterschied, ob man wie Frank Nopper (CDU) mit eigenem Kommunikationsteam der Verwaltung einer Landeshauptstadt vorsteht oder wie Marian Schreier (SPD) von der Kleinstadt Tengen aus beinahe eben jenes Stuttgarter Oberbürgermeisteramt erobert. Sowohl Noppers Kommunikationsexperten als auch Schreier selbst betonen, eine dauerhaft betriebene Social-Media-Präsenz sei spätestens seit der Pandemie eine „schiere Notwendigkeit".[4] Marian Schreier setzte bei seinen Kandidaturen in Tengen sowie Stuttgart stark auf soziale Medien – 2015 in Form einer Facebookgrup-

---

2 Lara Brückner: Lokale Kommunikation und Lokalmedien im Online-Zeitalter. Kommunikationsräume im Stadt-Land-Vergleich, Dissertation, Universität Hohenheim 2021, https://opus.uni-hohenheim.de/volltexte/2021/1859/pdf/Dissertation_Lara_Brueckner.pdf (zuletzt abgerufen am 12.04.2022), S. 210 ff.; Nayla Fawzi, Philip Baugut, Carsten Reinemann: Die Funktionen von Lokalmedien für die Kommunalpolitik, in: Medien und Kommunikationswissenschaft 66/1 (2018), S. 22–40.
3 Christian Erhardt: Zeitungssterben bedroht lokale Demokratie, in: Kommunal vom 07.11.2018, https://kommunal.de/zeitungssterben-amtsblaetter (zuletzt abgerufen am 12.04.2022).
4 Zitat aus meinen Gesprächen mit den Genannten – so auch im Folgenden.

pe, in Stuttgart stärker auf Instagram. „Für mich war schon immer der Punkt: Ich will da sein, wo die Menschen sich bewegen", berichtet Schreier.

Frank Noppers persönlicher Referent Thrasivoulos Malliaras erklärt, für Kommunalpolitiker zähle „Bekanntheit, nicht Beliebtheit".[5] Er betreute Noppers Online-Kampagne während des Wahlkampfs 2020. Sie zeichnete ein klar auf die konservativen Zielgruppen zugeschnittenes, letztlich auch authentisches Bild des leutseligen, auf Repräsentation und plakative Politikvorhaben zielenden Kandidaten und damaligen Oberbürgermeisters der Großen Kreisstadt Backnang im Rems-Murr-Kreis. Nopper mobilisierte so seine Wählergruppen, profitierte aber auch von der Zerstrittenheit des linksgrünen Lagers, das sich für den zweiten Wahlgang nicht auf einen gemeinsamen Kandidaten einigen konnte.

Wer professionell auf sozialen Medien kommunizieren möchte, muss in Zielgruppen denken. Das gilt für Wahlkämpfe ebenso wie für gewählte Kandidaten. Im Grunde teilen sich die Bevölkerungen großer wie kleiner Städte schon immer in verschiedene, oftmals klar abgrenzbare Gruppen auf – strukturiert nach Alter, sozioökonomischem Status oder Vereinsmitgliedschaft. Marian Schreier berichtet von seiner Stuttgarter Kampagne:

> „Wir haben frühzeitig Personas entwickelt, zum Beispiel die zugezogene vierköpfige Familie in West. Und dann haben wir überlegt, welche Beiträge sind für welche Personas interessant und wie müssen diese zugeschnitten sein. Mithilfe von Tools kann man die Beiträge sehr zielgerichtet ausspielen."

Insbesondere während einer Wahlkampfkampagne hilft es, dass auch die Reichweite einzelner Postings detailliert ausgewertet werden kann. So können Hypothesen und politische Botschaften getestet und gegebenenfalls angepasst werden. Für solche Analysen ist es ebenso wie für die Kampagnenplanung und die konkreten Beiträge vielfach hilfreich, wenn Kandidaten sich professionelle Unterstützung holen. Dabei geht es nicht zwingend darum, nur perfekte Fotos oder Videos zu posten, sondern vielmehr um eine einheitliche Bildsprache und eine insgesamt stimmige Kampagne. Das gilt auch für die Zeit nach einer gewonnenen Wahl, wiewohl hierfür in den Verwaltungen zumindest bislang meist kaum Stellenanteile oder Budgets für Social-Media-Fotografen oder -Filmer zur Verfügung stehen.

---

5 Jan Georg Plavec: Bürgermeisterwahlen und Social Media. Wie weit darf die Inszenierung der Stadtchefs gehen?, in: Stuttgarter Zeitung vom 03.06.2022, https://www.stuttgarter-zeitung.de/inhalt.buergermeisterwahlen-und-social-media-sitzen-bald-nur-noch-kleine-trumps-im-rathaus.941ceb15-da1d-4540-be69-719477bc3466.html (zuletzt abgerufen am 12.04.2022).

Mag sein, dass sich das absehbar ändert. Schon jetzt reüssieren immer wieder Kandidaten insbesondere dank ihrer Social-Media-Kampagne. In der Gemeinde Kernen im Remstal (15.000 Einwohner) verdrängte Benedikt Paulowitsch mit einer gut geplanten und auf soziale Medien fokussierten Kampagne den Amtsinhaber. Seine Kandidatur hatte er erst kurz vor Fristablauf erklärt, war dann aber online und offline dauerpräsent. „Der Paulowitsch ist ja überall", soll der Amtsinhaber eine Woche nach Beginn der Kampagne seines Herausforderers gesagt haben. „Genau das war der Effekt, den ich erzielen wollte", berichtet Paulowitsch rückblickend. Daraus entstand das Momentum, das ihm am Ende ins Amt verhalf.

Die hier ausgewählten Beispiele sind zwingend anekdotischer Natur, weil jeder Wahlkampf und jede Gemeinde unterschiedlich sind – ebenso wie die Kandidaten, die Kampagnen möglichst passgenau auf ihr Profil zuschneiden müssen. Verallgemeinerbare Ergebnisse hat 2021 eine Umfrage der Verwaltungshochschule im Auftrag des Fritz-Erler-Forums unter fast 400 baden-württembergischen Bürgermeistern ergeben.[6] Drei von vier Befragten nutzen soziale Medien regelmäßig beruflich. Als wichtigste Ziele geben sie an, junge Zielgruppen zu erreichen, Öffentlichkeitsarbeit sowie Krisenkommunikation zu betreiben – etwa während der coronabedingten Lockdowns. Neben Facebook und Instagram werden Messengerdienste am häufigsten genutzt.

Eine zunehmende Rolle spielt die direkte Kommunikation zwischen Bürger und Bürgermeister. Je nach Größe der Gemeinde kann der Aufwand für einen solchen Austausch sehr hoch sein und (bei größeren Verwaltungen) die städtische Kommunikationsabteilung oder (wie vielfach in kleineren Gemeinden) die Amtsinhaber selbst auf ganz neue Weise fordern. Über soziale Medien gehen teils auch sehr komplexe Anfragen ein, deren Beantwortung viel Zeit beansprucht – manchmal auch spätabends oder am Wochenende. Dieser zusätzliche Aufwand muss entweder eingeplant oder anderswo eingespart werden.

Allerdings ist es genau dieser direkte Austausch, den soziale Medien ermöglichen – und sei es nur in Form einer jederzeit möglichen (und nicht permanent genutzten) Ansprache des Bürgermeisters. Das ist zumindest qualitativ nichts Neues; Bürgermeister werden auf der Straße ständig angesprochen. Doch der digitale Raum erweitert die Ansprechbarkeit und damit die Präsenz

---

[6] Rafael Bauschke: Wie Bürgermeister_innen soziale Medien nutzen. Ergebnisse einer Online-Befragung baden-württembergischer Bürgermeister_innen, Stuttgart 2021, https://library.fes.de/pdf-files/bueros/stuttgart/18423.pdf (zuletzt abgerufen am 12.04.2022).

ganz erheblich. Entsprechend hat die Mehrzahl der Bürgermeister in der oben erwähnten Umfrage angegeben, Zeitmangel insbesondere für die Interaktion mit Anderen spreche gegen die Nutzung sozialer Medien. Eigentlich müsste es genau anders sein: Amtsinhaber sollten sich genau diese Zeitbudgets nehmen und als gewählte Vertreter der Einwohnerschaft das Gespräch suchen, wo es nur möglich ist.

Man kann das auch als Investment verstehen. „Eine erfolgreiche Präsenz in den sozialen Medien kann potenzielle Herausforderer abschrecken", ist Benedikt Paulowitsch überzeugt. Wer nachweislich mit seinen Bürgern regelmäßig im Gespräch ist, unter den Postings mitdiskutiert oder Online-Sprechstunden abhält, nimmt Herausforderern die Aussicht, in diesem Bereich massiv angreifen zu können. Dazu können sogar jene Teile der Bevölkerung beitragen, die nicht zur Zielgruppe gehören. Die vom Stuttgarter Oberbürgermeister Frank Nopper geposteten Bilder beispielsweise werden von linksgrün-liberalen Nutzern vielfach in anderen Kanälen weiterverbreitet – zum Beispiel Fassanstiche, der OB beim Feiern oder auf der Suche nach einem goldenen Osterei in einem Einkaufszentrum. Die entsprechenden Beiträge strotzen zwar meist vor Spott und Häme. Doch sie erhöhen wiederum Noppers Sichtbarkeit. Wenn es in der Kommunalpolitik tatsächlich eher um Bekanntheit geht als um Beliebtheit, geht das Kalkül des CDU-Politikers auf.

An sozialen Medien führt jedenfalls für Bewerber längst kein Weg mehr vorbei. Sie spielen auch nach gewonnener Wahl zunehmend eine Rolle in der Kommunikation mit den Bürgern. Das bedeutet auch, dass die Zeit von Wahlkämpfen, die nicht zuletzt dank einer überlegenen Social-Media-Strategie gewonnen werden, langsam zu Ende geht. Im Wahlkampf gehören soziale Medien genauso dazu wie Plakate und Infostände, Amtsinhaber werden sie absehbar annähernd gleichberechtigt nutzen wie klassische Pressemitteilungen oder Bürgergespräche im Rathaus.

Dass sich manche Politikertypen mit diesen Plattformen leichter tun als andere, liegt auf der Hand. Inwiefern soziale Medien auch zu einer veränderten Amtsführung beitragen, also etwa einen stärkeren Fokus auf inszenierbare Politikvorhaben, muss sich noch zeigen. Potenziellen Kandidaten ist in jedem Fall zu raten, sich deutlich vor der Kandidatur mit dem Thema Social Media auseinanderzusetzen und sich, sofern das nicht ohnehin bereits der Fall ist, bei den entsprechenden Plattformen als privater Nutzer anzumelden und sich mit ihnen vertraut zu machen. Nur wer versteht, wie Inhalte bei den Nutzern ankommen, kann dort glaubwürdig und erfolgreich auftreten.

Jan Georg Plavec

Abb. 30: Der Bewerber plakatiert – dokumentiert auf Facebook.

Mit Beratung zum Erfolg

Christof Bolay

Es gibt kurze Momente, die können ein ganzes Leben verändern. So war es bei mir mit einem Anruf von Erich Holzwarth im Herbst 2004. Ich saß in meinem Büro im Wirtschaftsministerium Baden-Württemberg. Dort hatte ich einen unbefristeten Angestellten-Vertrag und die Aussicht auf eine dauerhaft halbwegs interessante, aber auch nicht allzu aufregende Arbeitsphase bis zur Rente. Dann jedoch sprach mich Erich Holzwarth darauf an, dass der OB-Posten in Ostfildern frei werde und ob ich nicht Interesse daran hätte. Tatsächlich hatte ich schon vorher signalisiert, dass ich mir eine solche Aufgabe unter bestimmten Umständen zutrauen würde. Eine Voraussetzung war, dass der Amtsinhaber nicht wieder antrete. Was in Ostfildern der Fall war.

Die Stadt selbst kannte ich nur dem Namen nach. Ich war vorher nie dort gewesen. Auf einer Karte der Region hätte ich sie der Spur nach platzieren können. Mehr aber auch nicht. Also setzte ich mich am nächsten Freitagnachmittag in die Stadtbahn und fuhr hin. Lief durch zwei, drei Stadtteile, holte mir ein Leberkäs-Brötchen beim Metzger und überlegte, ob ich zur Stadt und die Stadt zu mir passen könnte. Im Anschluss folgte das entscheidende erste Gespräch mit der Familie. Meine Frau war mit einer Kandidatur einverstanden unter der Voraussetzung, im Wahlkampf (und dann auch später in meiner Amtsführung) nicht die Rolle einer First Lady spielen zu müssen. Kurze Zeit später stand bereits das erste Treffen mit dem SPD-Ortsvereins-Vorstand an. Ich hatte mir am Tag vorher in meiner damaligen Stammkneipe ein paar Notizen gemacht, wie ich den Wahlkampf strukturieren würde. Was die Genossinnen und Genossen von mir erwarten könnten (wie Engagement, gutes Auftreten) und was auch nicht (lange Verwaltungserfahrung).

Nachdem sich der Ortsverein für mich als Kandidaten entschieden hatte, ging die eigentliche interne Organisation los. Erich Holzwarth vermittelte mir eine Agentur, mit der ich einen fairen Deal aushandeln konnte. Sie bekam einen gewissen Festbetrag und im Erfolgsfall noch eine Art Prämie.

Zudem hatte ich mit dem Ortsverein ausgemacht, im Erfolgsfall den Wahlkampf komplett zu bestreiten und bei der SPD die Schulden aus dem Amt heraus zu begleichen. Im Fall einer Niederlage wollten wir uns die Kosten teilen. Zu Beginn stand eine klare Stärken-Schwächen-Analyse. Sowohl meiner Mitbewerber als auch von mir selbst. Dabei ging es auch um mögliche Angriffsflächen. Ebenfalls für alle Bewerber gleichermaßen. Aus dieser Gegenüberstellung wurden dann Schlagworte gebildet, die den Wahlkampf prägen sollten. Zum Beispiel Stillstand gegen Dynamik oder Korrektheit versus Charisma. Als Kandidat verzichtete ich selbst auf Angriffe. Als Claim wurde „Menschlich. Offen. Und kompetent." gewählt. Diese Dreier-Konstellation habe ich in den weiteren Wahlkämpfen, zuletzt 2021 mit „Gemeinsam. Gesellschaft. Gestalten." weitergeführt. Ebenso habe ich das besondere quadratische Format des Wahlprospekts nie verändert. Auch wenn das für die Austräger manchmal mit gewissen Herausforderungen bei allzu engen Briefkästen verbunden war. Neben der persönlichen Vorstellung, bei der ich dann auch einmal auf meine Parteimitgliedschaft hingewiesen habe, enthielt der Prospekt die fast ‚üblichen' Themen: Wirtschaft und Finanzen, Stadtentwicklung und Verkehr, Familie und Bildung, soziales Miteinander und natürlich Bürgernähe.

Das Foto-Shooting für Prospekt und Homepage fand nach einem genauen Drehbuch statt, das die Agentur erstellt hatte. Die inhaltliche Vorbereitung wurde durch Briefings der Gemeinderatsfraktion an jedem Samstag vorangetrieben. Daneben las ich mich durch viele Gemeinderatsdrucksachen. All das geschah noch vollkommen im Verborgenen. Die Presse bohrte immer wieder bei den Verantwortlichen nach, ob es denn einen Gegenkandidaten zu den beiden – damals bereits öffentlichen – Kandidaten der bürgerlichen Parteien und der Grünen gebe. Als das alles nichts half, versuchte die Lokalzeitung durch öffentlichen Druck (die SPD sagt, sie habe einen, nennt aber keinen Namen, das muss ja ein toller Supermann sein) das Schweigen zu durchbrechen. Erfolglos.

Mit Erich Holzwarth stimmte ich dann den ersten öffentlichen Auftritt ab. Bis zu diesem kannte mich in Ostfildern außerhalb einer handverlesenen Zahl von Menschen niemand. Als Wahltermin war der 20. Februar 2005 gesetzt. Der Auftakt in der Öffentlichkeit war am Freitag, 7. Januar – also gerade einmal sechs Wochen vor der Wahl! Dafür passte dieser erste Eindruck umso mehr. An ein und demselben Tag gab es eine Pressekonferenz, hat der Ortsverein die Stadt mit Plakaten verziert, ging meine Homepage online und zudem hatten Vereinsvorstände, Pfarrer, Schulleitungen und andere VIPs der Stadt einen Brief in ihrem Briefkasten, mit dem ich meine Kandidatur und

Gesprächsbereitschaft ankündigte. Alles natürlich in der gleichen Gestaltung, was Tonlage und Bildersprache angeht.

Als verlässlicher Berater war Erich Holzwarth immer für mich erreichbar. Nach der ersten Pressekonferenz hat er mich sanft korrigiert. Ich hatte davon gesprochen, dass ich es mir trotz der Konstellation von drei ernst zu nehmenden Kandidaten zutraue, im ersten Wahlgang zu gewinnen. Das solle ich künftig so lieber nicht mehr sagen. Woran ich mich gehalten habe. Interessanterweise haben mir jedoch später einige Menschen in der Stadt gesagt, dass ihnen gerade diese Aussage sehr imponiert habe. Als letzter das Spielfeld zu betreten, aber das Selbstbewusstsein auszustrahlen, als Sieger vom Platz zu gehen.

Durch diesen Auftakt war mir die komplette öffentliche Aufmerksamkeit sicher. Denn meine Plakate waren die ersten, die im Stadtbild sichtbar wurden. Nachdem die Presse am Samstag über meine Kandidatur berichtet hatte, stand am Sonntag der Neujahrsempfang der Stadt an. Dort konnte ich begleitet durch den Fraktionsvorsitzenden viele Menschen kurz kennenlernen. Unter anderem machte er mich mit der OB-Sekretärin mit den Worten bekannt: „Darf ich Ihnen Ihren neuen Chef vorstellen?"

In den nächsten Wochen folgten jeweils samstags Stadtteilspaziergänge. Diese folgten immer dem gleichen Schema: Nach einer Route, die von den Experten der Fraktion ausgesucht wurde, kam ich vor Ort mit den Menschen ins Gespräch. So zeigte mir die Bürgerschaft letztlich selbst ihre Stadt. Und im Anschluss gab es in einem öffentlichen Raum die Gelegenheit, die Gespräche bei Kaffee und Imbiss zu vertiefen. Als sich beim zweiten Spaziergang die ersten Mitarbeiter des Rathauses zeigten – und zu erkennen gaben –, wertete ich das bereits als positives Signal. Außerdem hatte ich mir den Stadtplan relativ gut eingeprägt. Als Kandidat, der von außerhalb der Stadt kam, gab es hier offensichtlich eine niedrige Erwartungshaltung an mich. Wenn ich dann aber fragte, ob das beschriebene Verkehrsproblem eher auf Höhe der Nebenstraße A oder B sei, sah ich oft beeindruckte Augen über die bereits vorhandene Detailkenntnis.

Begleitend dazu machte ich Hausbesuche. Nach den ersten Erfahrungen veränderte ich mein Muster: In großen Mehrfamilienhäusern erreicht man weniger leicht Menschen. Zwar gibt es mehr Bewohner, aber die sind deutlich weniger gesprächsbereit und teilweise richtig schlecht gelaunt wegen solcher ‚Störungen'. Sehr gut sind dagegen Ein- bis Zweifamilienhäuser. Dort ist erstaunlicherweise zu nahezu jeder Tageszeit jemand zuhause. Den Bewohnern überreichte ich eine Postkarte mit den wesentlichen Zielen meiner

Christof Bolay

Kampagne. Und oft beließ ich es bei dem kurzen Satz, dass ich mich eben persönlich vorstellen wollte. Für die Fälle, dass niemand anzutreffen war, wurde von der Postkarte eine Variante produziert, die noch den Aufdruck erhielt: „Leider konnte ich Sie heute nicht persönlich erreichen." Diese Postkarte unterschrieb ich dann jeweils mit dem aktuellen Datum. Zu Beginn der Besuche waren viele Menschen irritiert oder verunsichert und konnten mit diesem Wahlkampf-Instrument nicht recht umgehen. Als ich dann die Presse immer wieder darüber informierte, wurde das deutlich einfacher. Am Schluss ging manche Tür mit dem Satz auf: „Ach schön, heute kommen Sie also zu mir." Zur Planung der Besuche hatte ich mir die jeweiligen Straßenzüge auf einem Stadtplan farbig markiert. So konnte ich nicht nur die Stadtteile wechseln, sondern auch innerhalb der Orte meine Besuche gut verteilen. Da es ein Winterwahlkampf war, ging das natürlich nur bis zum Einbruch der Dunkelheit.

Sowohl die Hausbesuche als auch die Infostände an den Märkten machte ich übrigens immer alleine. Also ohne Partei-Begleitung. Das nötigte zum einen vielen Menschen Respekt ab: „Der stellt sich einfach so hin" – und auf der anderen Seite kennen ja viele Wahlkämpfer das Phänomen, dass sich die Parteimitglieder am Stand eher untereinander unterhalten, als auf die neugierige Bürgerschaft zuzugehen. Und bei einem OB-Wahlkampf ist das ja das Wesentliche: der unmittelbare Kontakt zum Kandidaten.

Einmal hatte ich morgens um 6:30 Uhr einen Infostand an einer Stadtbahnhaltestelle angekündigt. Praktisch niemand, der auf den Zug hetzte, wollte mit mir ins Gespräch kommen. Dann aber fuhr ein Auto relativ schnell vor. Der Fahrer stieg aus und war offensichtlich froh mich anzutreffen. Er habe bei anderen Terminen nie Zeit und sei deshalb extra aus einem ganz anderen Stadtteil angefahren, um mich persönlich kennenzulernen. Solche Ereignisse geben einem Wahlkämpfer einen riesigen ‚Push', um dann auch schwierigere Zeiten durchzuhalten.

Von zentraler Bedeutung ist die offizielle Kandidatenvorstellung. Hier erreicht man als Kandidat viele hundert Menschen und damit Multiplikatoren. Die Regeln, die im Vorfeld festgelegt wurden, besagten, dass es in der Rednerliste nach der Reihenfolge der Bewerbungen gehen sollte. Hieß: Ich war als letzter dran. Daher hatte ich meine Unterstützer gebeten, sich im Raum verteilt zu platzieren. Sollte bei meinen Mitbewerbern applaudiert werden, wenn sie zum Rednerpult gehen, dann war ich sicher, dass das auch bei mir passiert. Wenn nicht, hatte ich sie gebeten, einfach mal mit ein paar Klatschern zu beginnen. Tatsächlich regte sich bei den Mitbewerbern keine Hand. Als ich dann nach vorne ging, setzte erst zaghaft und dann stärker der Beifall ein. Das machte bereits eine ganz andere Atmosphäre im Saal aus. Und als dann bei den ersten humorvollen Sätzen die Lacher an der richtigen Stelle und gleich danach der Szenenapplaus kamen, wusste ich mich auf einem guten Weg. In der mit Erich Holzwarth abgestimmten Rede hatte ich weitgehend darauf verzichtet, meinem persönlichen Werdegang vorzutragen. Ich habe mich auch nicht auf die Zukunft bezogen. Sondern das rhetorische Instrument einer Zeitreise gemacht: an das Ende meiner ersten Amtszeit. Und damit in der Rückschau als Tatsache und Erfolg berichtet, was ich in Wahrheit ja erst vorhatte.

Natürlich gab es im Wahlkampf auch schwierigere Zeiten. Der Ton wurde rauer, es gab Gerüchte und Verdächtigungen. Da half es mir immer, einen Berater zu haben, der mit all seiner Erfahrung die notwendige Ruhe vermittelte. Und mir auch klarmachte, worum es ging: die einflussreichste Stelle innerhalb der Stadt. Da wird nicht immer nach fairen Regeln gespielt, bzw. diese Stelle erreicht man nicht ohne Mühen.

Auf meine Parteimitgliedschaft bin ich bei nur einer Podiumsdiskussion angesprochen worden. Denn tatsächlich bin ich in der (noch jungen) Geschichte der Stadt Ostfildern der erste OB, der einer Partei angehört. Zudem bin ich der erste, der von außerhalb gekommen ist. Und nicht zuletzt der erste, der bei seiner ersten Wiederwahl nicht einmal einen Mitbewerber hatte. Die Frage nach der SPD konterte ich so, dass das kein Qualifikationsmerkmal für die Stelle sei, aber eben auch keine Schande. Dafür gab es anhaltenden Befall.

Von Anfang an hat ein Freund für mich auch so etwas wie ‚Gegnerbeobachtung' gemacht. Hat verfolgt, wie genau bei den Podiumsdiskussionen argumentiert wurde. Was es für mediale Entwicklungen gab. All das konnte mir den einen oder anderen wertvollen Tipp geben, wie ich selbst agieren könnte. Sowieso war es ein Glücksfall, dass der Ortsvereinsvorsitzende zu dem Zeitpunkt als Student relativ flexibel war und so sehr viel Zeit in den Wahlkampf investieren konnte. Und daneben konnte ich eben auf einen quasi hauptamtlichen Helfer setzen, den ich aus meiner Zeit im Willy-Brandt-Haus sehr gut kannte.

Fazit: Es gibt für Wahlkämpfe kein Kochrezept, jeder Wahlkampf ist ein Unikat – wie es der unvergleichliche Wahlkämpfer Franz Müntefering einmal gesagt hat. Aber es gibt bestimmte Muster, die einen Erfolg wahrscheinlicher machen. Klare Organisation, feste Strukturen, verlässliche Berater und am Ende ein Kandidat, bei dem die Dinge gebündelt zusammenlaufen. So hat etwa der Ortsverein zugesagt, die Organisation für Plakate und Prospektverteilung komplett zu übernehmen. Er hat auch die Bewirtung bei den Stadtteilgesprächen übernommen. Ich hatte mir aber vorbehalten, jede Anzeige, jede Unterstützeraussage, jeden Leserbrief etc. vorher zu sehen und freizugeben. So gab es keine unliebsamen inhaltlichen Überraschungen. Social Media war 2005 noch lange nicht so weit wie heute. Daher konnte ich es mir erlauben, tatsächlich auf alle Mails persönlich zu antworten. Da sich Themen und Fragen oft doppeln, entwickelten sich im Lauf der Zeit dann gewisse Standardaussagen.

Die Prospekte werden nach meiner Überzeugung erst in den letzten Wochen vor der Wahl richtig wahrgenommen. Dann konzentriert sich die Aufmerksamkeit auf die Wahl. Durch den zunehmenden Trend zur Briefwahl mag sich das etwas relativieren, aber nach meiner Erfahrung sind es die letzten drei bis vier Wochen, in denen es ‚gilt'.

Und nicht zu vergessen: Ohne die Unterstützung und Begleitung durch Erich Holzwarth wäre ich heute nicht auf der Stelle, auf der ich mittlerweile in der dritten Amtszeit sitzen darf.

Abb. 31: Plakatentwurf aus dem Jahr 2005.

Im Marathonlauf zum Sieg

Tobias Robischon im Gespräch mit Regine Lieb und Erich Holzwarth

Regine Lieb und Erich Holzwarth sprachen im September 2021 mit Dr. Tobias Robischon über seine Erfahrungen im Bürgermeisterwahlkampf in Hessen. Er war Fraktionsvorsitzender der Überparteilichen Wählergemeinschaft (ÜWG) und wurde am 11. April 2021 in Michelstadt in der Stichwahl (gegen die CDU-Kandidatin) zum Bürgermeister gewählt (der SPD-Kandidat lag in der ersten Wahlrunde auf dem dritten Platz, kam also nicht in die Stichwahl). Mitte September 2021 trat Robischon sein Amt an.

Lieb/Holzwarth: Wie lange ging Ihr Wahlkampf? Wie lange ging der Wahlkampf der Konkurrenz? Was hat die Dauer des Wahlkampfs bestimmt?

Robischon: Eine Besonderheit ‚meiner' Wahl war, dass mehrere Punkte zusammentrafen: Der Amtsinhaber trat nach zwölf Jahren, d. h. zwei Perioden, nicht mehr an. Das bedeutet automatisch ein größeres Bewerberfeld. Bei der letzten Wahl gab es nur einen praktisch chancenlosen Gegenbewerber von außerhalb. Zeitgleich gab es Kommunalwahlen, was die Personalentscheidung mit einer Entscheidung über Mehrheiten verknüpft hat, und auch die Direktwahl des Landrats. Normalerweise sind alles drei eigenständige, zeitlich voneinander getrennte Wahlkämpfe. Das Gesamtszenario war also das der historisch außergewöhnlichen großen Kommunalwahlschlacht mit der Entscheidung über den Landrat und den Kopf der größten Kommune im Kreis. Das schlug sich auch im Materialeinsatz und dem sonstigen Aufwand nieder.

Der Wahlkampf begann praktisch mit dem öffentlichen Verzicht des amtierenden Bürgermeisters auf eine erneute Kandidatur um den Jahreswechsel 2019/20, denn ab dann begannen die Personalspekulationen. Die CDU-Kandidatin wurde vor den Sommerferien 2020 nominiert. Ich war nach den Ferien als zweiter dran, im August 2020. Wahltag war der 13. März 2021, die Stichwahl zum Bürgermeisteramt vier Wochen danach, am 11. April. Gründe für den großen Abstand waren die Überlastung der Verwaltung mit der Auswertung der vielen Kommunalwahlen (Kumulieren und Panaschieren) und die Osterfeiertage. Das waren also ca. neun Monate Wahlkampf. Bei Kommunalwahlen ohne Bürgermeisterwahl hätte der Wahlkampf ca. acht Wochen gedauert, von Mitte Januar bis zum Wahltag im März, mit einer heißen Phase nach Fastnacht. Ach ja, und Corona. Das muss natürlich auch erwähnt werden.

Ein ganz wichtiger Punkt im Wahlkampf ist, überhaupt bekannt zu werden in der Stadt, im ganzen Ort. Insbesondere in kleinen Gemeinden sind manche total bekannt aufgrund ihrer speziellen Rolle etwa in der Verwaltung, im Verein, im Unternehmen oder weil die Familie schon ewig da ist. Das galt weder für meine Konkurrenz noch für mich, so dass wir alle erst mal bekannt werden mussten. Meine Konkurrentin von der CDU ist zwar hier aufgewachsen. Aufgrund meiner Position als Fraktionsvorsitzender kannten mich zwar die, die sich für Stadtpolitik interessierten – einige davon sahen in mir den künftigen Bürgermeister, weil so die ÜWG-Tradition an der Rathausspitze fortleben würde und weil sie weder in der Ratsfraktion der CDU noch der SPD eine offensichtliche Personalalternative sahen. Auch den SPD-Kandidat, Kopf einer freien Theatertruppe und als Zimmermann kompetenter Fachwerkhaussanierer, kannten nur gewisse Kreise. Alle hatten damit zu kämpfen, über ihr Umfeld hinaus bekannt zu werden, mit einem bestimmten Profil wahrgenommen zu werden.

Beginnt für Sie der Wahlkampf mit der Nominierung oder später?

Die Nominierung ist der öffentliche Startschuss, richtig geht es dann los mit Wahlkampfaktivitäten wie Ständen, Plakatierung usw. Überlegungen zum Wahlkampf beginnen weit vorher – zu Themen etc. (schon im Januar 2020).

Wie haben Sie den – im Vergleich zur Mehrheit der Wahlen in Baden-Württemberg – lange dauernden Wahlkampf erlebt? War er gerade richtig, zu kurz, zu lang? Was war wahlentscheidend?

Im Nachhinein: Der Wahlkampf war ziemlich lang und beanspruchend, nach meinem Gefühl sehr intensiv. Es wäre einfacher gewesen, wenn er kürzer gewesen wäre. Warum ich gewonnen habe, kann ich nur vermuten. Der Wahlkampf meiner CDU-Konkurrentin war sehr professionell. Sie war sehr präsent, verwendete stets dasselbe gute Bild, wirkte immer gut präpariert. Es gelang ihr, den Eindruck von Kompetenz zu vermitteln – etwa mit Zahlen oder dem Zitieren von Rechtsvorschriften. Letztlich, denke ich, fehlte es der jungen Frau jedoch an den Sympathiewerten. Sie machte keine klaren Ansagen. Das Zutrauen, Vertrauen in meine Person war größer. Der Konkurrentin wurde einfach nicht vertraut.

In Digitalchats machten Sie, Herr Robischon, den präsidialsten Eindruck. Ihnen wird daher zugetraut, z. B. mit dem Landrat zu verhandeln.

Im Vergleich mit den anderen Kandierenden wurde mir am ehesten Sachkompetenz zugeschrieben. Am nächsten dran an mir war die CDU-Kandidatin mit ihrer Professionalität.

Wie bei einer Reihe von Wahlsiegen in Baden-Württemberg wirkten als Erfolgsfaktoren also Sympathie plus die Antwort auf die Frage, wem ich am ehesten das Amt zutraue – nur wird in Hessen Verwaltungserfahrung weniger betont als in Baden-Württemberg. Sie haben bei der Analyse nicht – wie häufig – die Wählerpotenziale der Parteien bzw. Wählervereinigungen addiert und damit den Erfolg begründet.

Ja, weil ich immer auf die Person setze. Was das Präsidiale ausmachte: In der der ersten Runde bin ich immer mit Krawatte aufgetreten. Das habe ich erst in der Stichwahl geändert. Das war eine gute Wahl, weil es dann noch mal ein ganz anderes Bild gab. Der Krawattenauftritt ist für manche abstoßend, sehr distanziert, formal. Ich konnte so in unterschiedlichen Situationen verschiedene persönliche Facetten zeigen.

Was bedeutet die Nominierung durch eine Partei oder Wählervereinigung für die Bewerberauswahl und den Wahlkampf? Welche Eigenschaften sind entscheidend, um als Bewerber(in) nominiert zu werden?

Meine Wahrnehmung ist: Das mit der Nominierung ist wie bei jeder Vereinsvorsitzendenwahl. Man ist dankbar dafür, wenn es einen halbwegs geeigneten Kandidaten gibt. Jeder Verein ist glücklich, Menschen zu haben, die sich engagieren wollen und sich nicht zu dumm anstellen. Das Personalreservoir für umfangreiche und anstrengende Aufgaben ist immer begrenzt. Etwa bei der SPD hat eher der Kandidat die Partei gefunden. Mich im Wettbewerb innerhalb der Partei oder Wählervereinigung durchzusetzen, ist für mich nicht die entscheidende Frage. Ich wäge zusammen mit anderen ab, ob ich Chancen habe, ob ich antrete. Die Nominierung ist dann nur noch der formelle, öffentlich Akt – nichts, wo man sich im Wettbewerb durchsetzt.

Bestimmt aufgrund der Nominierung (partei-)politische Orientierung den Wahlkampf? Oder wird der Wahlkampf von Beginn an so angelegt, dass trotz der politischen Nominierung alle Bürger(innen) angesprochen werden?

Nach der Nominierung ist völlig klar: Man ist nicht nur Kandidat für die Parteianhänger. Das ist sowieso nur eine überschaubare Gruppe von Menschen, mit denen man über die Gremienarbeit verbunden ist. Das reicht nicht für die Wahl. Man muss Profile und Themen haben, von denen man sagt, das trägt, damit kann man auftreten.

Wie frei ist der Kandidat von der eigenen Liste? Die Bürgerschaft denkt, der Bürgermeister könne wie bei Bibi Blocksberg[1] alles allein bestimmen. Das Verhältnis zwischen Kandidat und Liste hängt vom Kandidat wie von der Liste ab; wurde er oder sie gesucht oder wollte unbedingt? Ich fühlte mich inhaltlich nicht eingeengt, da ich die Themen bereits früher für die Liste aufgeschrieben hatte und als Kandidat gewollt war. Bei gleichzeitigen Rats- und Bürgermeisterwahlen herrscht eher inhaltliche Nähe, als wenn die Wahlen getrennt sind. Kandidaten von außen sind beim Programm mitunter freier. Der SPD-Kandidat in Michelstadt, der zunächst nicht in Partei und Fraktion eingebunden war, wurde mitunter auf den programmatischen Pfad der Partei ‚geschubst', wenn er zu weit abwich.

Kommen Logos von Parteien und Wählervereinigungen auf Werbematerialien? Wenn ja, warum? Fragen die Menschen nach dem Logo, wenn keines auf dem Plakat zu finden ist?

In meinem Fall ist zu sehen, dass alle vier großen Fraktionen (SPD, Überparteiliche, CDU und Grüne) einen eigenen Bürgermeisterkandidaten nominiert haben. Hinzu kam ein politisch unbekannter Einzelkandidat (lokaler Unternehmer). Die Verbindung zwischen Partei bzw. Liste und Person war von vornherein klar und bekannt. Es wäre wohl kaum überzeugend möglich gewesen, z. B. die CDU-Kandidatin als parteipolitisch ungebunden erscheinen zu lassen. Wenn kein Logo auf Plakaten etc. ist, fragen die Leute danach, nach der Herkunft der Kandierenden.

Aber geht es nicht eher um das Amtsverständnis als ‚Bürgermeister(in) für alle' als um die formale Anbindung an eine Partei oder Wählervereinigung? Sprechen die Bewerber(innen) über das Lager, dem sie angehören, hinaus weitere Wähler(innen) an?

Die Parteifarben können nicht verleugnet werden. Ich kann mir nicht vorstellen, dass hier jemand wie in Baden-Württemberg als Parteimitglied ohne Parteifarben antritt. Ich kann ein gewisses Amtsverständnis zeigen, aber ich

---

1 In der Kinderserie *Bibi Blocksberg* (Hörspiele in den 1980er, Filme in den 1990er Jahren) amtiert der Bürgermeister („Bruno Pressack") als Alleinherrscher im Rathaus.

Im Marathonlauf zum Sieg

Abb. 32: Plakat vor dem ersten Wahlgang.

kann nicht sagen, dass ich parteilos bin. Das würde übel aufgenommen werden, weil bei der Wählerschaft der Eindruck entsteht, der steht nicht zu dem, was er ist. Denn letztlich geht es um die Person. Halte ich die für geeignet? Ist

Abb. 33: Plakat zur Stichwahl.

die sympathisch? Hat die was drauf? Kann die mit den Leuten? Und all das, was so dazu gehört. Das steht vor dem Parteibuch.

Die Berichterstattung über Bürgermeisterwahlen in Baden-Württemberg führt außerhalb des Bundeslands oft zu dem Missverständnis, dass generell die Parteimitgliedschaft nicht genannt wird. Diese taucht aber in der Regel nur nicht als Logo auf Werbematerialien auf. Auf dem Stimmzettel, dem amtlichen Wahlergebnis etc. erscheint sie nicht, weil es keine formale Nominierung durch Parteien, Wählervereinigungen oder Fraktionen gibt, sondern nur Einzelbewerbungen. Andererseits gibt es tatsächlich Wahlen, bei denen die politische Zugehörigkeit von Kandidierenden – bewusst oder unbewusst – verschwiegen wird. Finden Sie Ihre Befugnisse als Bürgermeister ausreichend, um den Erwartungen der Bürger(innen) gerecht zu werden, die meinen, dass Sie als Bürgermeister die kommunalen Angelegenheiten weitgehend bestimmt? Ist die Amtszeit von sechs Jahren in Ordnung? Oder sollten es acht Jahre wie in Baden-Württemberg sein?

Die Vorstellung von den Handlungsmöglichkeiten eines Bürgermeisters ist, wie gesagt, bei zu vielen Menschen von Bibi Blocksberg bestimmt, bei der der Bürgermeister sehr viel Macht hat. Allerdings sind die Feinheiten der hessischen Magistratsverfassung nur etwas für ganz besonders Interessierte. Wo im Leben lernt man denn so etwas? Selbst als promovierter Politikwissenschaftler hatte ich vor meinem kommunalpolitischen Engagement davon eine allenfalls freundlich als rudimentär beschreibbare Vorstellung. Früher hat das Stadtparlament den Bürgermeister gewählt. Die Direktwahl gibt es in Hessen erst seit den 1990er Jahren. Und die Stellung des Bürgermeisters ist im Magistratssystem durchaus eingeschränkt. Andererseits sind gerade die Bürgermeister bekannt oder bleiben in Erinnerung, die prägnante und dominierende Persönlichkeiten sind.

Wenn ich es mir aussuchen könnte, würde ich acht Jahre nehmen. Eine Verlängerung der Amtszeit würde die Position des Bürgermeisters stärken und ihn unabhängiger von der Zusammensetzung des Parlaments machen.

Checkliste (Ober-)Bürgermeisterwahl für Interessierte

Erich Holzwarth

- [ ] Warum möchte und kann ich (Ober-)Bürgermeister(in) sein?
- [ ] Warum möchte ich in diesem Ort bei dieser Wahl antreten?
- [ ] Kann ich bei der Wahl zu der Zeit in der Kommune siegen?
- [ ] Glaube ich, dass ich gewinne?
- [ ] Habe ich genügend Zeit zur Verfügung und derzeit den Kopf frei?
- [ ] Unterstützt mich mein persönliches (berufliches und privates) Umfeld?
- [ ] Habe ich Unterstützer(innen) vor Ort?
- [ ] Werde ich beraten?
- [ ] Bewerberlage
  - [ ] Tritt der oder die Amtsinhaber(in) wieder an oder ist es eine Neuwahl?
  - [ ] Profil der Bewerber(innen)?
- [ ] Welche Stärken und Schwächen habe ich, hat meine Konkurrenz?
- [ ] Gesellschaftliche, politische Rahmenbedingungen?
  - [ ] Örtliche Parteien, Wählvereinigungen, Kirchen, Vereine, Feuerwehr
  - [ ] Stimmung, Themen, Aufgaben, ‚Probleme', Perspektiven?
- [ ] Ist die Wahlkampfstrategie festgelegt?
- [ ] Ist die Wahlkampfstrategie mit den Unterstützer(inne)n abgesprochen?
- [ ] Wer ist in meinem Wahlkampfteam und übernimmt dort welche Aufgaben?
- [ ] Welches sind meine Botschaften im Wahlkampf?
- [ ] Ist meine Pressemitteilung zum ersten Auftritt geschrieben und korrigiert, also fertig?
- [ ] Liegt eine Kalkulation für die Wahlkampfkosten vor, ist der Wahlkampf finanziert?
  - [ ] Ausgaben
    - [ ] Kommunikations-/Werbekonzept
    - [ ] gutes Porträtfoto und weitere Fotos
    - [ ] Werbemittelherstellung/Druckkosten/Verteilung

- ☐ Anzeigen/Schaltungen in (elektronischen und anderen) Medien
- ☐ …
- ☐ Deckung der Ausgaben
  - ☐ Eigenmittel
  - ☐ Übernahme von Kosten durch Parteien, Wählervereinigungen etc.
  - ☐ Spenden (von Parteien und Wählervereinigungen zu vereinnahmen)
  - ☐ Übernahme von (sonst zu bezahlenden) Arbeiten durch Ehrenamtliche

☐ Ist die Kommunikationsstrategie geklärt?
- ☐ Umgang mit Medien?
- ☐ Eigene Werbemittel (auf welchen Kanälen)?
- ☐ Eigene öffentliche Auftritte?

☐ Sind die Werbemittel konzipiert,
- ☐ die Fotos gemacht, Film(e) gedreht?
- ☐ die Texte entworfen bzw. fertig geschrieben?

☐ Wann beginnt der Wahlkampf mit dem ersten öffentlichen Auftritt?
☐ Ist der erste öffentliche Auftritt gut vorbereitet?
☐ Wann reiche ich meine Bewerbung im Rathaus ein?
☐ Wann sind ggf. Unterstützungsunterschriften vorzulegen? (Notwendigkeit und Zahl der Unterstützer(innen) aus der Gemeinde legt in Baden-Württemberg § 10 Kommunalwahlgesetz fest)
☐ Was wird wann bis zum Wahltag gemacht? Zeitplan der Aktivitäten (Hausbesuche, Veranstaltungen, Verteilungen, Plakatierung, …)?
- ☐ Welche Mittel werden wann eingesetzt zur Überzeugung von Wähler(inne)n?
- ☐ Welche Mittel werden wann eingesetzt zur Mobilisierung von Wähler(inne)n?
- ☐ Wann bereite ich die offizielle Kandidatenvorstellung und weitere zentrale Veranstaltungen vor?

☐ Danke sagen – den Unterstützer(inne)n, den Wähler(inne)n, allen.

▶ Allen, die am Sonntag zur Wahl gegangen sind.
▶ Meinen Wählerinnen und Wählern
für das großartige Ergebnis.
▶ Meinem Team und allen Helferinnen und Helfern,
die mich in den letzten Wochen unterstützt haben.
▶ Den Menschen in Schwaikheim, die mich sehr
herzlich aufgenommen haben.
▶ Meiner Mitbewerberin und den Mitbewerbern
für den fairen und sachlichen Wahlkampf.

Ich freue mich darauf, mein Amt als Bürgermeisterin in Schwaikheim anzutreten und werde mich gleichermaßen für alle Bürgerinnen und Bürger einsetzen.

DR. ASTRID LOFF
GEMEINSAM
MIT RESPEKT, HERZ UND VERSTAND

Abb. 34: Am Ende des erfolgreichen Wahlkampfes steht der Dank.

Autorinnen und Autoren

Leila Adjemi startete ihre berufliche Laufbahn 1996 mit einem Lehrauftrag an der Steinbeis Akademie für Unternehmensführung- und später mit einem Lehrauftrag an der Hochschule für Polizei BW. Sie ist seit 2019 Dozentin und Coach des Gemeindetags Baden-Württemberg und seit 2023 an der Württembergische Verwaltungs- und Wirtschafts-Akademie e.v. Sie begleitet Führungskräfte der Wirtschaft und der Politik durch private sowie berufliche Herausforderungen und coacht sowohl bei Wahlkämpfen als auch bei der Amtsausübung in eigener Praxis.

Dr. Rafael Bauschke ist Professor für Politische Kommunikation und empirische Methoden der Sozialforschung an der Hochschule für öffentliche Verwaltung und Finanzen in Ludwigsburg.

Christof Bolay ist Oberbürgermeister der Stadt Ostfildern.

Kilian Brauchle ist Social-Media- und Daten-Spezialist, Gründer der KI- und Technologiefirmen KOLIBRAIN und MyTech, Bachelorabsolvent der Universität Tübingen, Masterabsolvent der Pariser Sciences Po (IEP School of Management and Innovation) sowie Absolvent der London School of Economics and Political Science (LSE) in Data Analytics. Er referiert in Deutschland und Frankreich unter anderem als Lehrbeauftragter für Social-Media an der Hochschule für öffentliche Verwaltung und Finanzen in Ludwigsburg, sowie zu Themen der künstlichen Intelligenz, Daten und digitaler Kommunikation..

Dr. Erich Holzwarth forscht über und berät bei Bürgermeister- sowie Oberbürgermeisterwahlen.

Dr. Vinzenz Huzel forscht zum Thema Bürgermeisterwahlen. Er war von 2013 bis 2020 für die Kommunalakademie der Friedrich-Ebert-Stiftung in Stuttgart zuständig, war Lehrbeauftragter der Fachhochschule für öffentliche Verwaltung und Finanzen Ludwigsburg und leitet derzeit das Büro der Friedrich-Ebert-Stiftung in Manila (Philippinen)üpo.

Autorinnen und Autoren

Stefan Jenninger (M.A. Public Management) ist Bürgermeister der Gemeinde Schechingen sowie Lehrbeauftragter an der Hochschule für öffentliche Verwaltung und Finanzen in Ludwigsburg mit dem Schwerpunkt Bürgermeister(wahlen).

Timo Jung ist Leiter der Zentralen Dienste beim Städtetag Baden-Württemberg. Nebenberuflich ist er Dozent an der Verwaltungshochschule Ludwigsburg und leitet Projekte zum Thema Bürgermeisterwahlen.

Regine Lieb ist Kommunikationsdesignerin und Projektmanagerin bei der klip GmbH in Göppingen.

Dr. Jan Georg Plavec ist Leitender Redakteur für Datenjournalismus bei Stuttgarter Zeitung und Stuttgarter Nachrichten.

Lars Schulmeister ist Experte für Online-Kommunikation und Texterstellung, Master in Allgemeiner Rhetorik nach Studium in Tübingen und Krakau. Er begleitete als externer Berater zahlreiche kommunale und landesweite Wahlkämpfe und hält regelmäßig als Dozent Fortbildungen zu Business-Kommunikation und Social Media.

Dr. Herbert Zinell ist Jurist und Diplomverwaltungswirt (FH), war Fachanwalt für Verwaltungsrecht, viele Jahre Oberbürgermeister und Ministerialdirektor des baden-württembergischen Innenministeriums. Er lehrt an der Hochschule für öffentliche Verwaltung in Kehl.